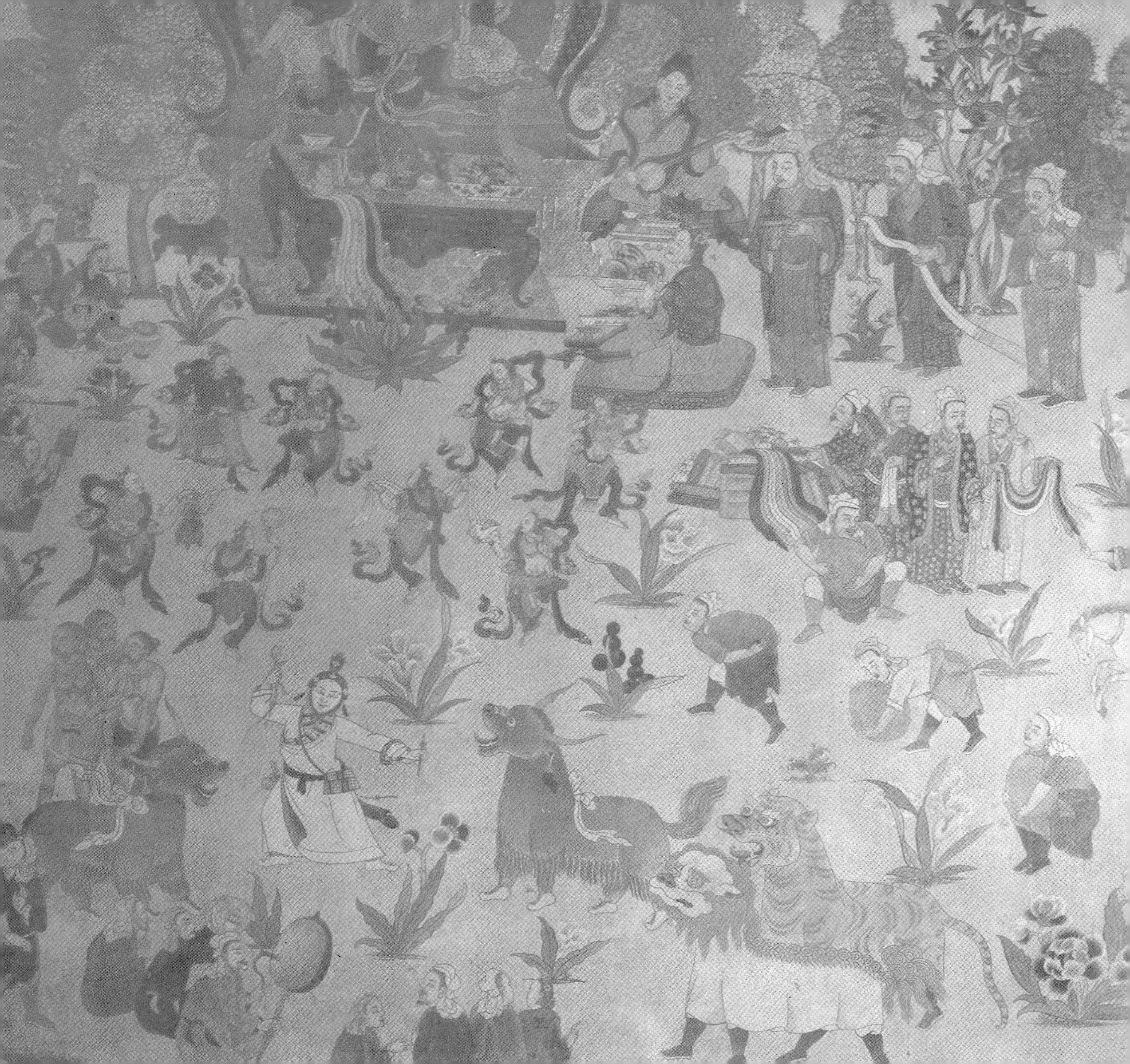

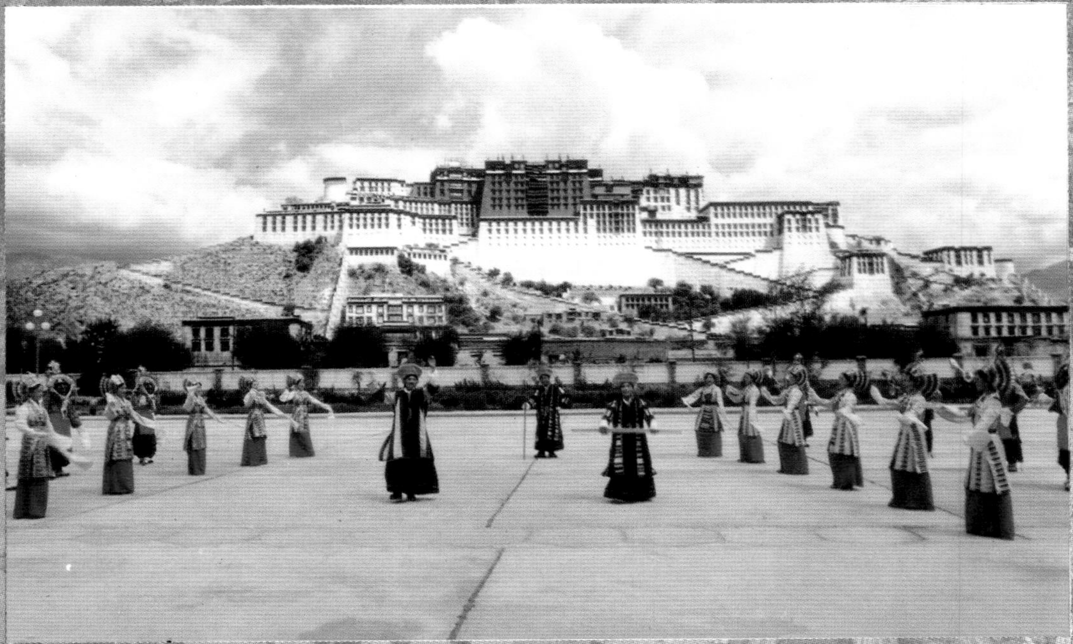

# 西藏神舞

## 戲劇與面具藝術

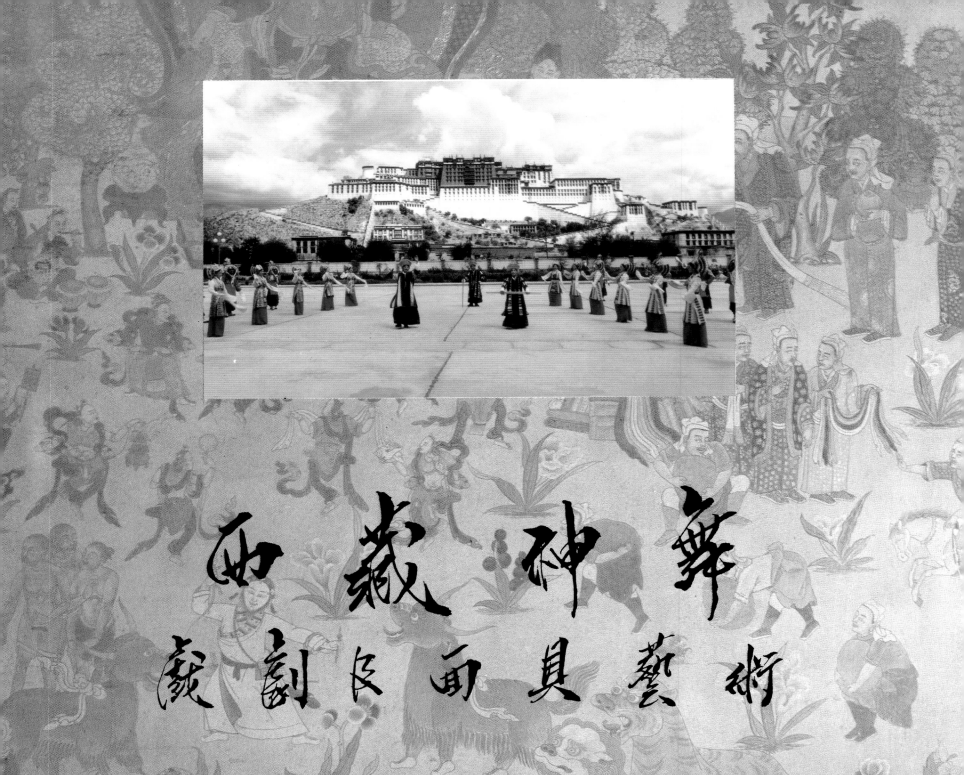

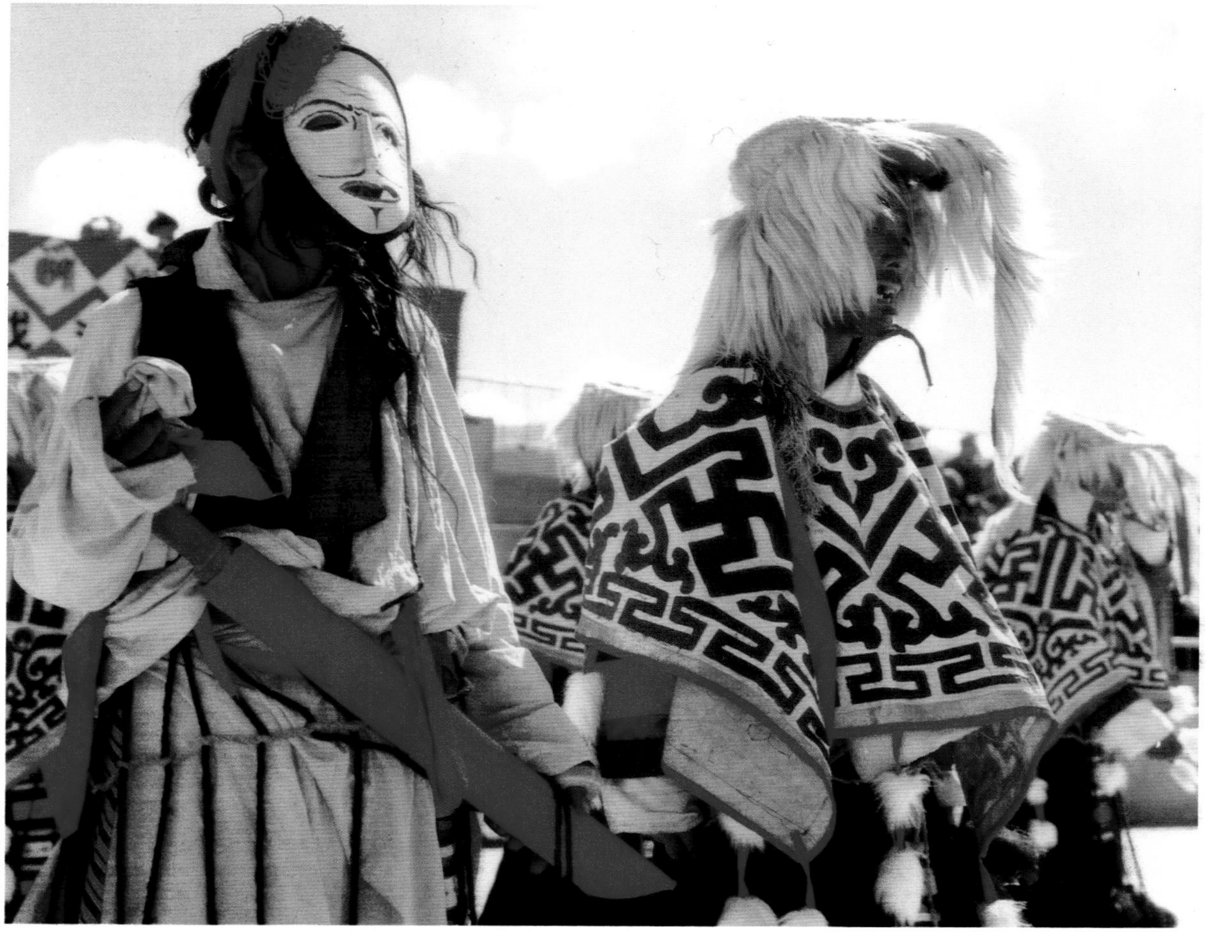

# 西藏藝術的一個窗口

# 序

## 中國少數民族戲劇學會副會長
## 藏劇藝術研究會顧問——曲六乙

我是一個漢族人，但我熱愛我國少數民族和他們的戲劇、舞蹈、面具藝術。我一向認爲，少數民族戲劇是中華民族戲劇藝術的重要組成部分。中國戲劇史理應包括藏、白、壯、傣、彝、苗、侗、布依、維吾爾、蒙古等族的戲劇史，但迄今爲止，我們還沒有出版這樣的戲劇史。1964 年我的小册子《中國少數民族戲劇》由中國戲劇出版社出版，書中首先介紹的就是藏族戲劇。但那是根據各種文字資料和觀摩藏劇演出編寫的，第一手資料比較缺乏。那時我總想，我若能到西藏去親自對藏劇藝術進行一些考察該多好！這個夢寐以求的願望，終於在二十多年後實現了：1986 年 8 月，我應邀去西藏拉薩觀摩盛大的“雪頓節”，即藏劇節。節日裏，不僅有西藏地區專業和業餘的藏劇團，還有青海、甘肅、四川的藏劇團參加演出。應該說，這是歷史上參加演出劇團最多、地域最廣的一次“雪頓節”。在這難忘的節日裏，還成立了西藏、青海、四川、甘肅、雲南五省（區）藏劇藝術研究會，我被研究會聘請爲顧問。會上，來自各地的藏劇研究學者第一次就藏劇的起源、藝術特徵、劇種分類等問題，展開了熱烈的自由的討論。藏劇藝術的創作演出和史論研究，都有了驚人的發展。

近年來，在國際上出現“西藏熱”的同時也出現了“藏劇熱”。去西藏旅遊觀光的各國遊客，無不以欣賞到藏劇爲樂事。1986 年西藏藏劇團應邀到美國紐約等地演出了 26 場，引起轟動。美國《紐約時報》、ABC 廣播公司等評論說：“演出十分成功，整個劇場擠得水洩不通”，“藏劇團來到紐約，吹起一陣‘西藏風’”。另外，中國的歌舞團曾在日本演出藏劇舞蹈片斷，也引起强烈反響。這說明中國的藏劇已開始走向世界，而世界也急需了解藏劇藝術。但遺憾得很，至今還沒有一本系統地介紹藏劇藝術的著作問世。

張鷹先生是我的朋友，長期在西藏藏劇團工作。他用了近十年的時間，在西藏各地拍攝了大量有關神舞、藏劇和面具藝術的照片。張子揚先生是電視台文藝部編導兼攝影，1986 年去拉薩雪頓節時期與我相識。他同張鷹先生一樣熱愛藏族戲劇藝術，也拍攝了不少照片。有了這兩位朋友的大量攝影作品，我才有可能編選出這本圖集。

這本圖集包括五個部分，分別對神舞、雪頓節、溫巴頓——白面具派和藍面具派、藏劇劇目、面具藝術作了簡明介紹。我相信，海峽兩岸的廣大讀者看了後會增加對藏族宗教舞蹈、戲劇藝術的興趣，增强我們中華民族的認同感和自豪感。外國讀者也可以從中了解到中國藏族豐富多彩的文化藝術。

1988年仲秋夜

# 目　錄

# 第一篇　神舞

神舞又叫“跳神”或“跳鬼”，藏語叫“羌姆”。

神舞原是流行於西藏的一種古老宗教祭祀舞蹈。上古時期，藏族的先民信仰原始宗教苯教。苯教崇拜自然神和動物神，相信萬物有靈。作爲神與人的橋樑的巫師，藏語叫“苯波”。“苯波”會占卦、行醫、下神(神靈附體)等巫術。文獻記載他們會“泥鹿行空、騎鼓而飛等衆多變幻”，這未免誇大、渲染過甚，但他們善施法術、會用氣功則是事實。

七世紀，吐蕃英主松贊干布(文成公主的丈夫)之後第五代贊普(國王)赤松德執政時期，他邀請印度佛教密宗祖師蓮花生來吐蕃宏揚佛法。據說他吸收了苯教的神靈和祭祀舞蹈，融合藏族民間土風舞、卓(鼓)舞，編成了啞劇式的跳神頌佛，祈禱驅鬼的舞蹈儀式。在儀式中有牛神、鹿神、護法神、兇神等和戴人頭骨花鬘的金剛力士舞。伴奏樂器有神鼓、大鏺、嗩吶和銅製長銅號、頸骨號等。

這種驅鬼敬神，逐禍納吉的祭祀舞蹈，具有中國儺文化的共同特徵。它常在各種節日裏演出。開始是寺廟的喇嘛們演出，後來流傳到民間。有的地方在演出中還穿插了插科打諢和世俗性短劇。這使它後來成爲孕育藏劇的一個重要因素。

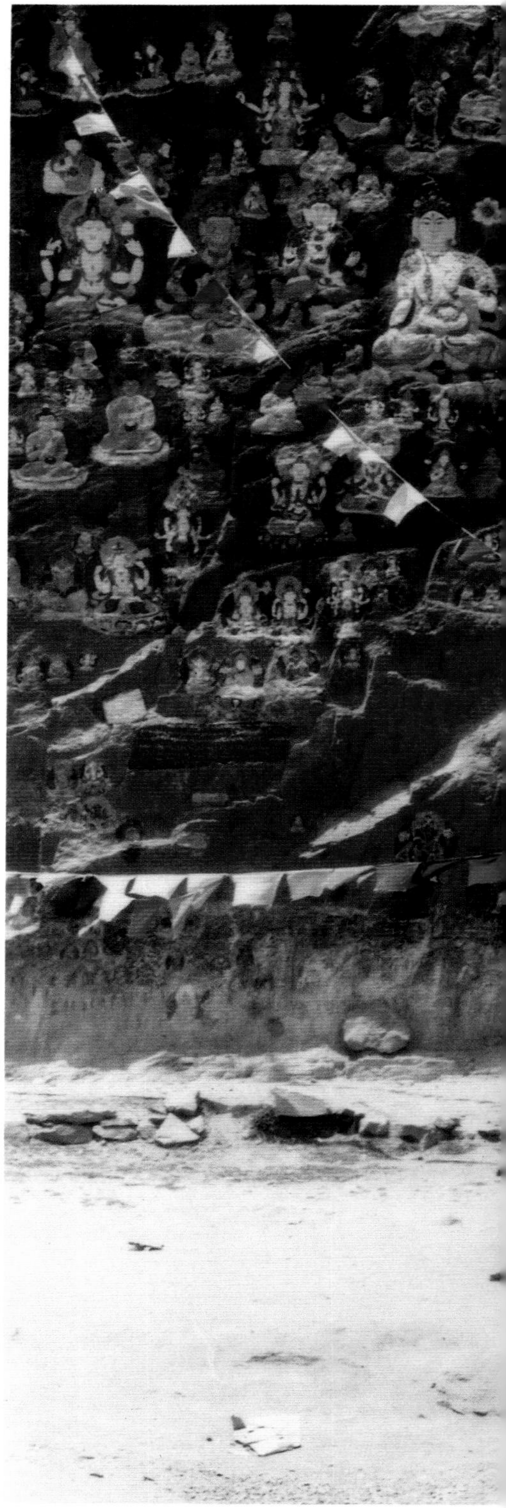

瑪尼堆。反映藏族原始宗教祭祀靈魂的歷史遺存。瑪尼堆上插有經幡。附近山崖雕繪有各種仙佛像。

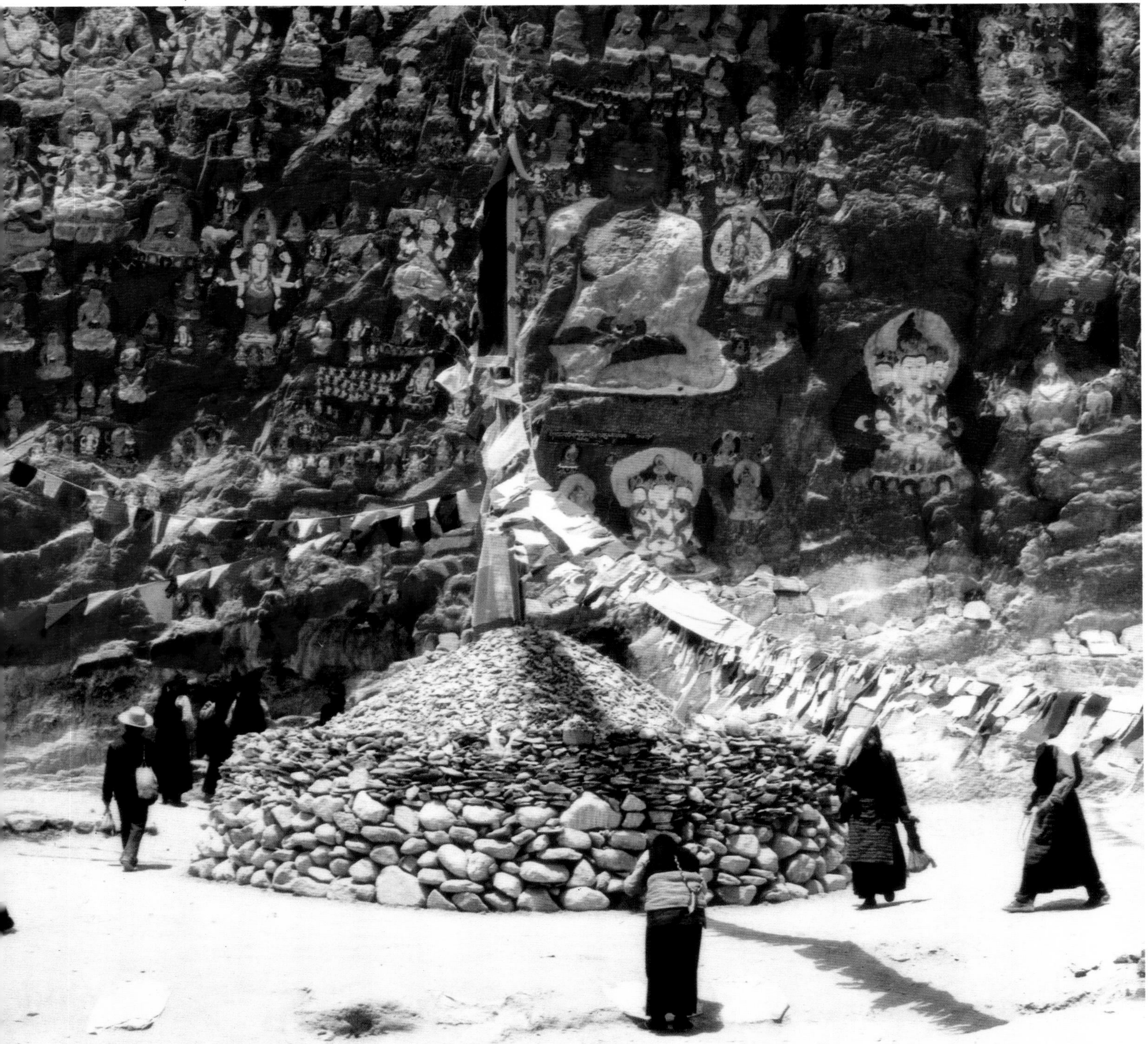

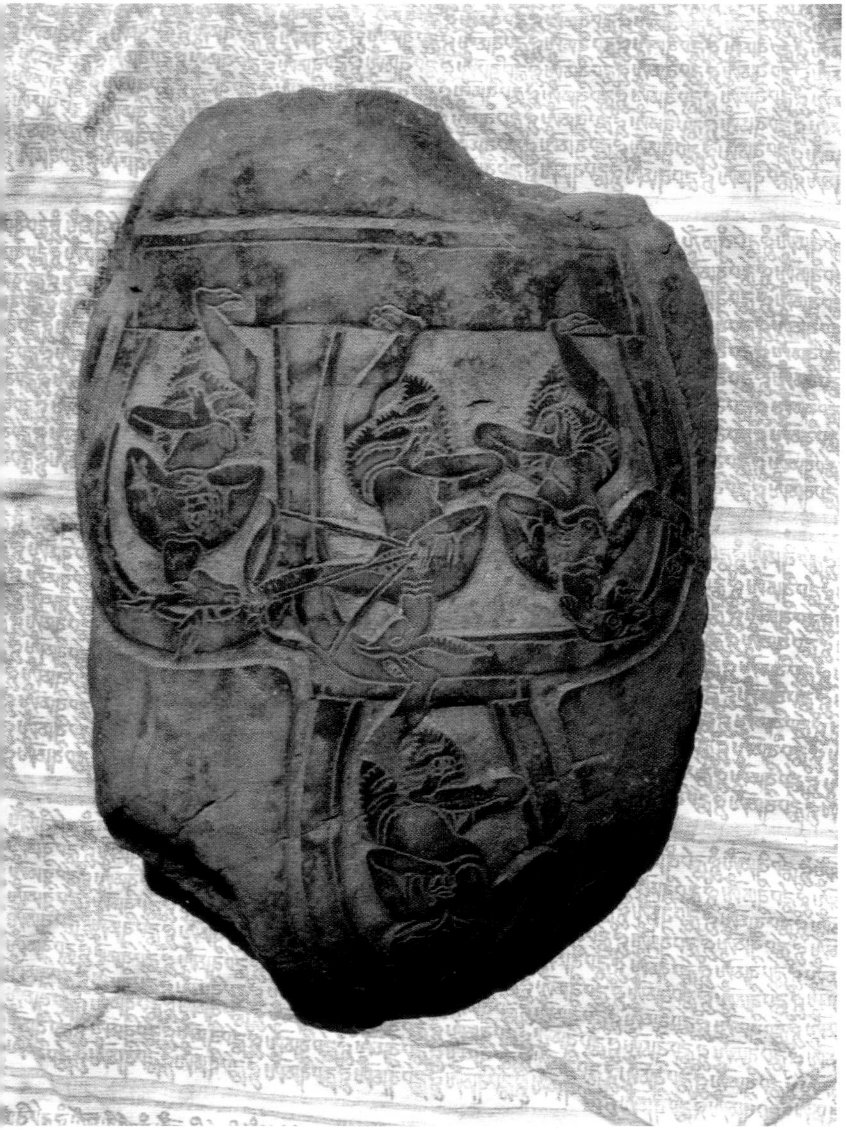

圖騰石刻。反映藏族先民神話
傳說中動物神狩獵等舞蹈。

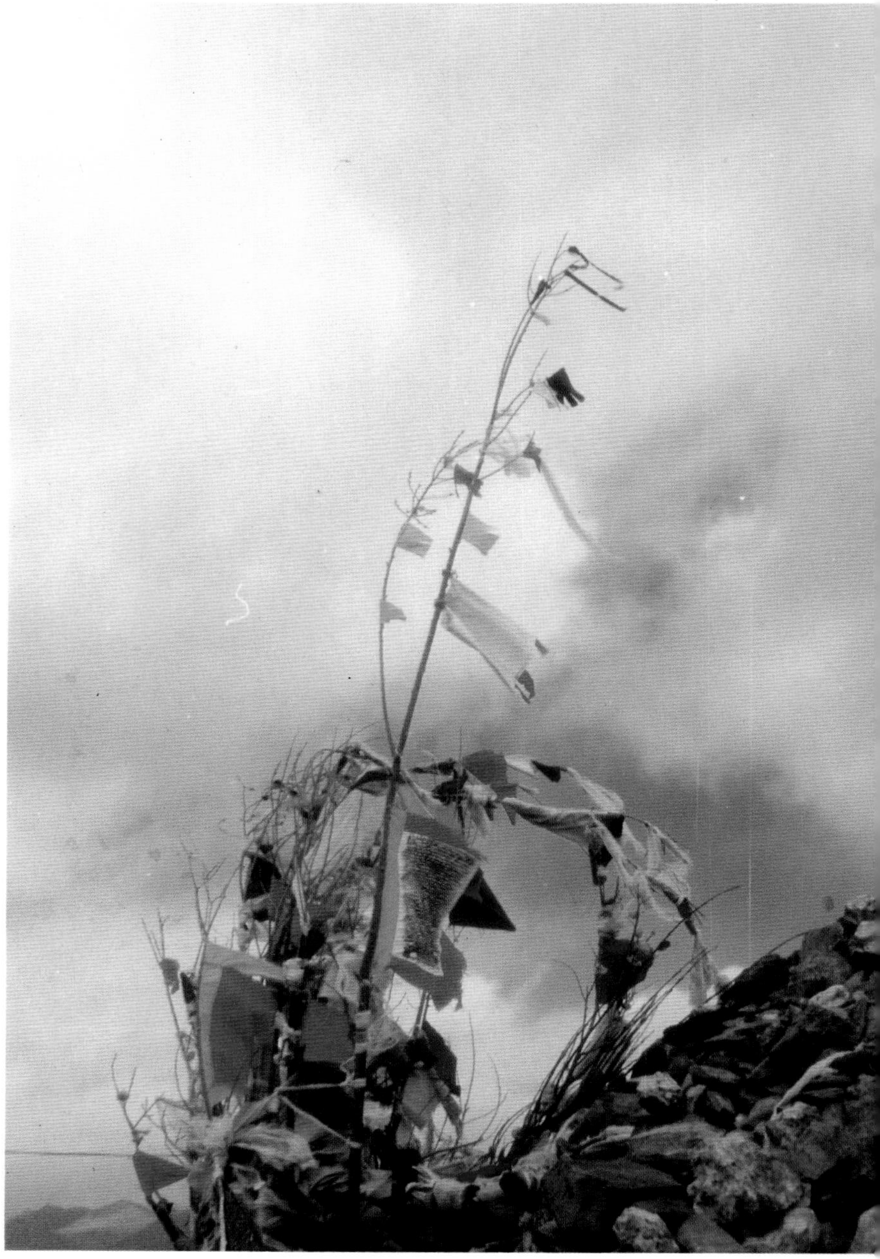

瑪尼堆與經幡

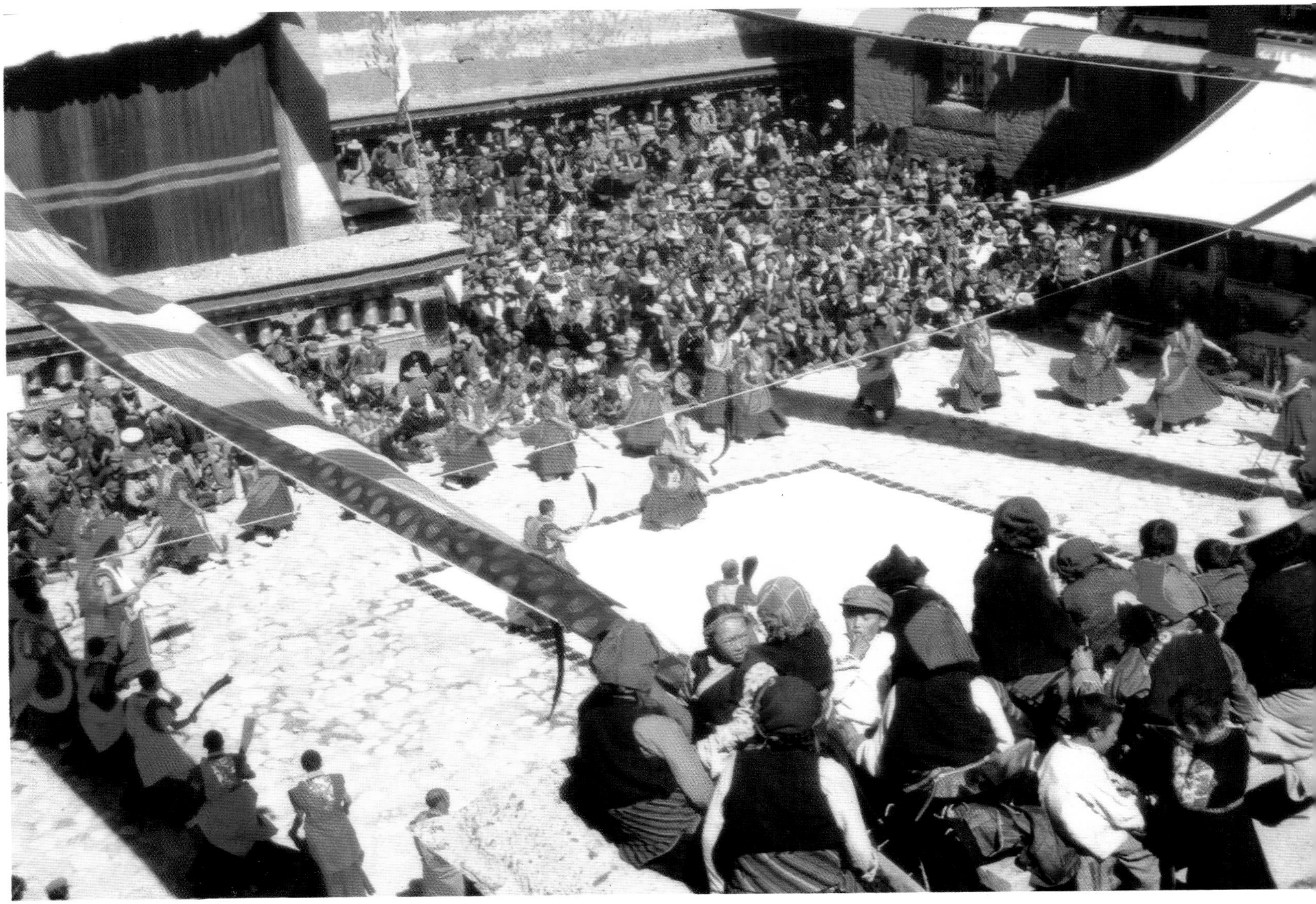

薩迦寺神舞。薩迦寺座落在西藏日喀則薩迦縣境。十一世紀（約北宋時期）由貢却傑波所建，是藏傳佛敎薩迦派的主寺。薩迦藏語意爲白土，因此寺建於白土之上，故名。又寺廟圍牆塗有象徵文殊、觀音、金剛手菩薩的紅、白、藍三色花條，故俗稱薩迦派爲“花敎”。此圖爲“普助節”時喇嘛在寺內大院跳神，不戴面具。

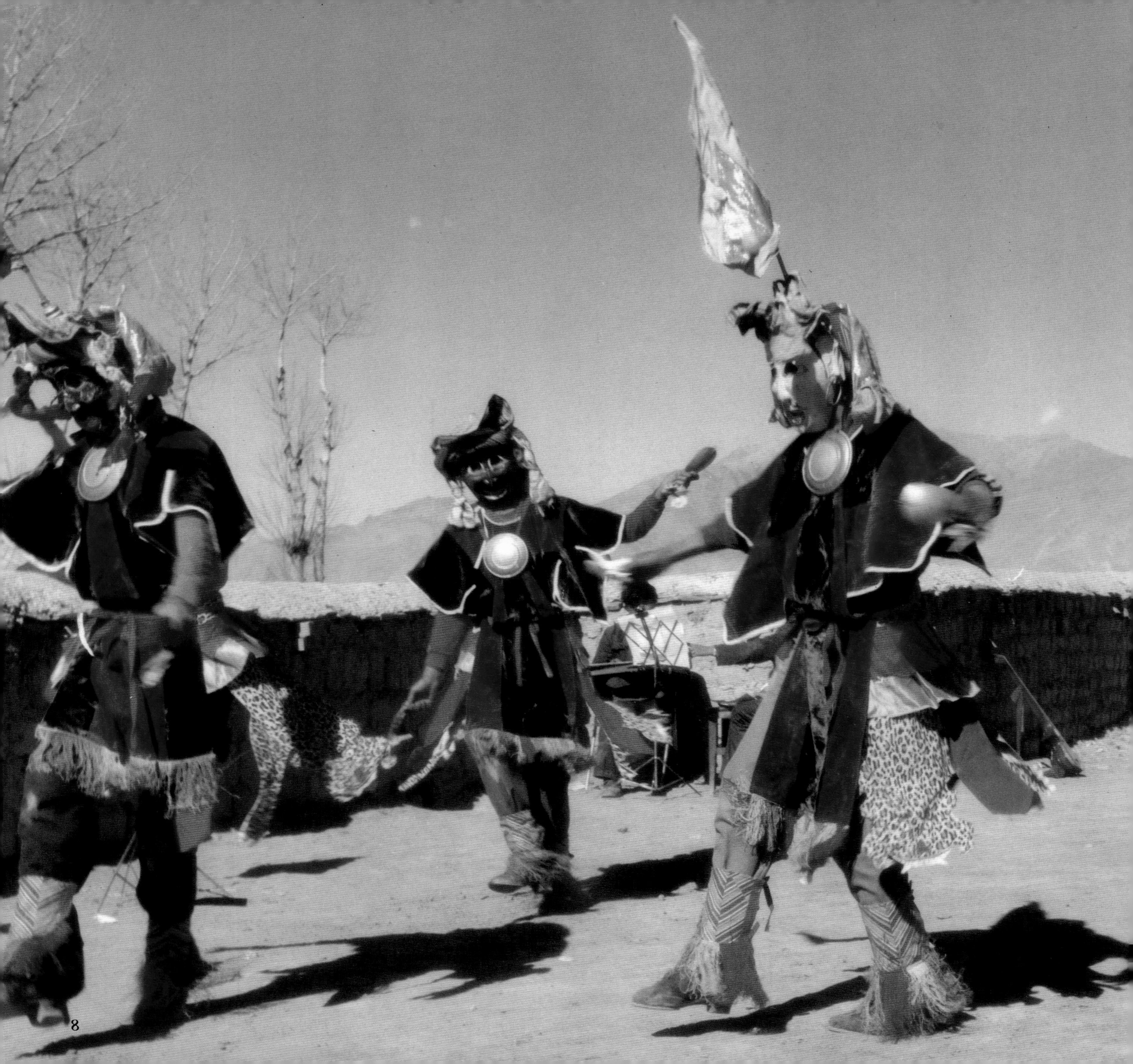

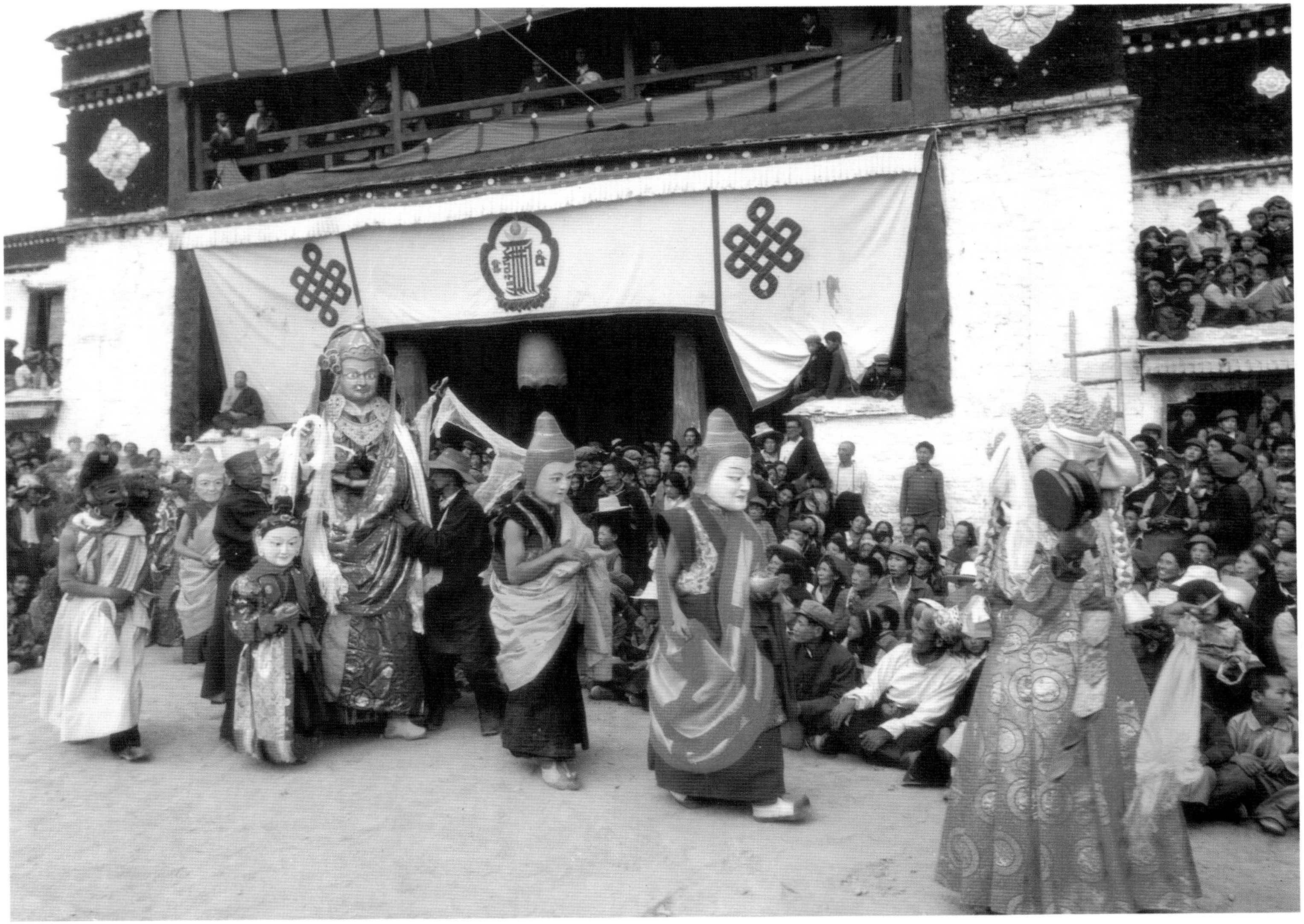

桑耶寺神舞。桑耶寺座落於西藏山南扎囊境江北。公元八世紀中葉由吐蕃贊普(國王)赤松德贊所建。建築仿印度飛行寺，融合了中國藏族、漢族和印度的建築風格。故又稱爲“三樣寺”，是西藏第一座佛、法、僧三寶齊全的佛敎寺院。此圖爲桑耶寺喇嘛組成“跳神”隊伍，擁載神佛出場。前導戴面具者爲神佛侍者。

山南神舞。山南地區屬藏族發祥地。從面具、頭飾、服飾可以看出它具有原始宗教色彩，給人以強烈的神秘感和恐怖感。

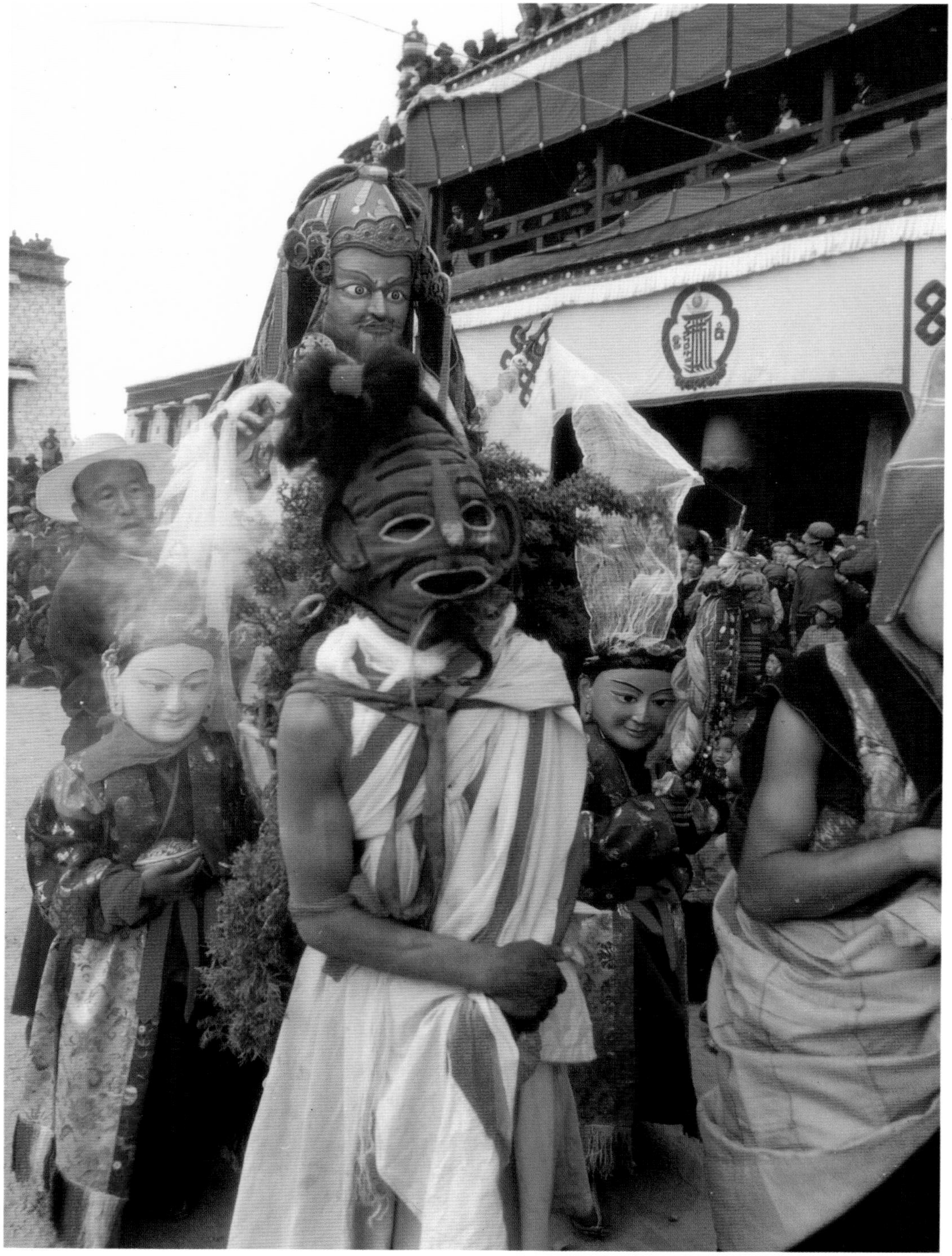

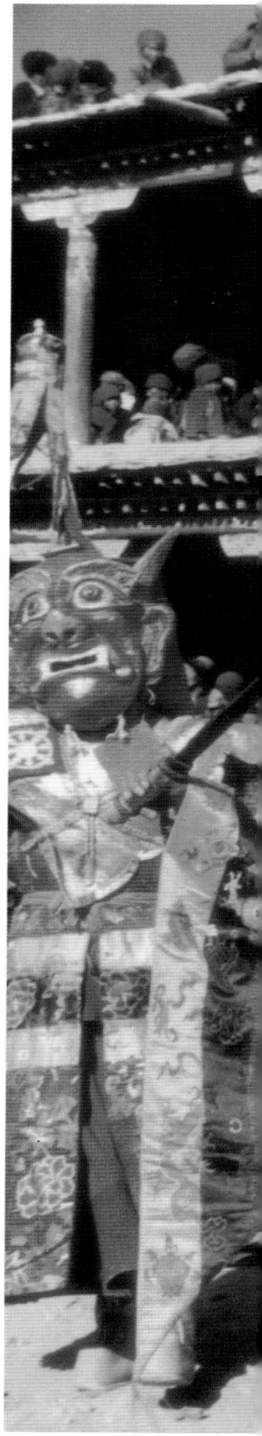

“跳神”隊伍以神佛爲中心

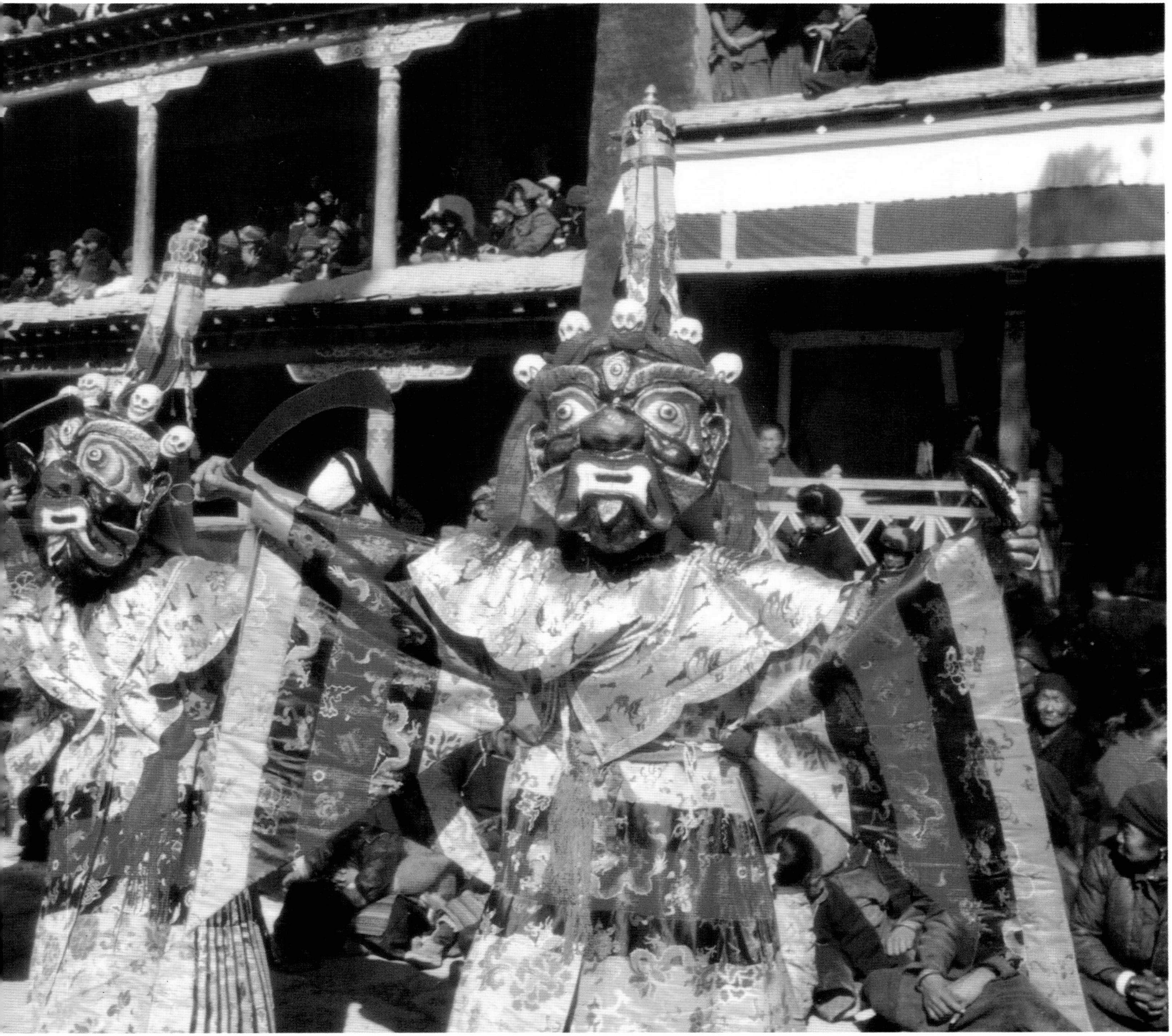

神獸面具上部排列有 5 個骷髏頭，象徵吉祥如意。

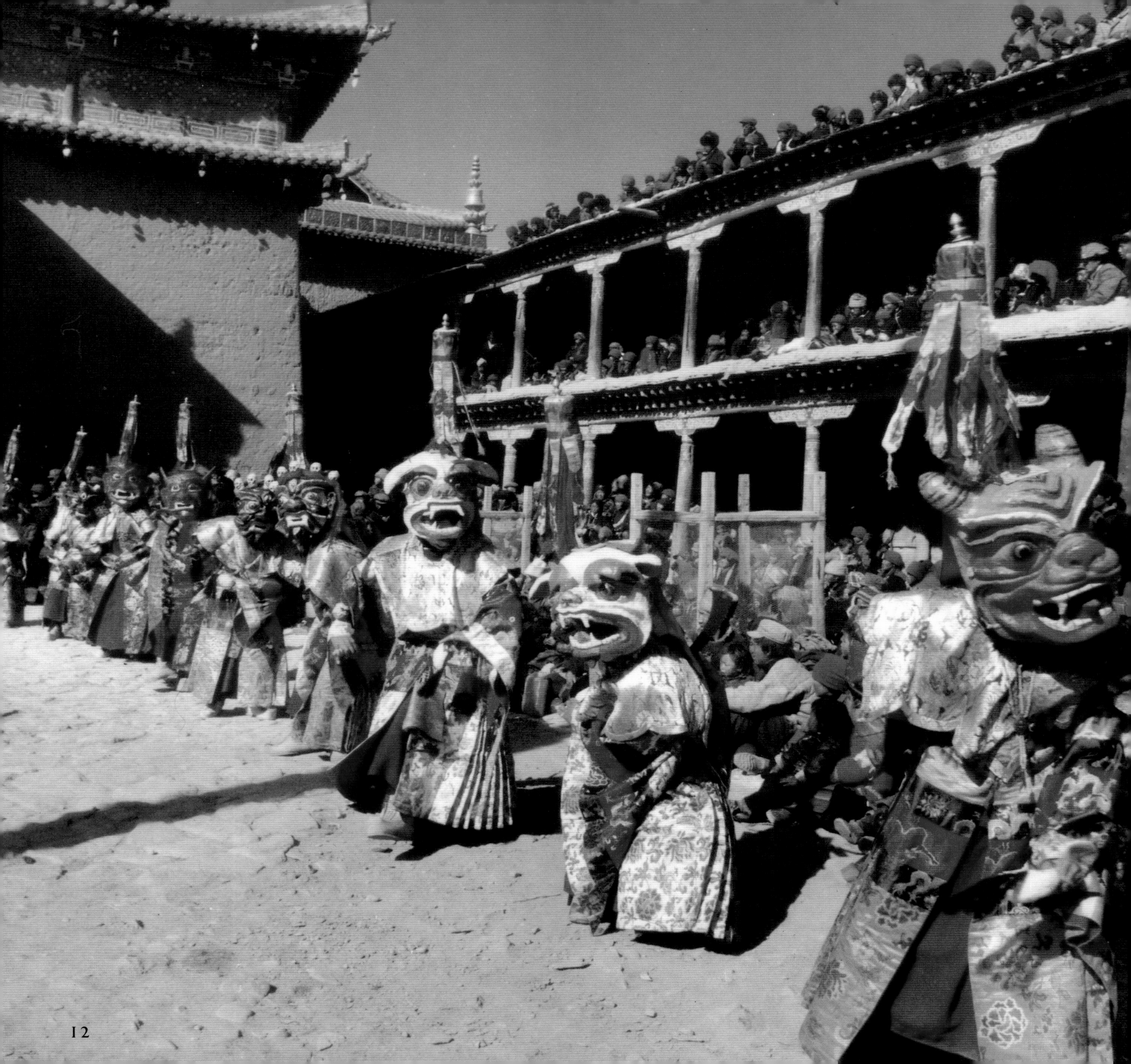

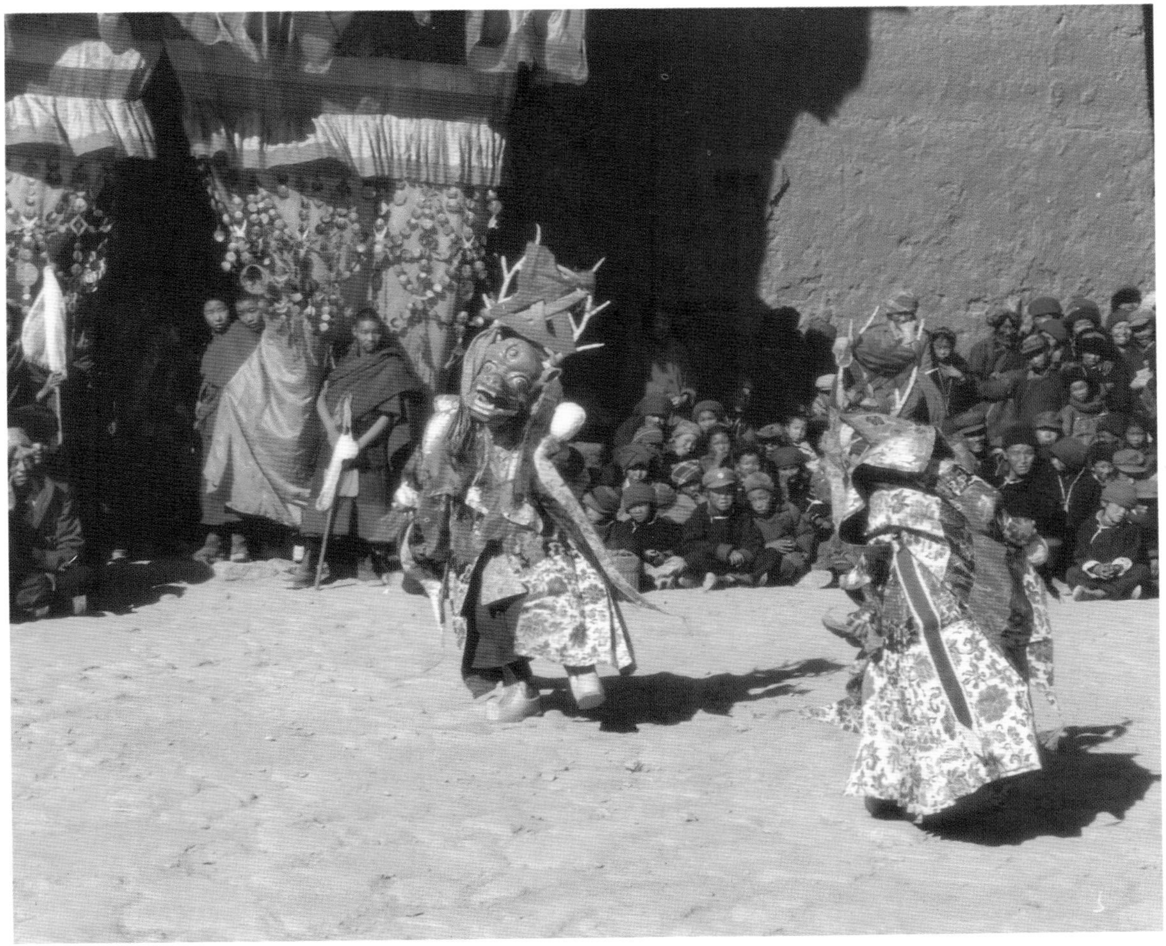

鹿神

夏魯寺神舞。此寺神舞由十或十二種神獸組成。目的也是驅鬼逐疫，去災納吉。

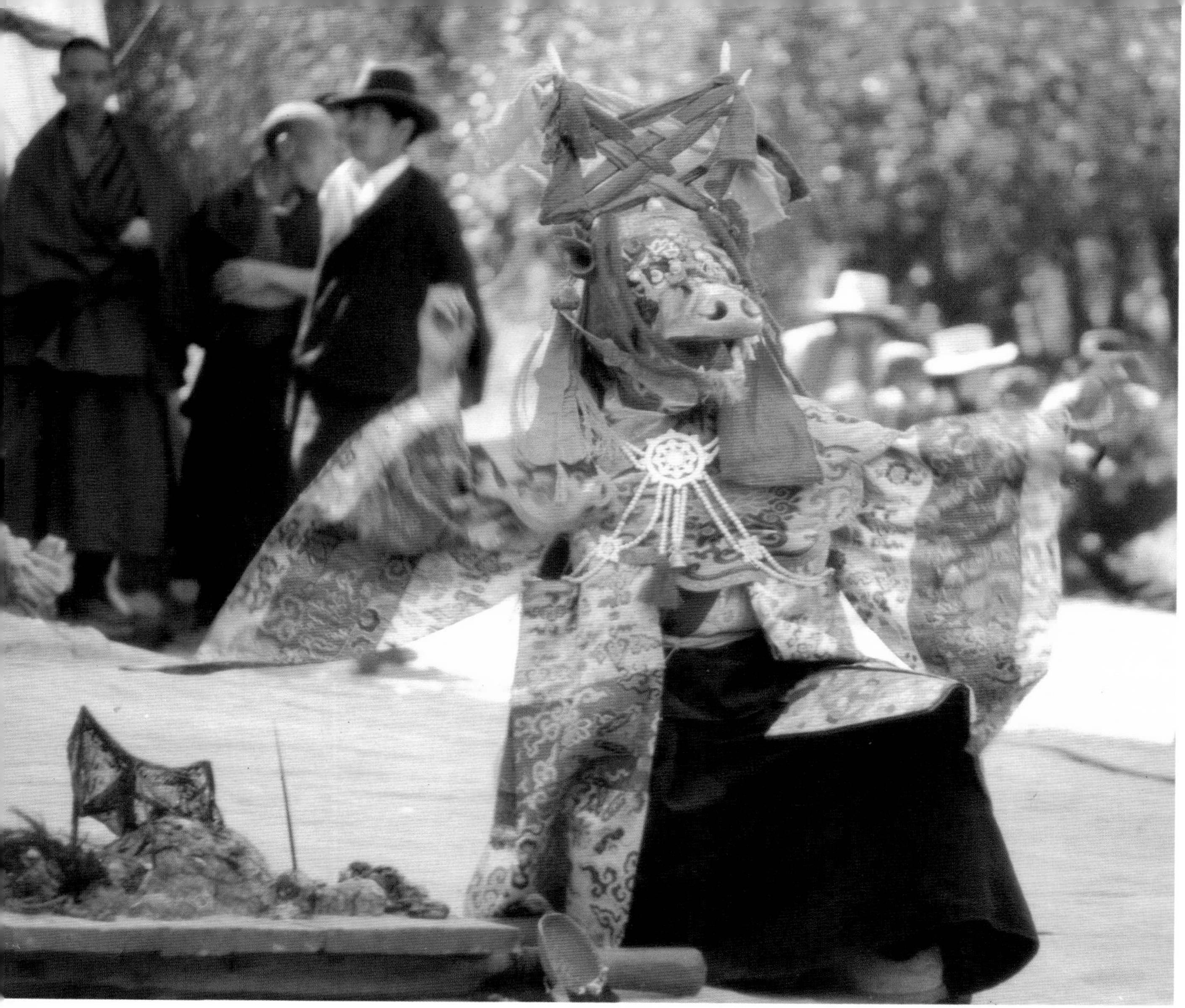

馬神（王）舞

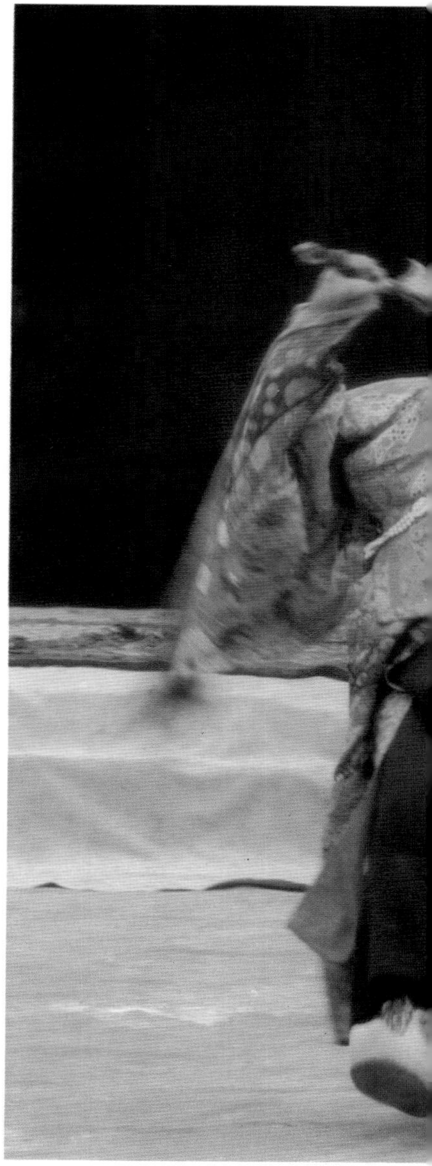

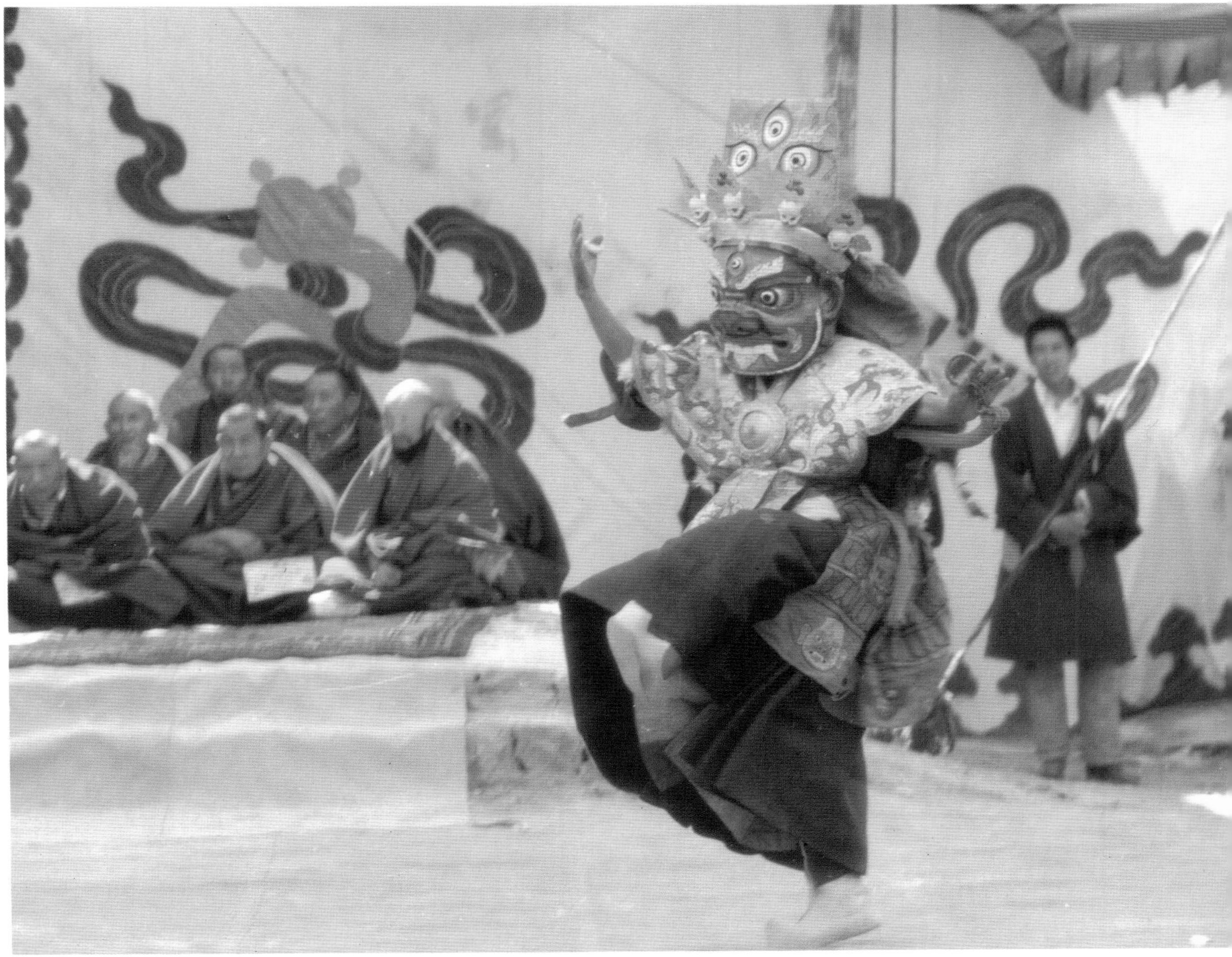

金剛力士舞

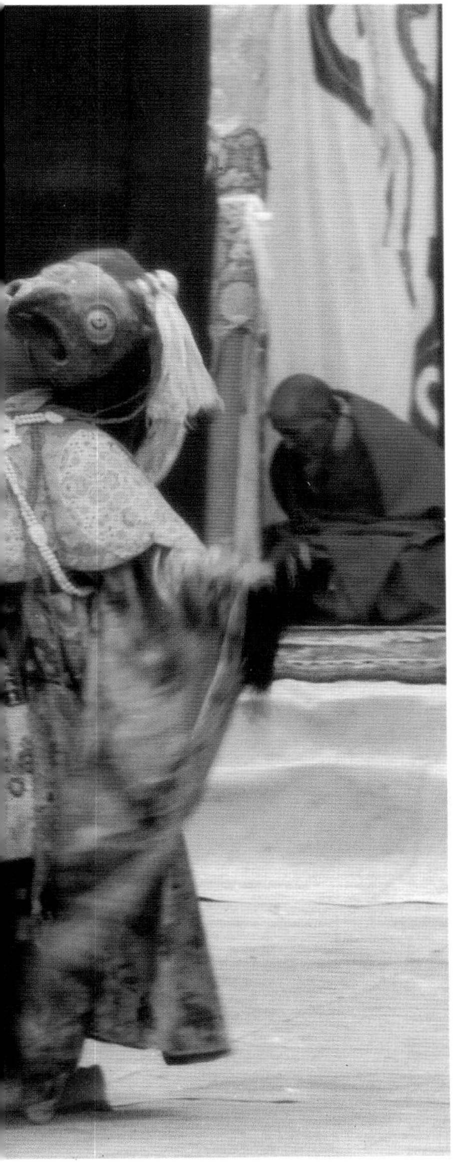

鳥神舞

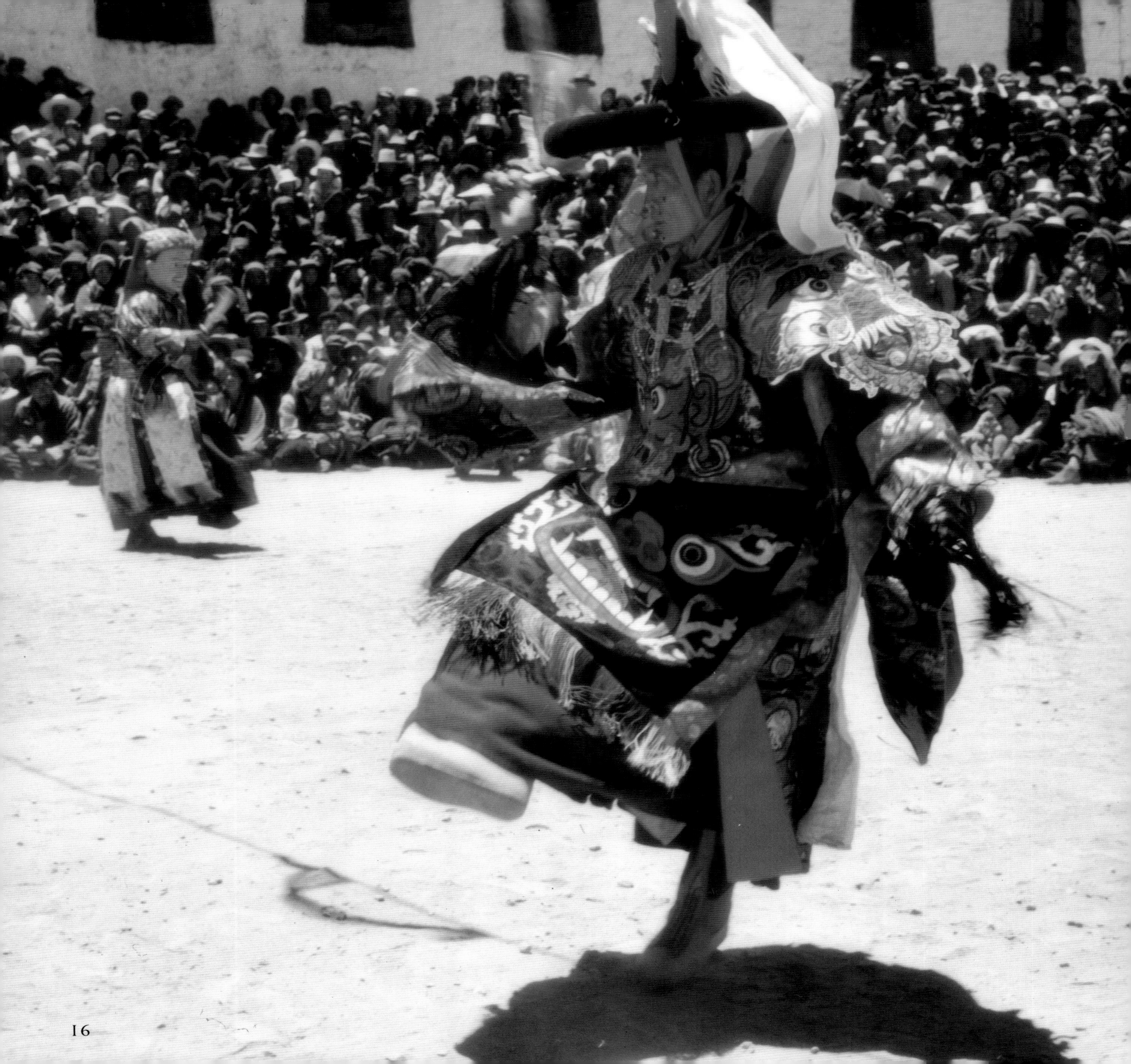

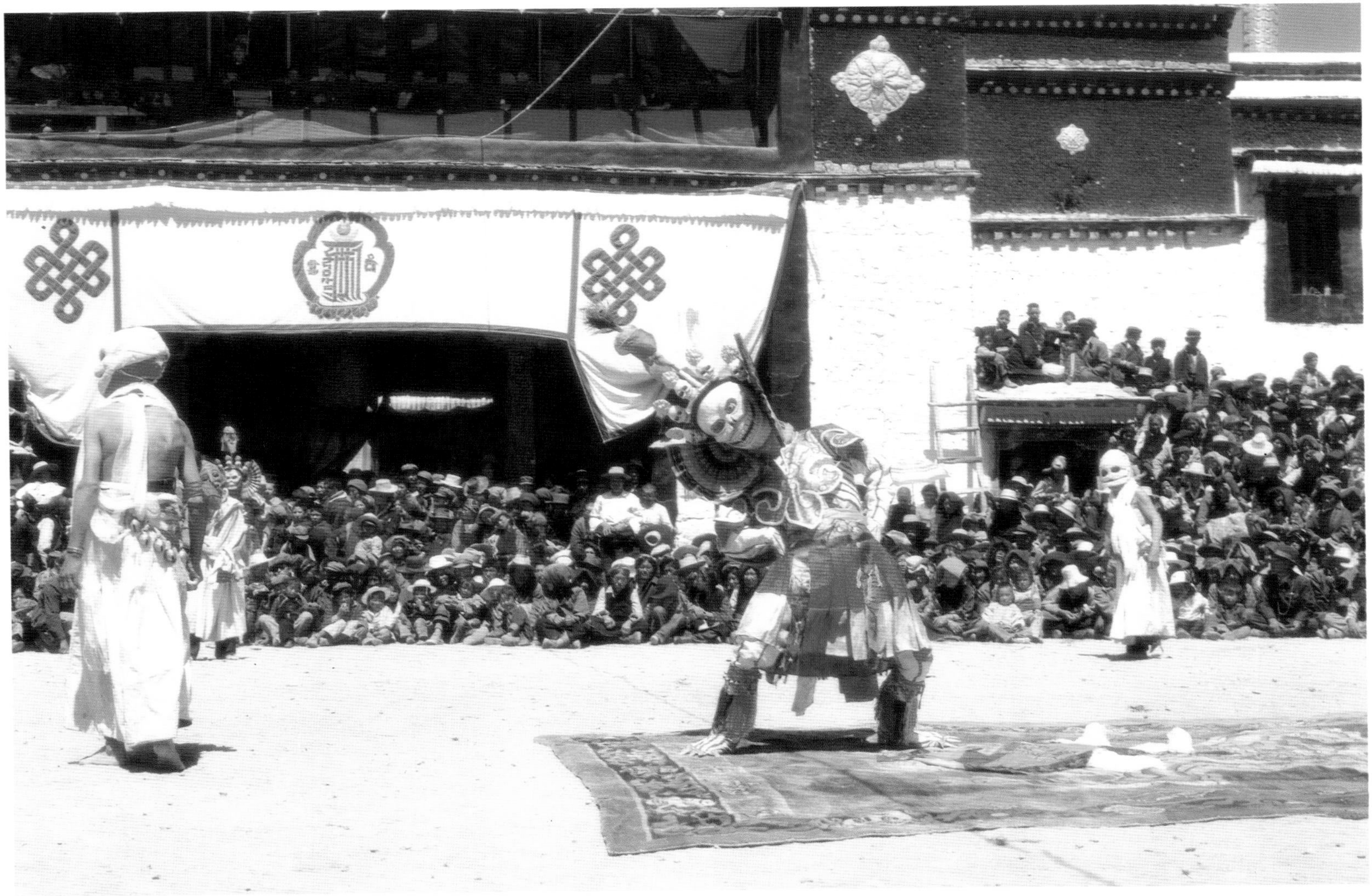

骷髏神舞。骷髏神，藏語叫一“獨達”，意爲天葬台的保護者，也叫吉祥精靈或指路精靈，他可以向死者靈魂指出上天之路。藏族習俗，人死後實行天葬。骷髏神面目兇煞，但藏族却認爲他是幸福的象徵，能保護人們的靈魂。

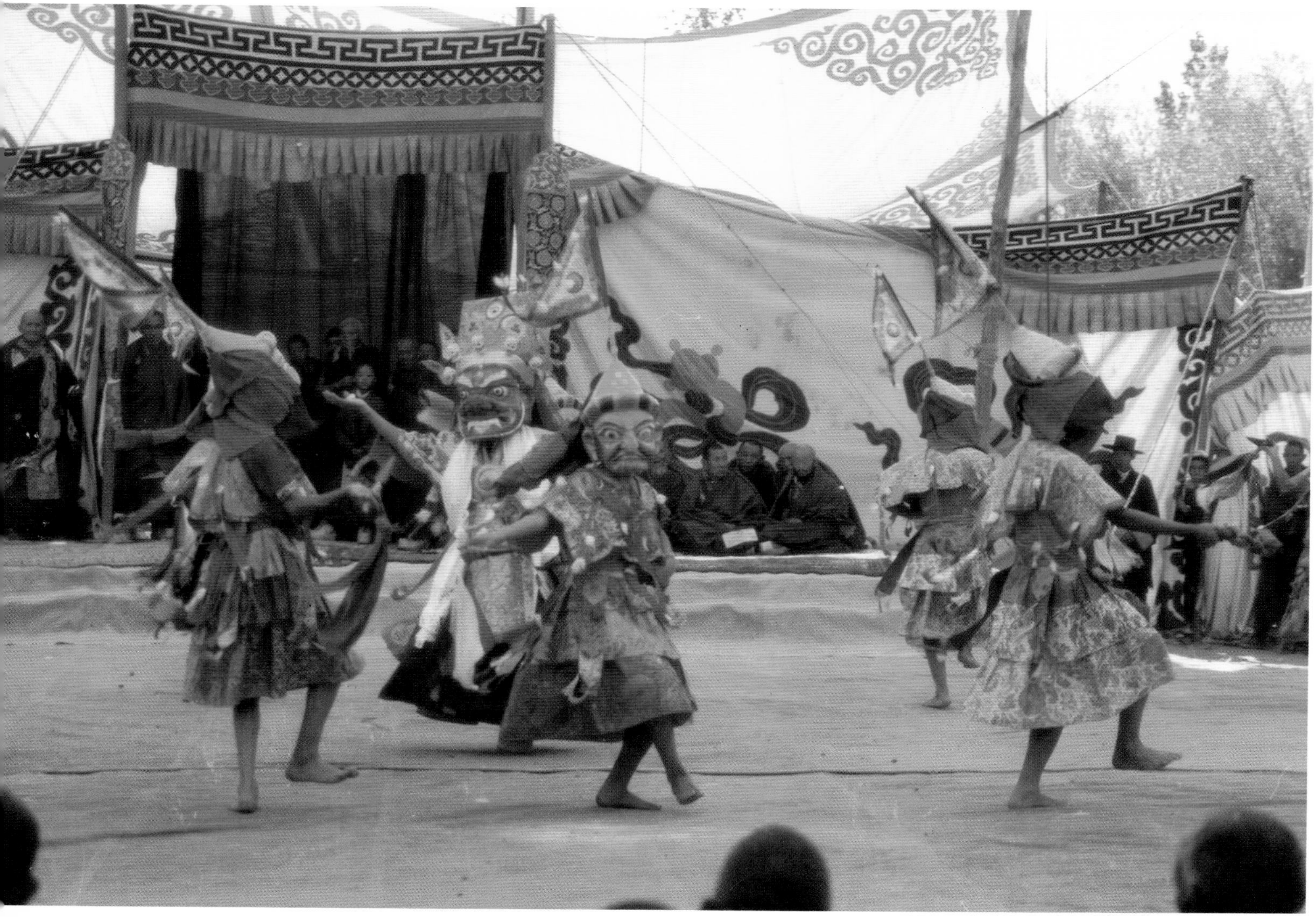

羌神舞

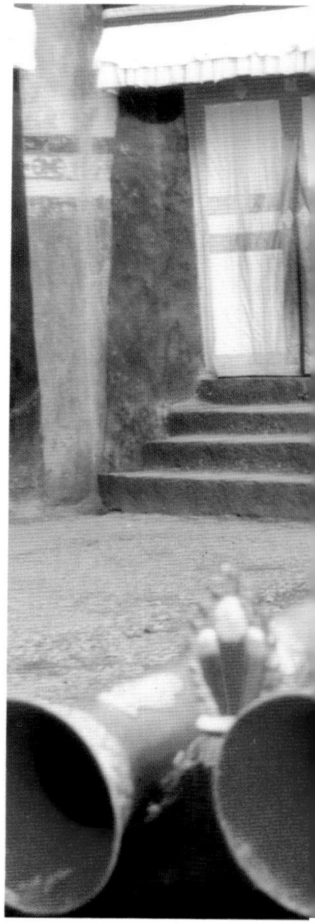

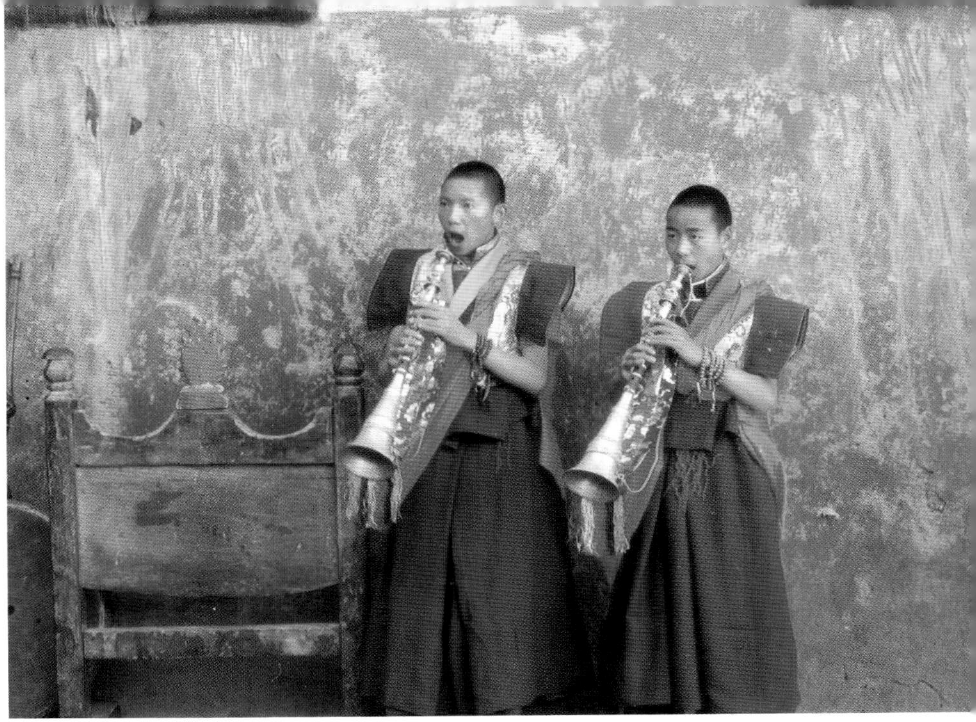

年輕的喇嘛爲參加“普助節”跳神，試吹嗩吶。

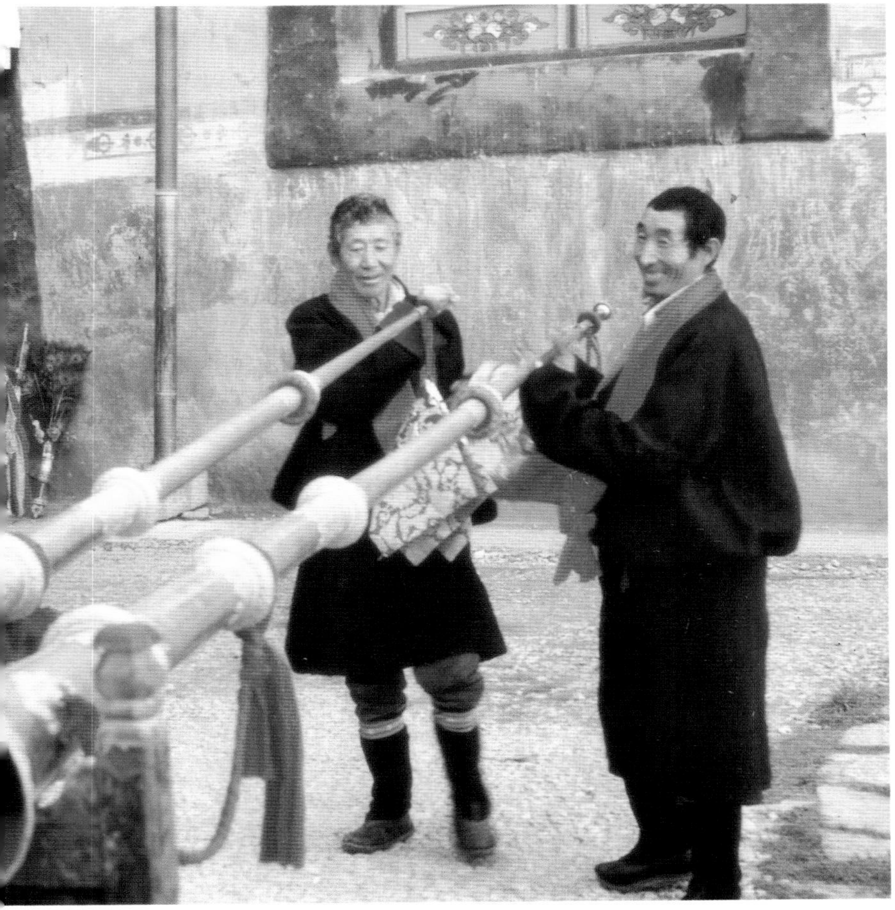

爲跳神伴奏用的長筒號，長約 2～3 米。

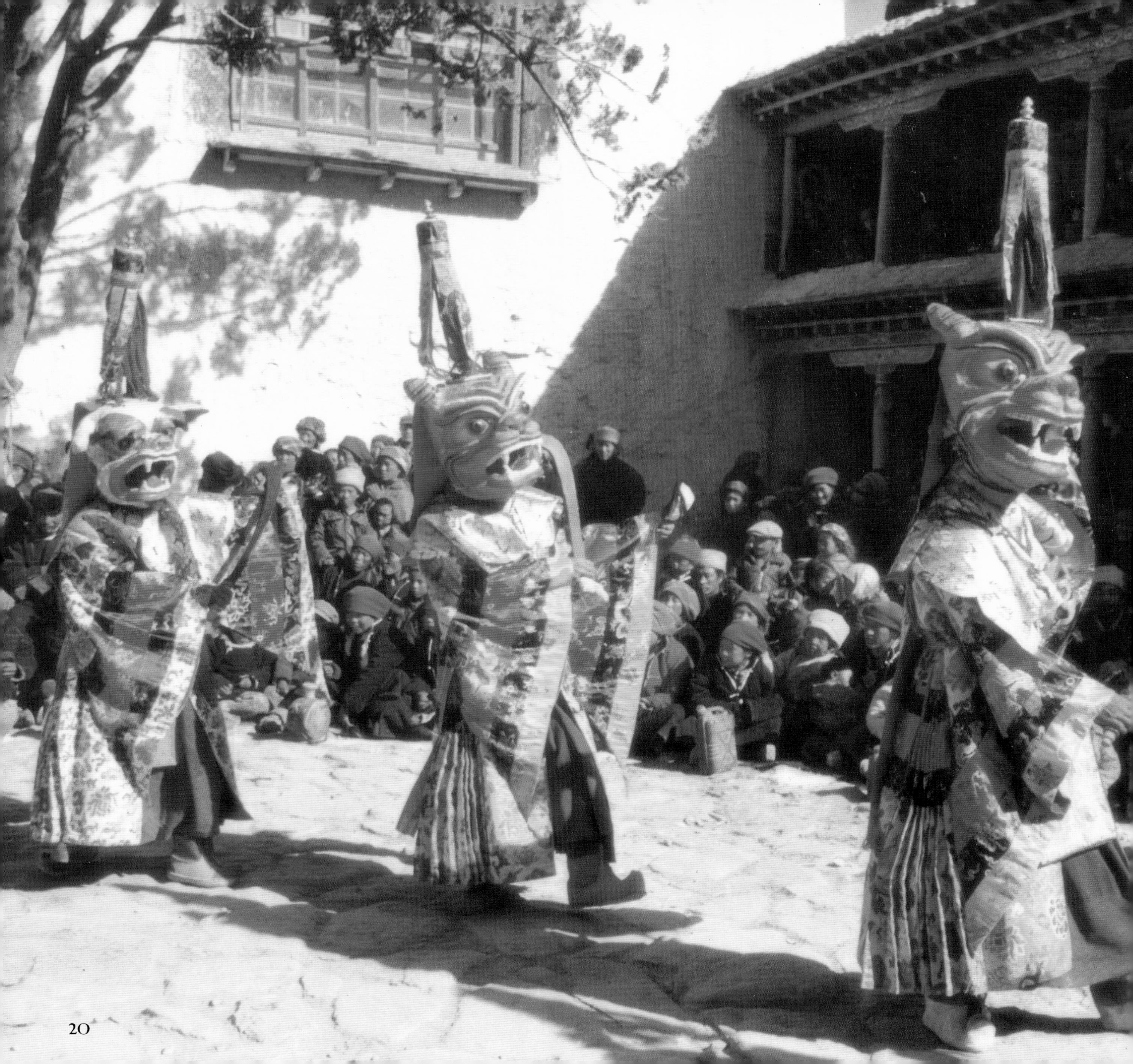

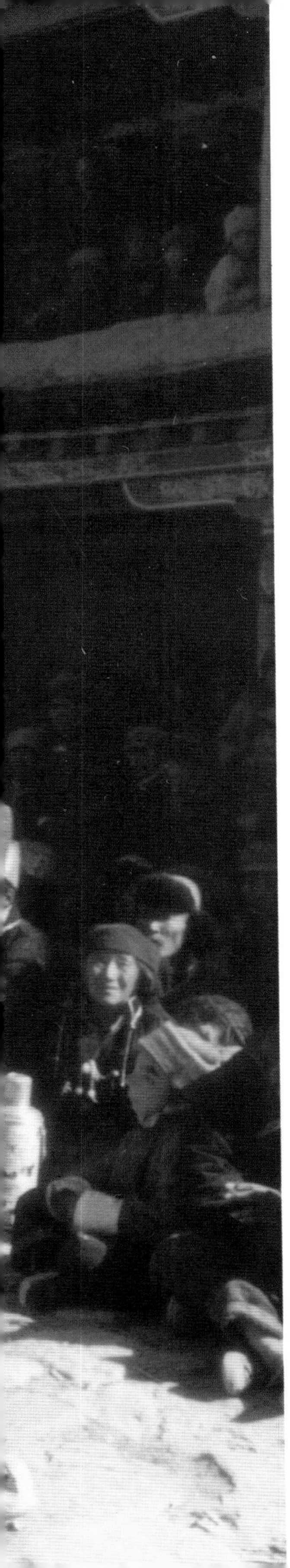

前兩神獸似爲虎神

扎布倫寺神舞。扎布倫寺座落在西藏日喀巴尼色日山下，十五世紀(相當於明代正德年間)由達賴喇嘛一世根敦朱巴所建，淸初以後，成爲歷世班禪駐錫之地。此圖爲牛神(王)舞。

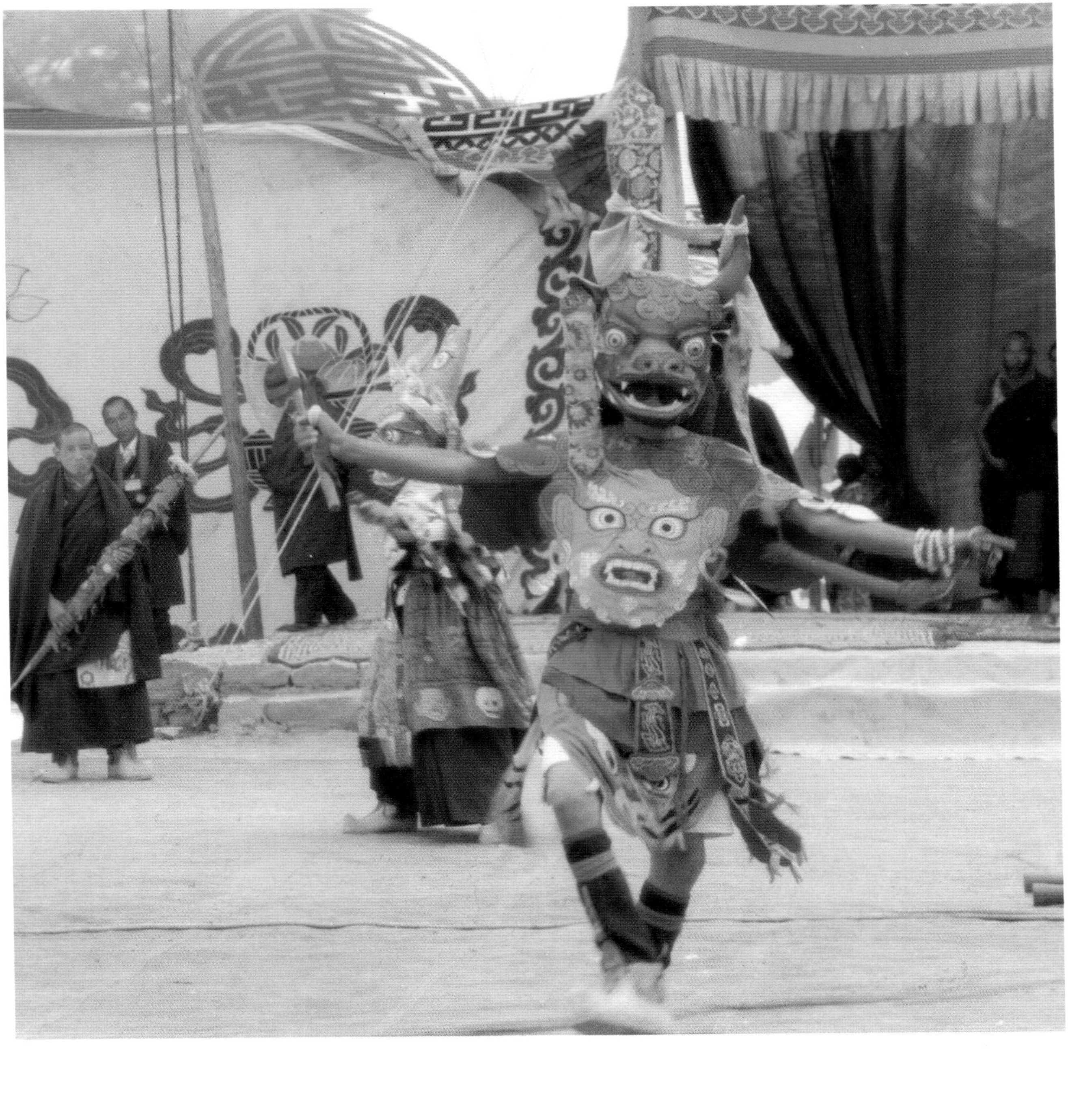

# 第二篇　雪頓節

在西藏的首府拉薩，每當藏曆六月的黃金季節，便有 12 個包括藏劇在內的表演團體。聚集到拉薩，參加一年一度的“雪頓節”，演出各種精彩節目。

關於“雪頓節”的來歷，有這樣一個傳說：十七世紀，宗教領袖宗喀巴爲改革藏傳佛教，創立了格魯派。他和他的弟子陸續在拉薩建築實力强大的甘丹寺、哲蚌寺、色拉寺，作爲宣傳格魯派主張的“基地”。爲了制止僧侶的各種反宗教越軌活動，他制定了嚴格的戒律，規定僧侶要在藏曆 4 月至 6 月集中在寺院室內潛心修行誦經，不得外出，叫做“上期夏令安居”。直到六月底方允許到戶外、寺外活動。這時寺拉待僧侶吃酸奶白糖米飯，並允許到園林遊覽觀賞。“雪”是酸奶的意思，“頓”是宴會的意思，“雪頓節”合起來就是吃酸奶的節日。後來在哲蚌寺的一次雪頓節期間，當時尚未親政的五世達賴喇嘛和一些喇嘛很喜愛藏劇和歌舞，便徵集一些藏劇班子和歌舞團體，來哲蚌寺演出助興，此後便沿襲爲一年一度在雪頓節期間演出藏劇等節目，稱爲“哲蚌雪頓”。時隔不久，達賴喇嘛從哲蚌寺移居到布達拉宮。雪頓節的重點活動場所便逐漸移至十八世紀建築的羅布林卡，俗稱“寶貝花園”，也就是達賴喇嘛的夏宮。但頭一天的活動即藏曆 6 月 30 日仍然從哲蚌寺開始。這一天，哲蚌寺由數百名喇嘛抬出幾百平方米的佛像大“唐卡”，鋪展在山坡上，稱爲“曬佛”，即佛祖沐浴在旭日的金光之中的意思。藏劇團要給大“唐卡”上繡的佛像演出精彩節目。到了十九世紀，各地來拉薩參加雪頓節的藝術團體已固定爲 12 個，即“扎西雪巴”等 6 個白面具派劇團、“覺木隆”等 4 個藍面具派劇團和曲水地區的牦牛舞隊“希榮仲孜”、工布地區鼓舞隊“工布卓巴”。藏曆 7 月 7 日由白面具派扎西雪巴藏劇班子作吉祥收尾儀式演出。8 日起各劇團離開羅布林卡到拉薩城區演出，稱爲“拉薩雪頓”。8 月 1 日覺木隆劇團到色拉寺演出，稱爲“色拉雪頓”。至此，歷經一個月左右，雪頓節正式結束。

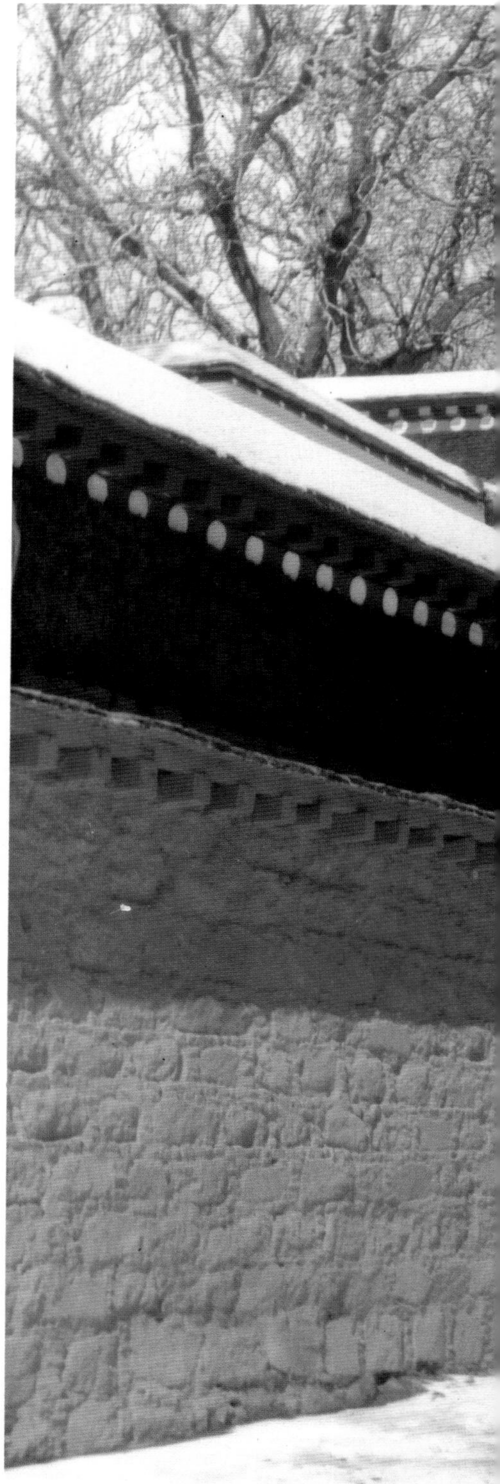

哲蚌寺中達賴喇嘛專用的觀戲樓。

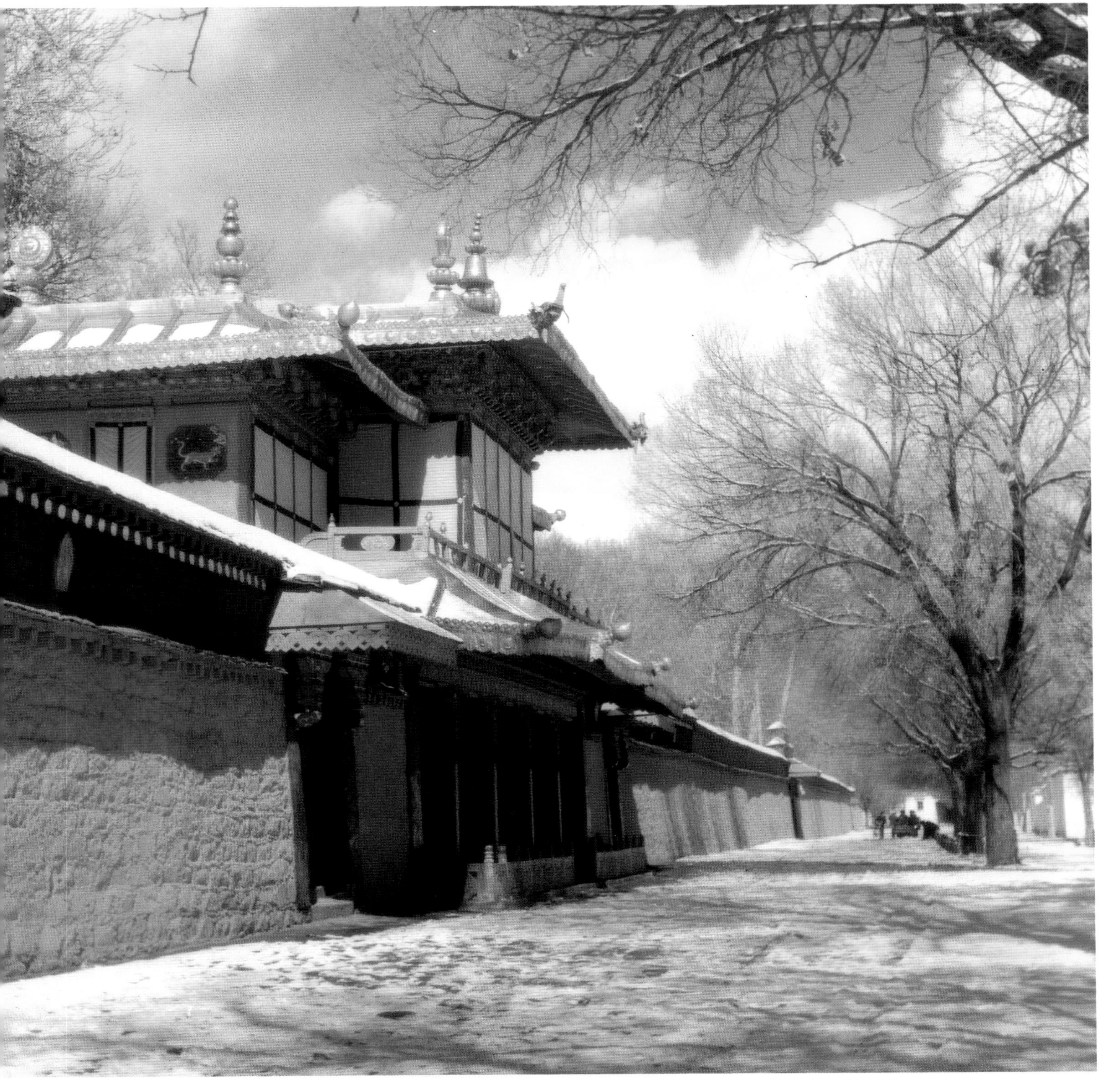

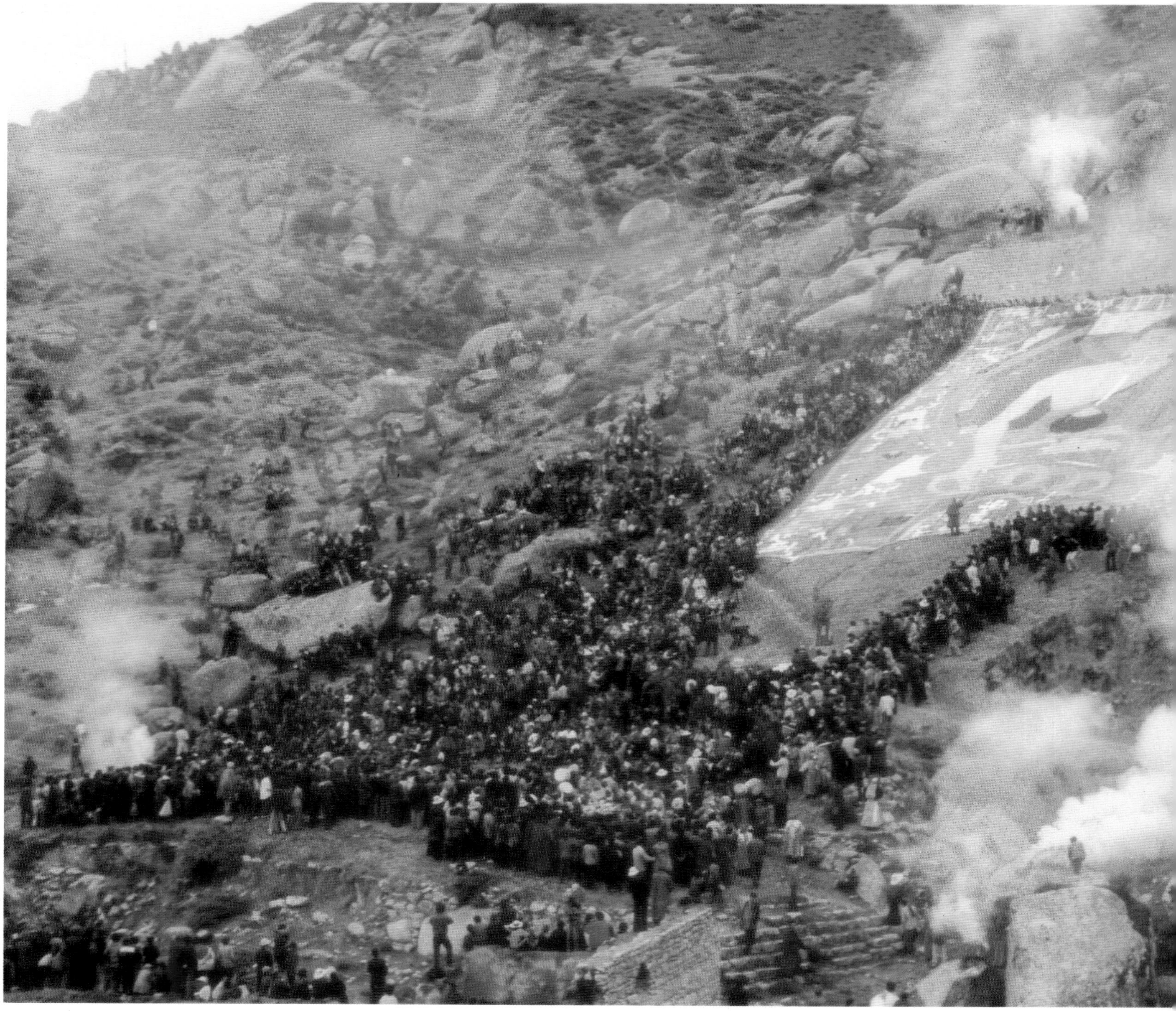

“曬佛”場面。成千上萬的僧俗
前來觀看香煙繚繞中的大佛像。

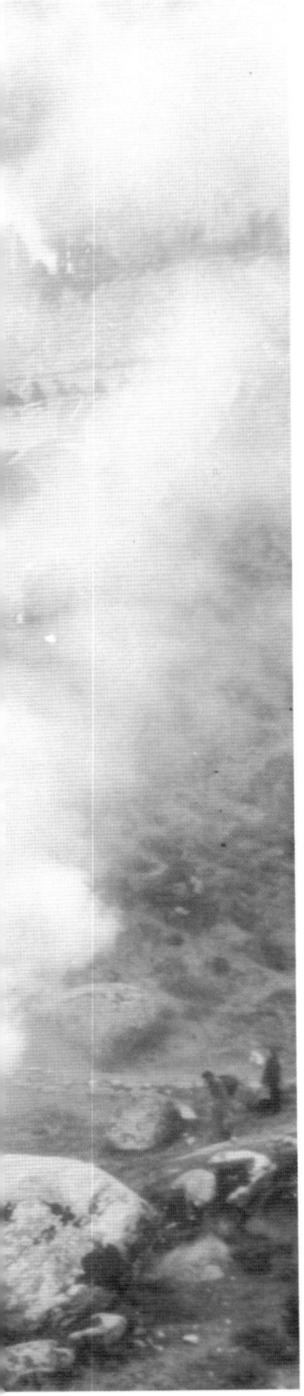

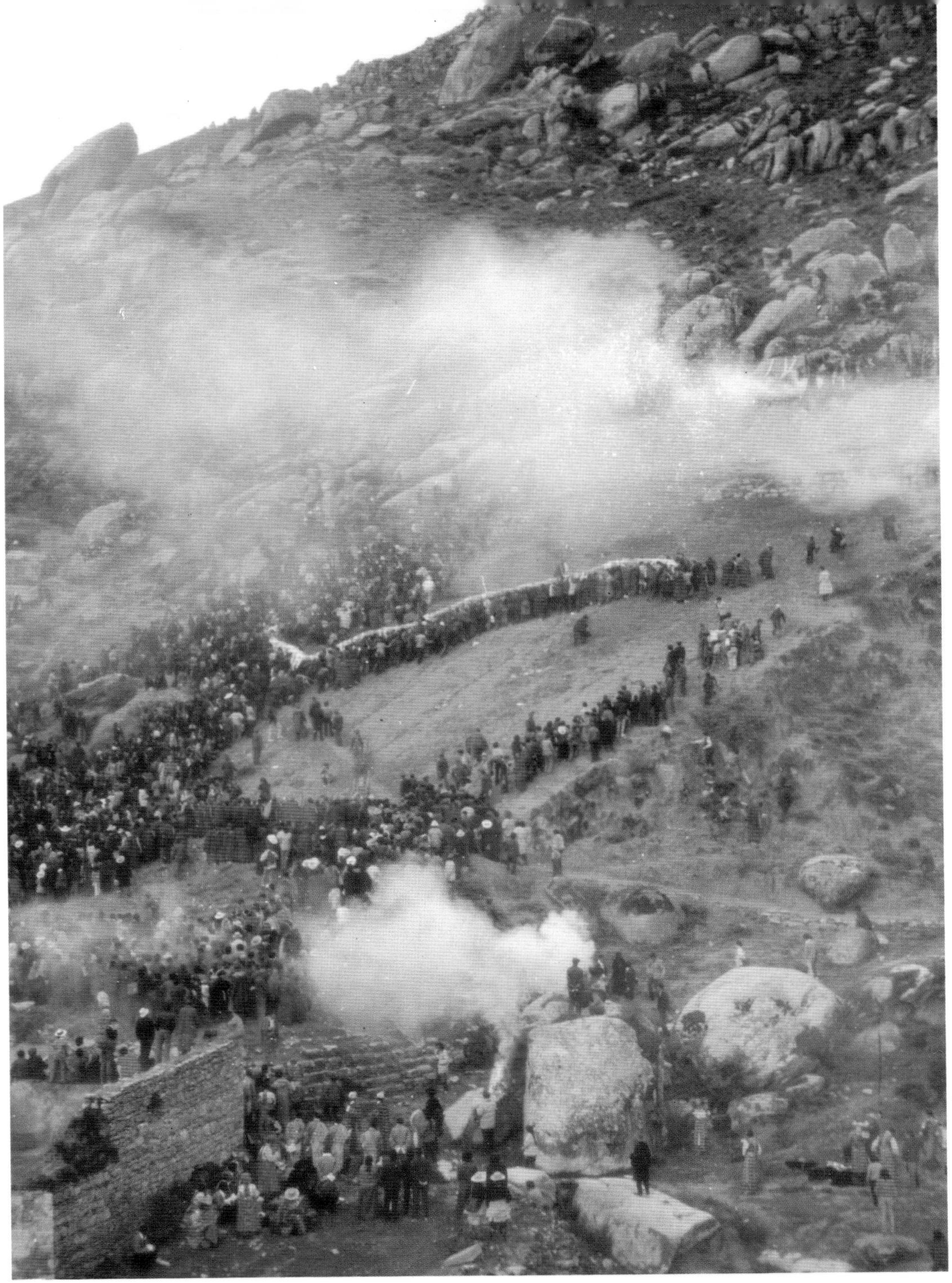

"曬佛"場面

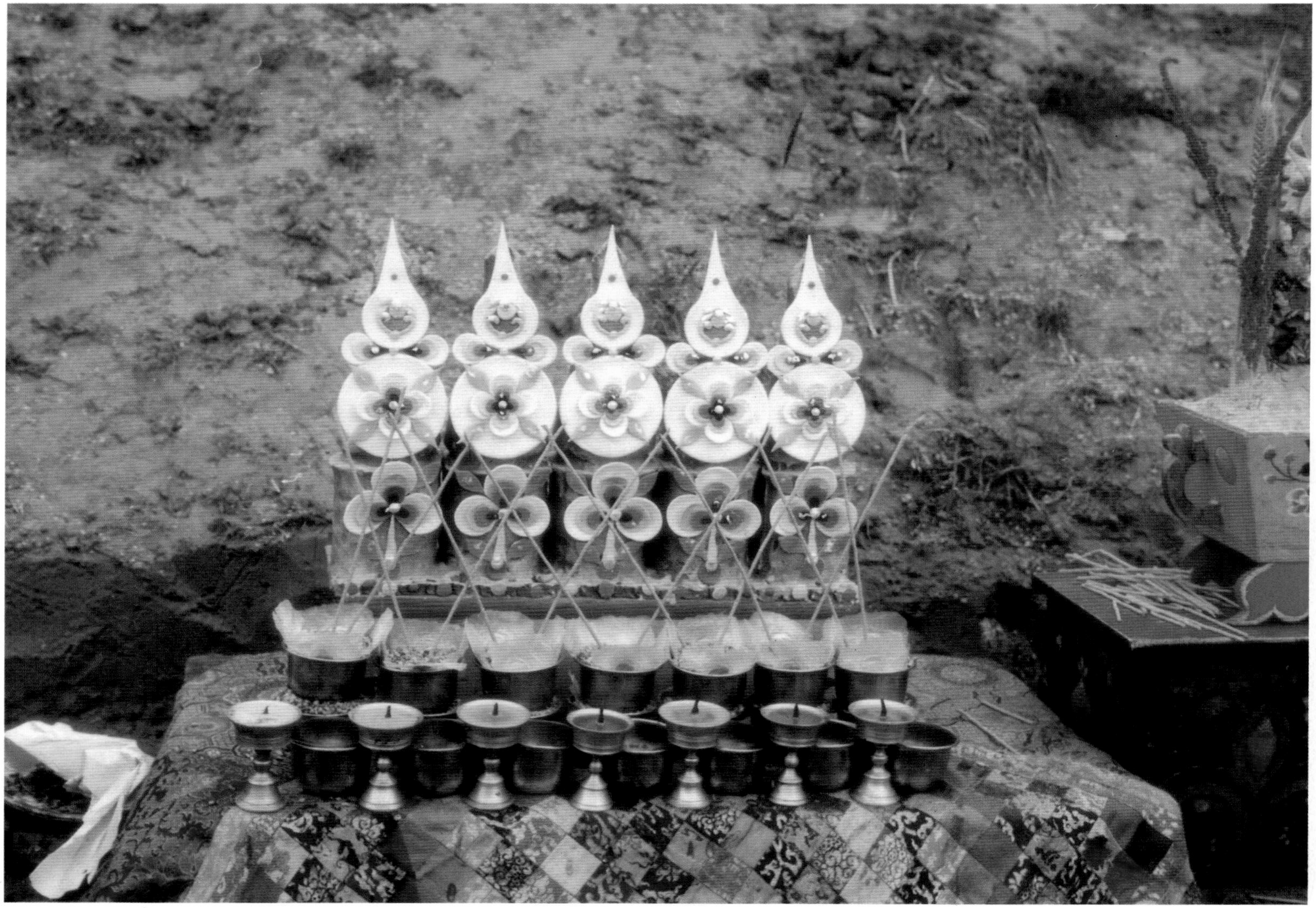

“曬佛”用的酥油花、酥油燈

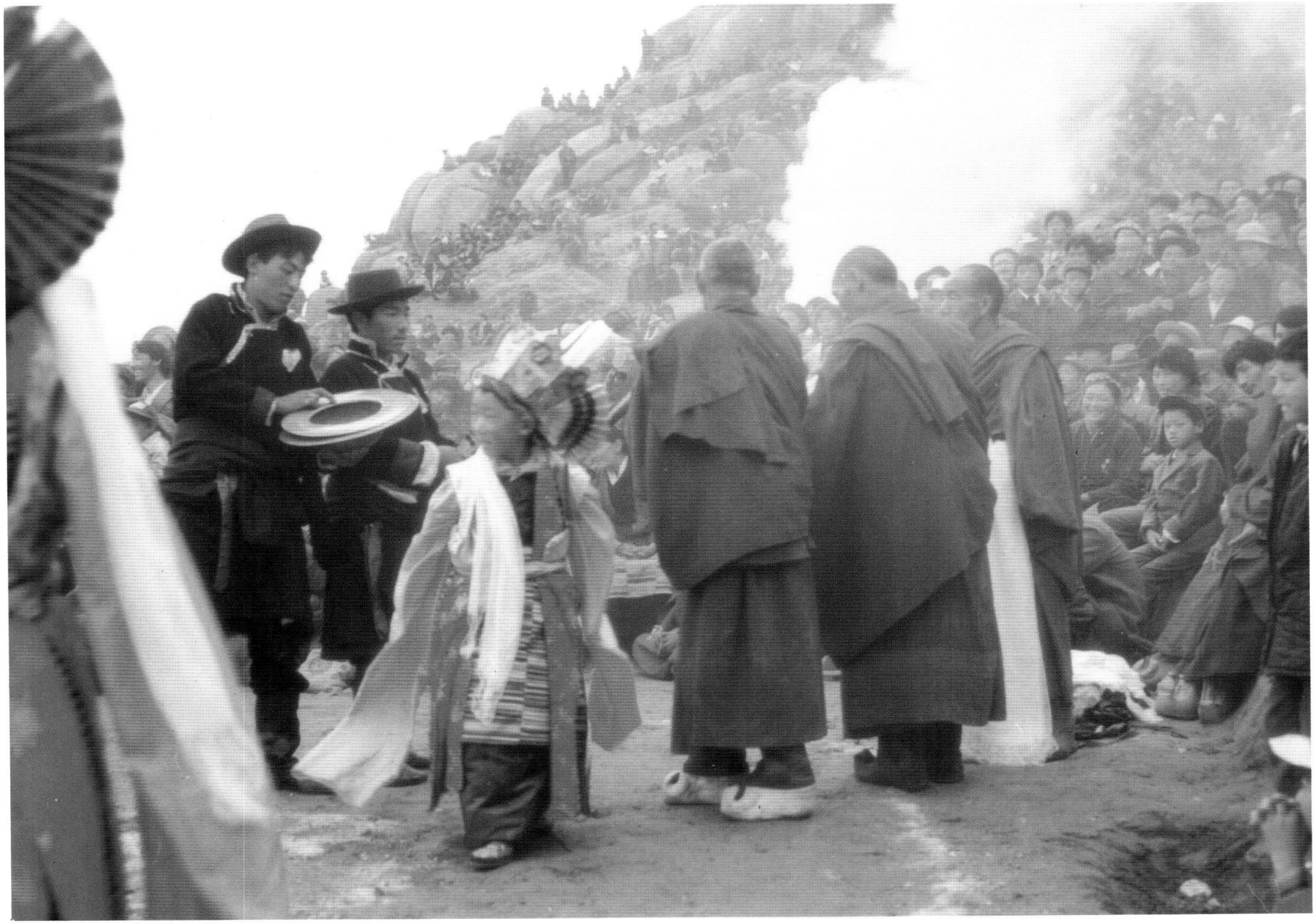

參加演出的小演員，也在觀摩
“曬佛”儀式。

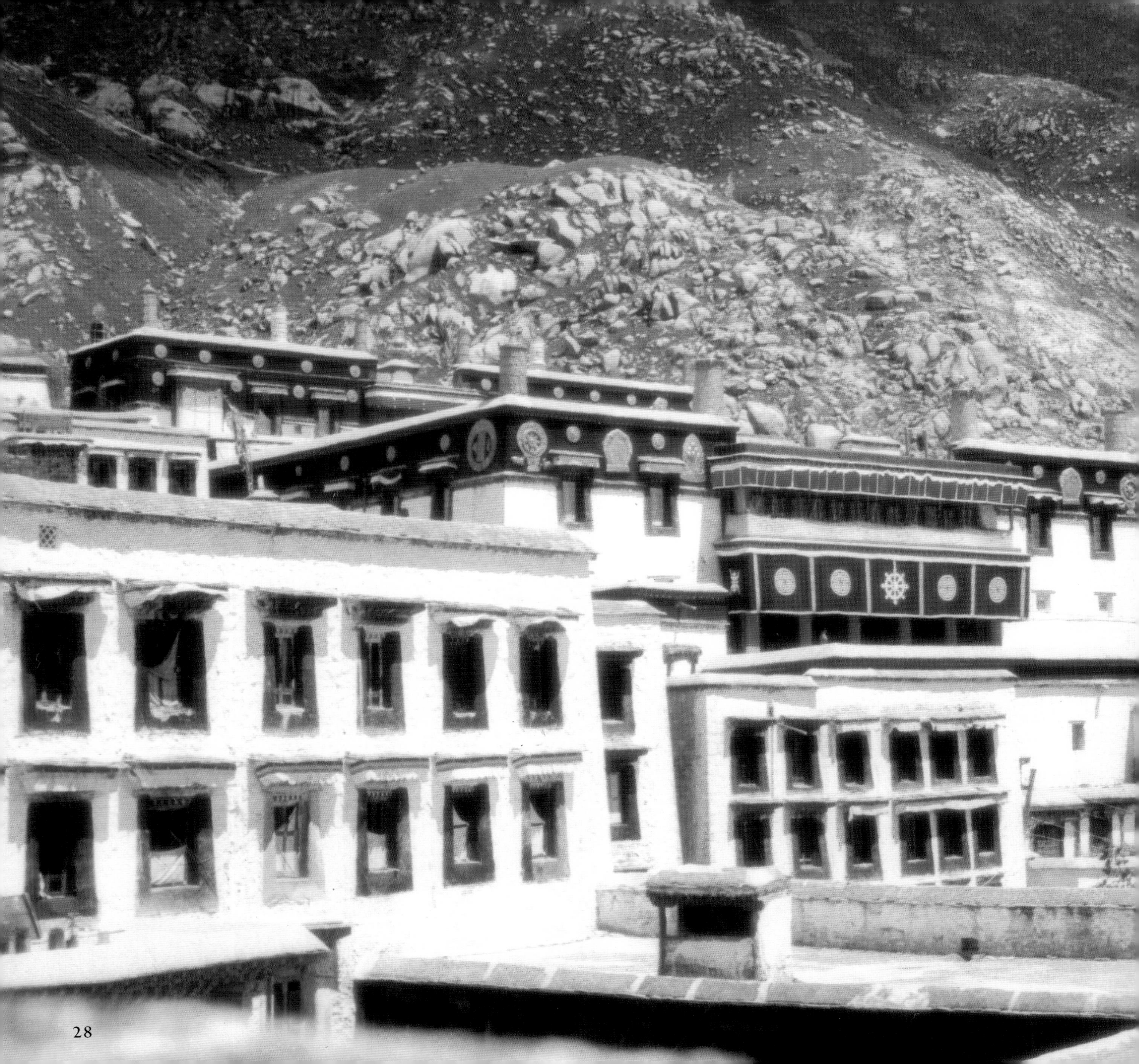

哲蚌寺內獻演開場戲。場中間供著神像，包括藏劇戲神唐東傑布。

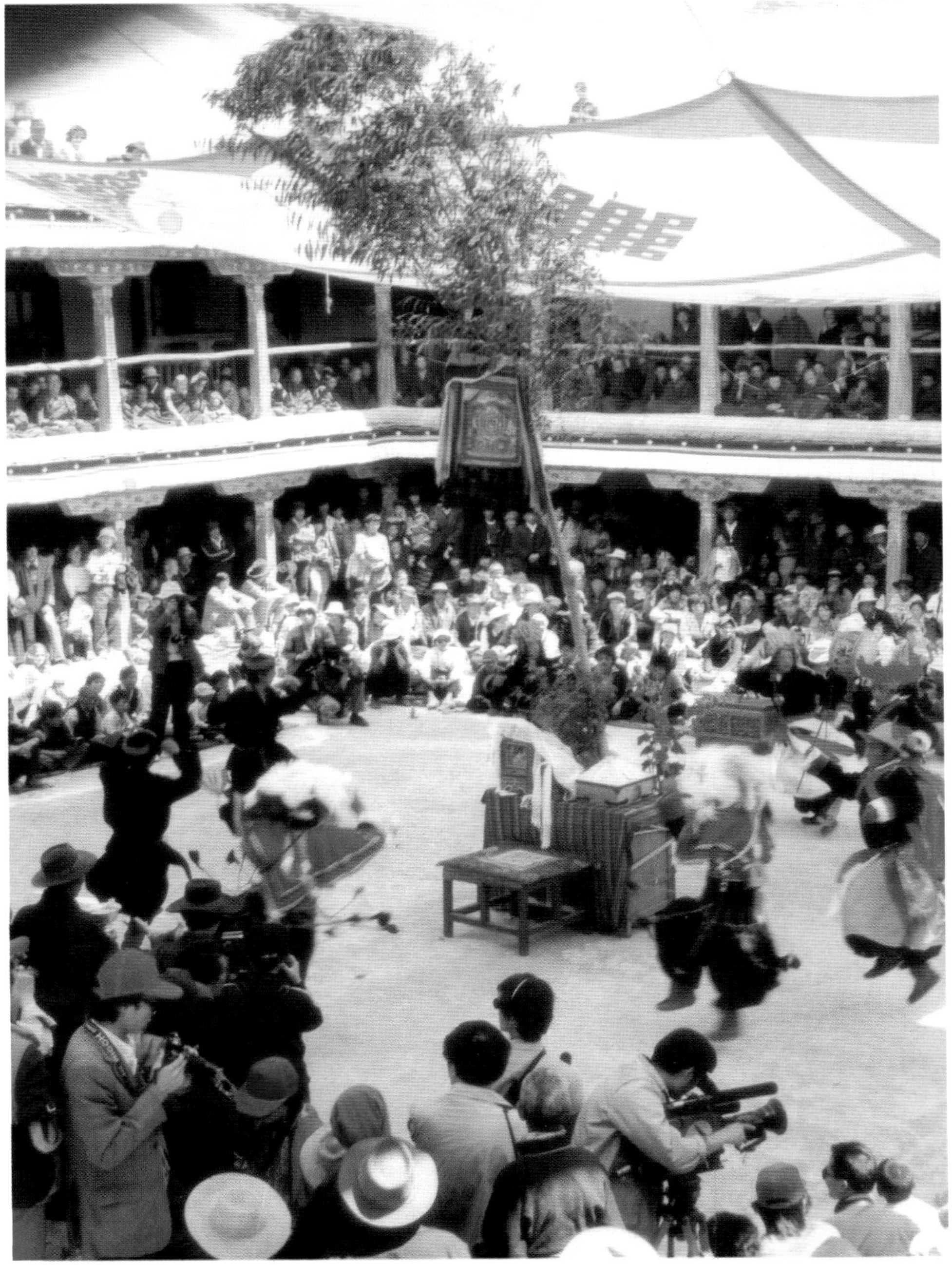

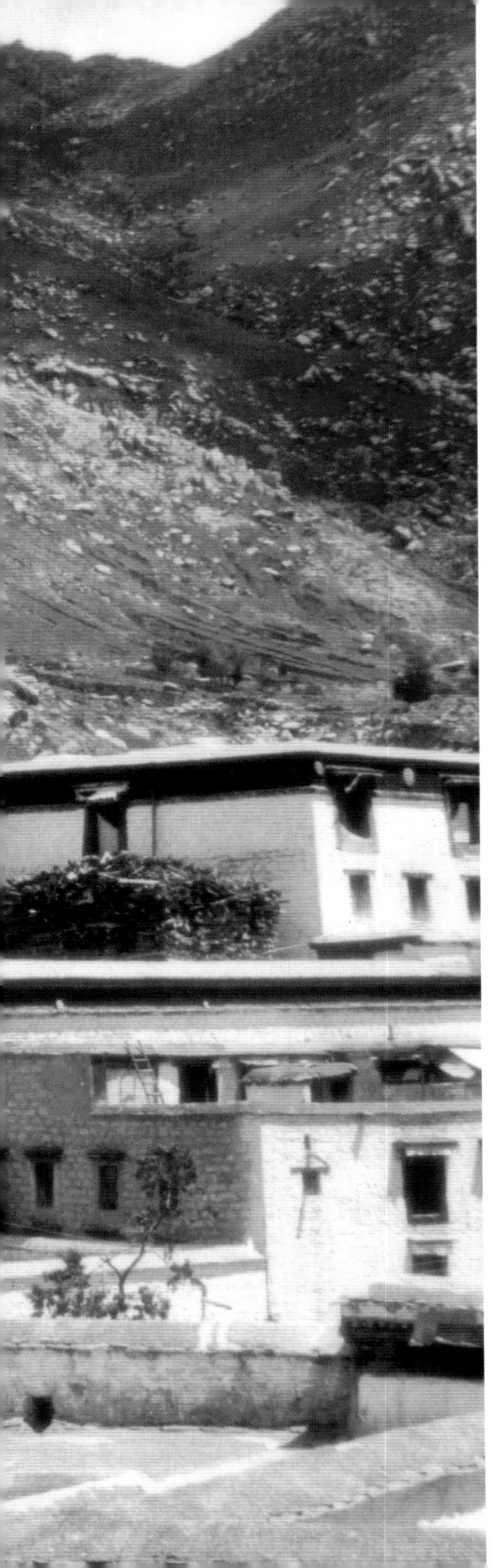

哲蚌寺大殿。按雪頓節慣例，首先從哲蚌寺開始，叫做“哲蚌雪頓”。這個大殿收藏著巨幅“唐卡”（佛像）。

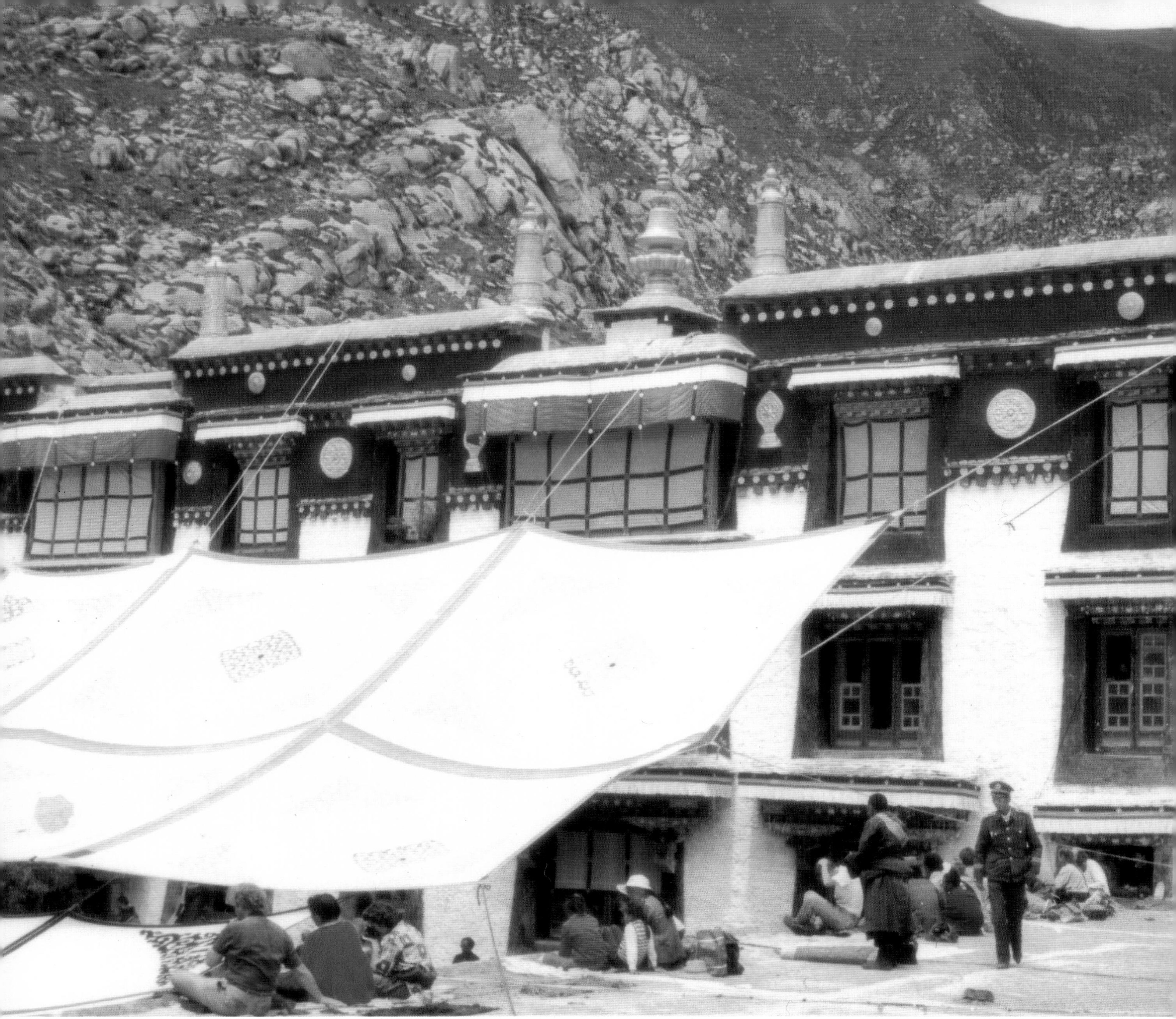

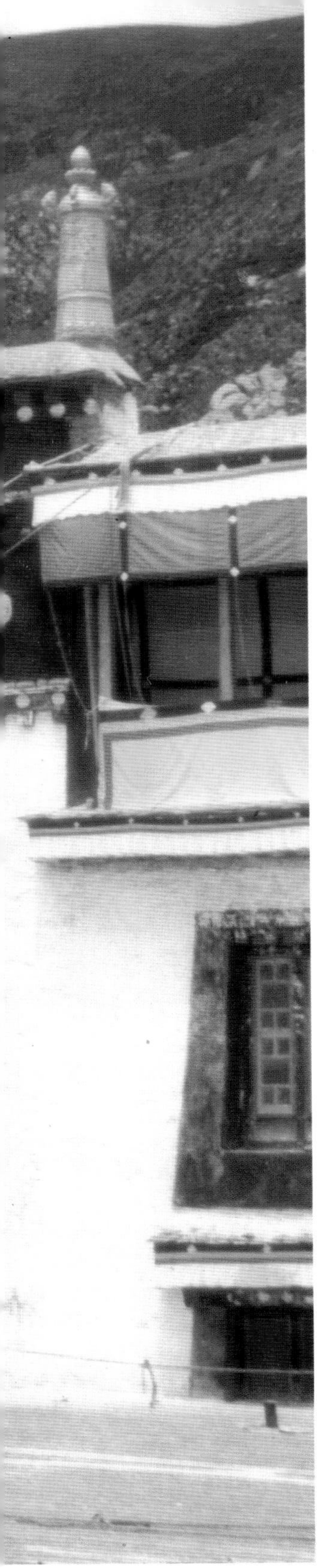

哲蚌寺中達賴喇嘛專用的觀戲樓。

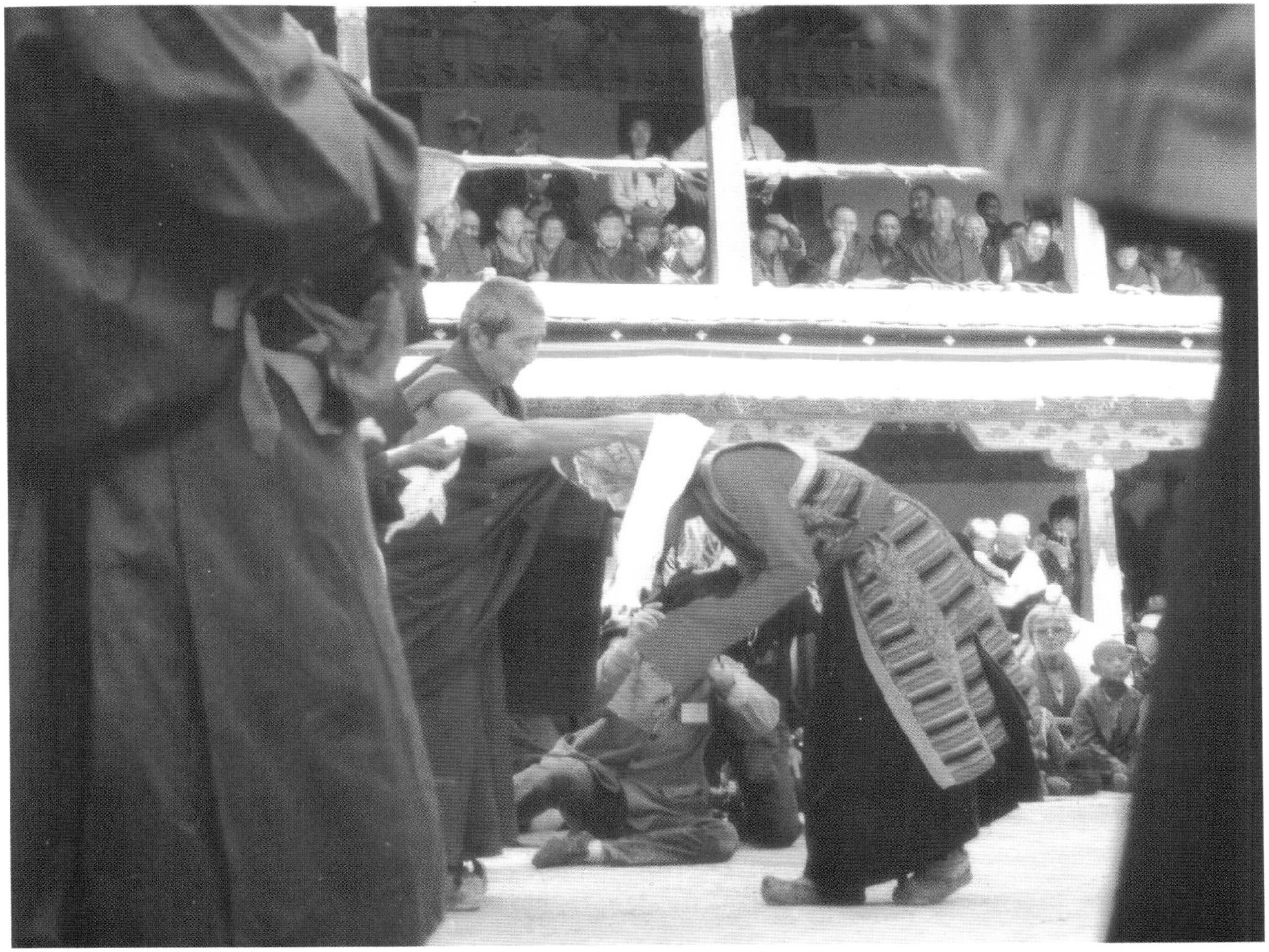

哲蚌寺的著名喇嘛向演員獻哈達。

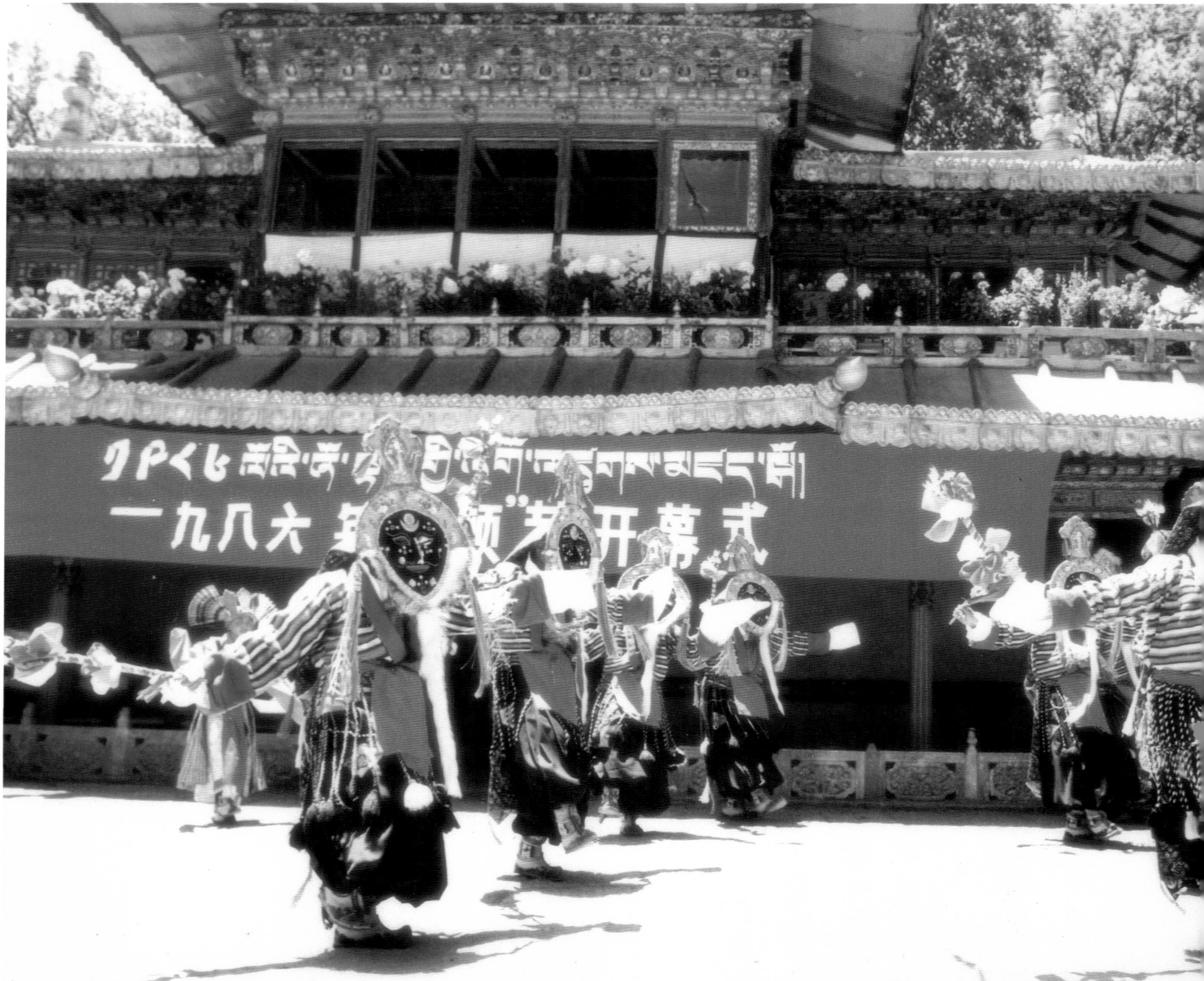
一九八
开幕式

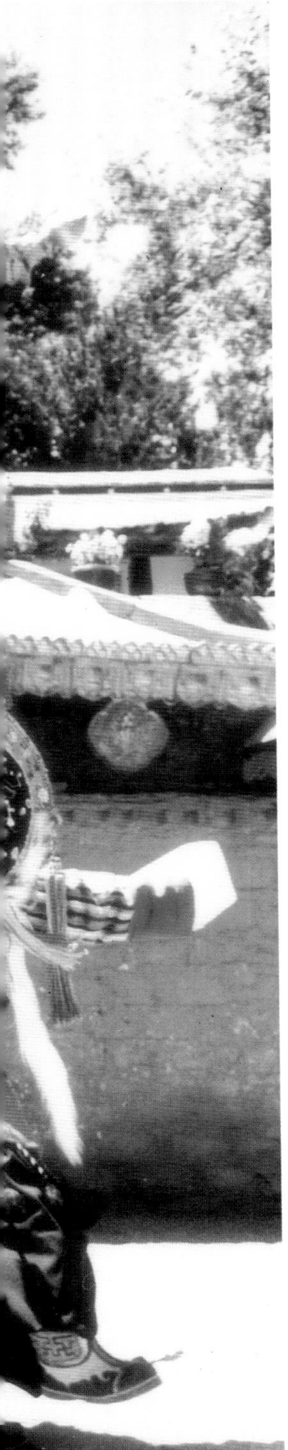

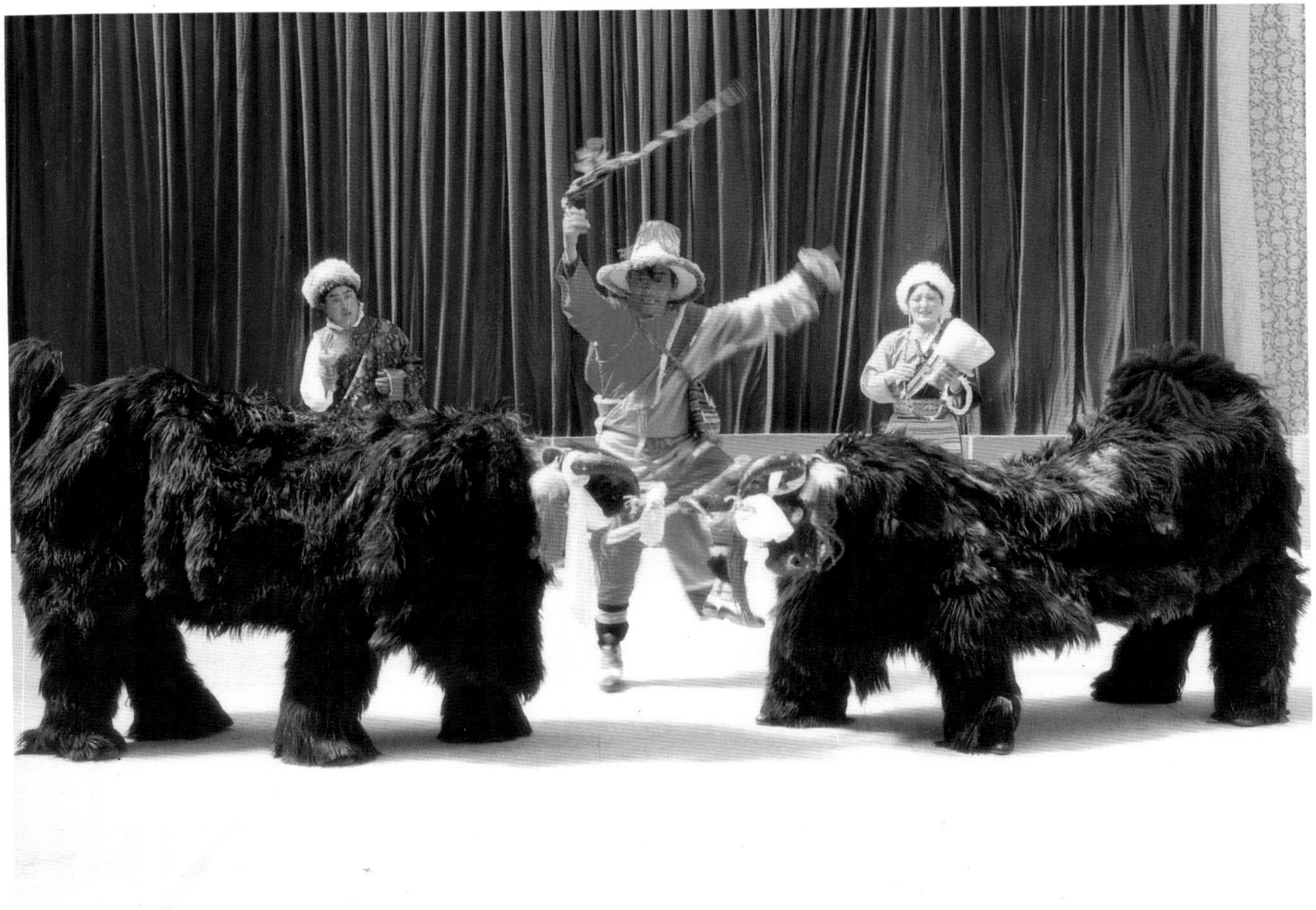

牦牛舞

雪頓節活動從哲蚌寺移向拉薩市區的羅布林卡（寶貝公園——達賴喇嘛的夏宮），正式舉行開幕式。

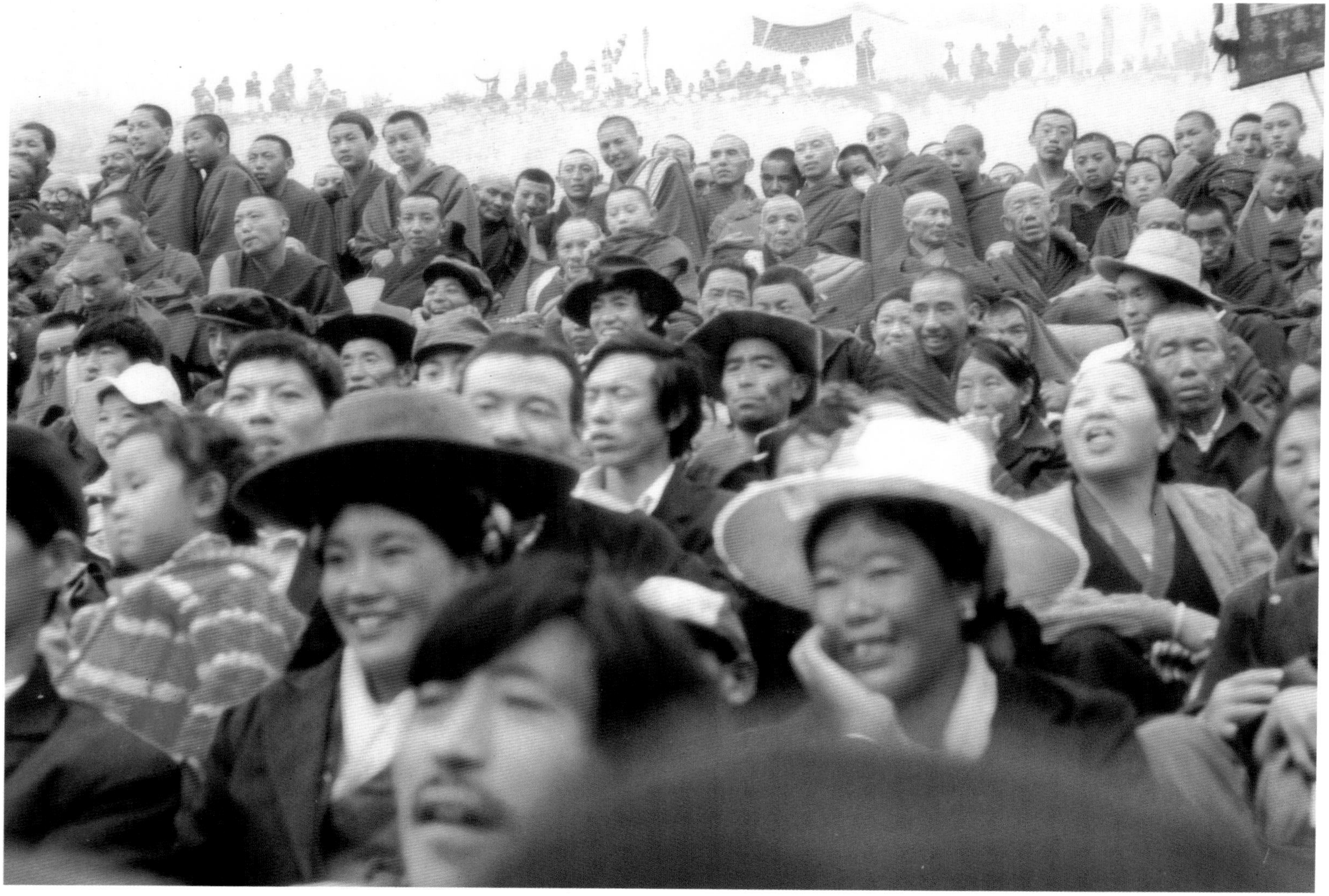

欣賞演出的僧俗觀衆

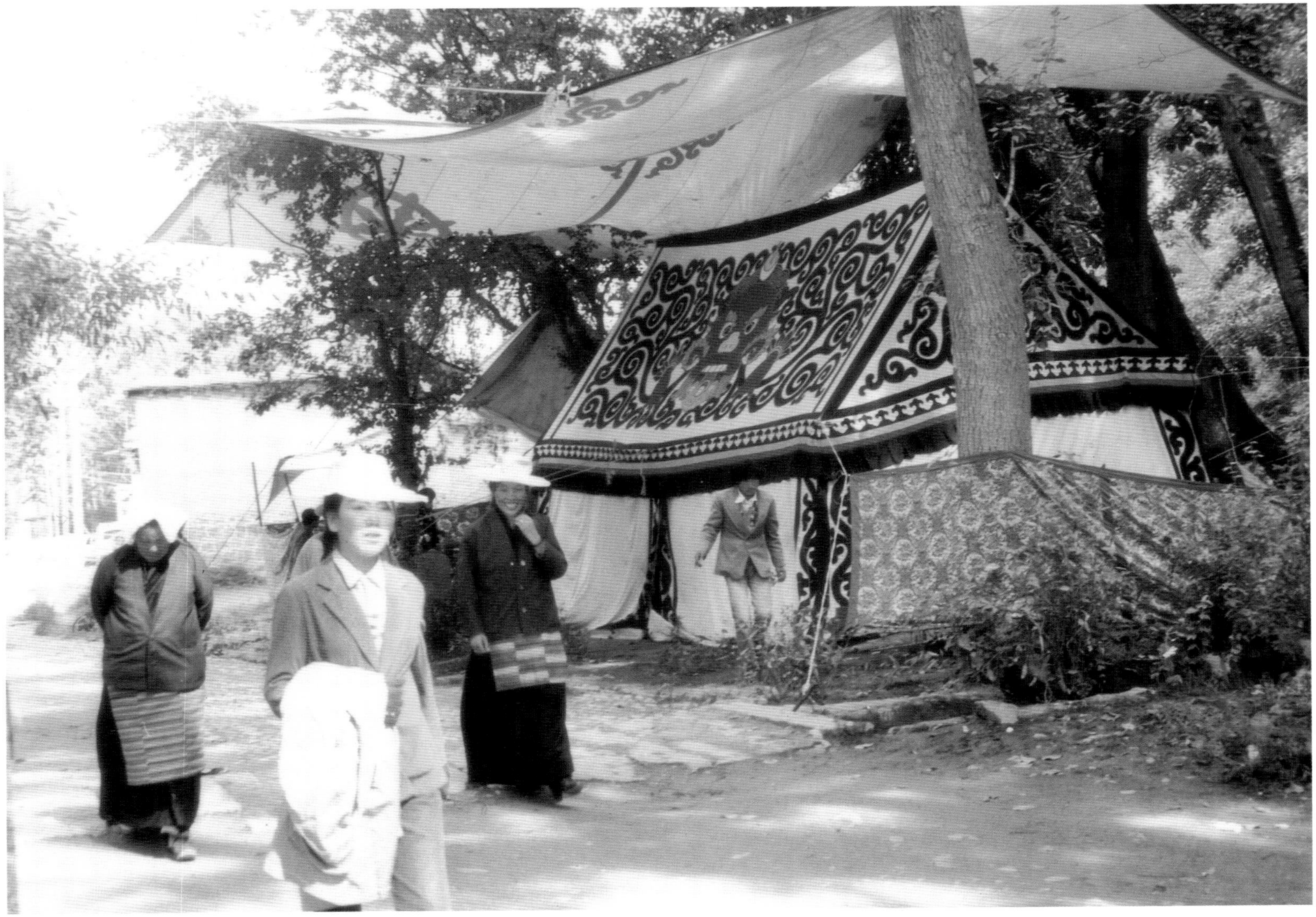

觀衆們在羅布林卡公園中搭各種具有民族風格的篷帳，作爲休息、過夜的場所。

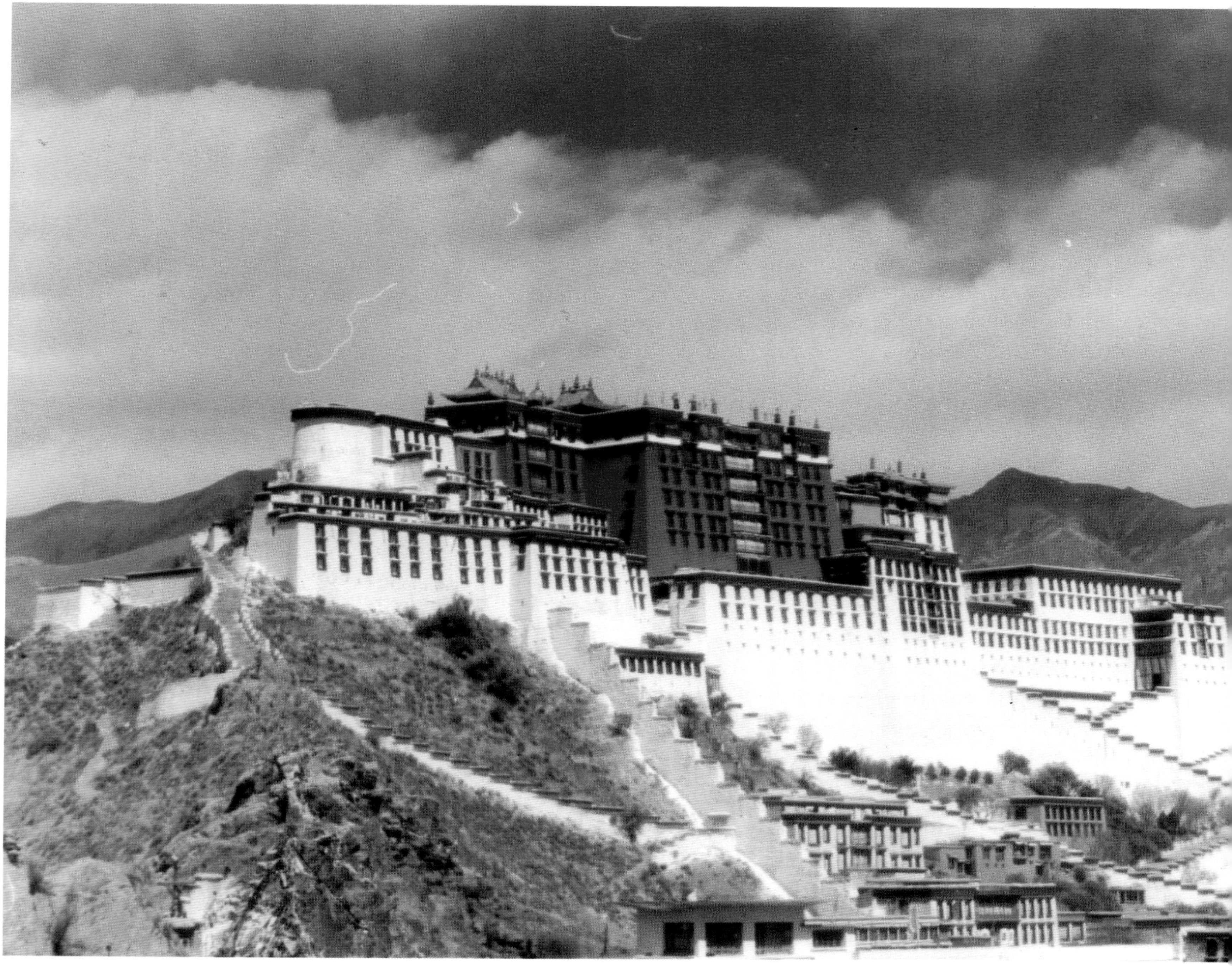

觀衆看完戲後，一定要去瞻仰中外聞名的布達拉宮。

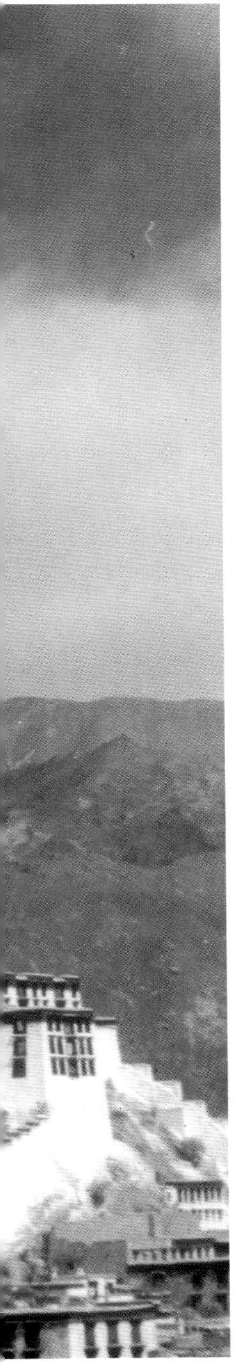

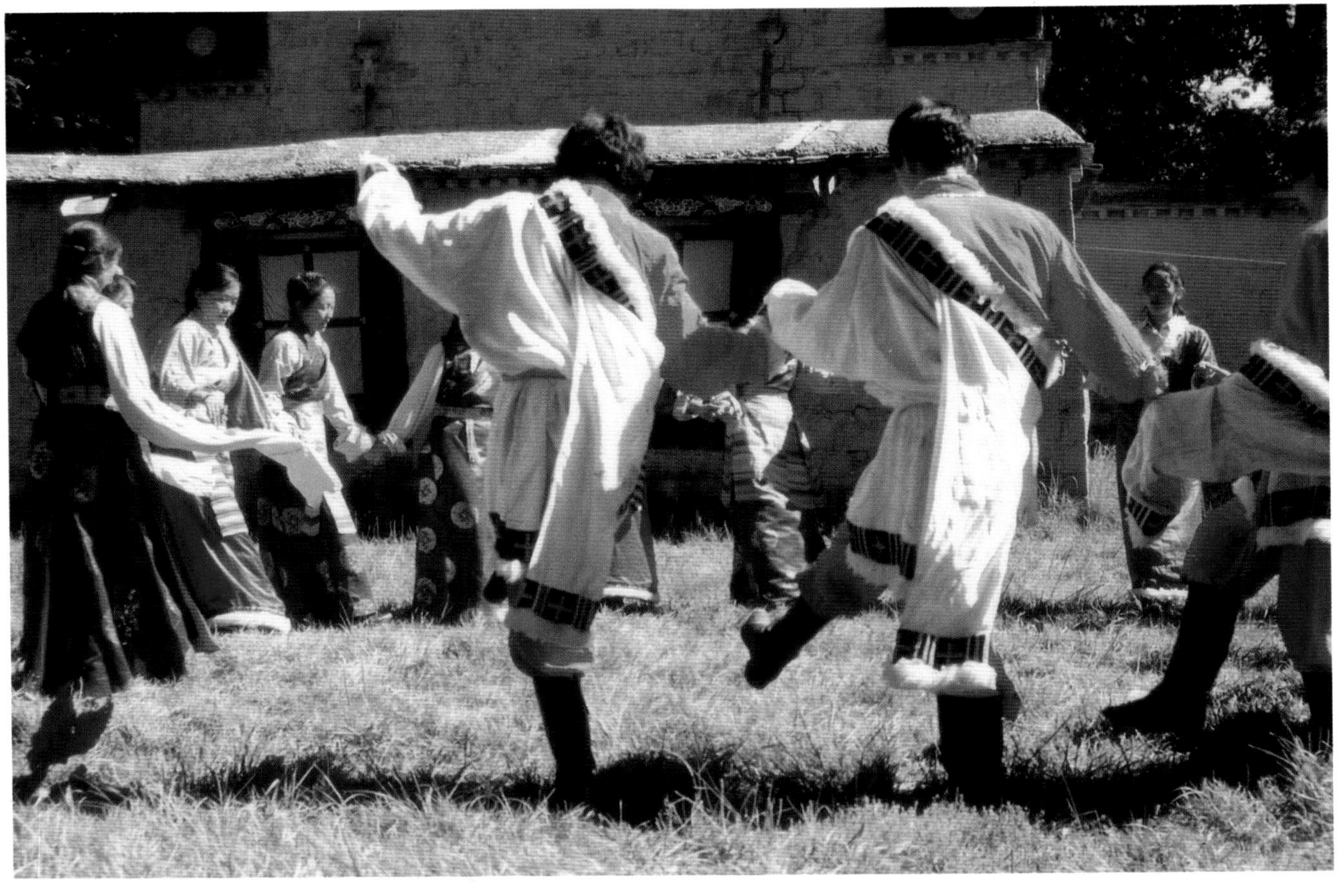

觀衆看完戲後，高興地在羅布
林卡公園中跳起歡樂的舞蹈。

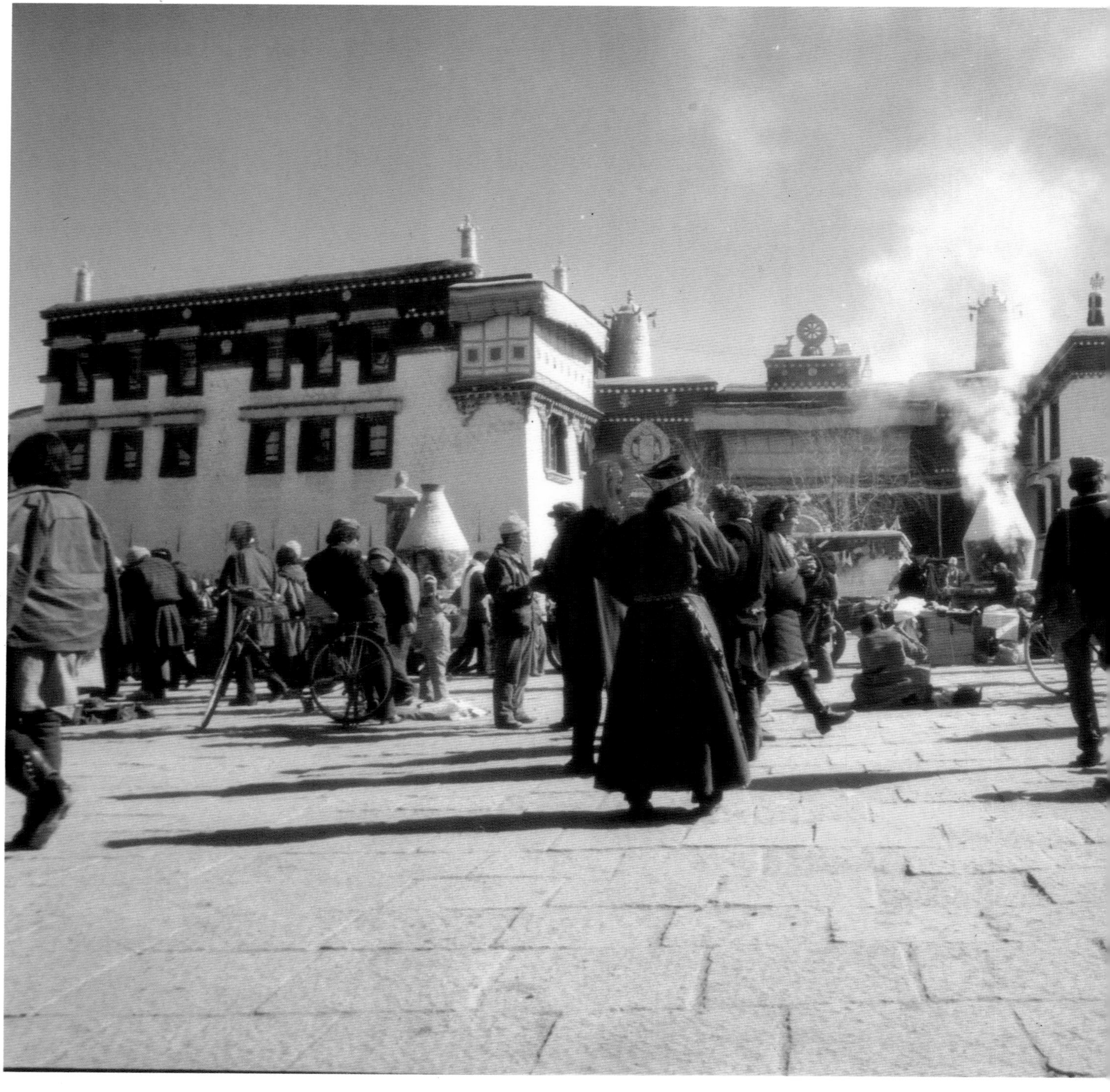

觀衆參觀供奉松贊干布和文成公主神像的大昭寺。

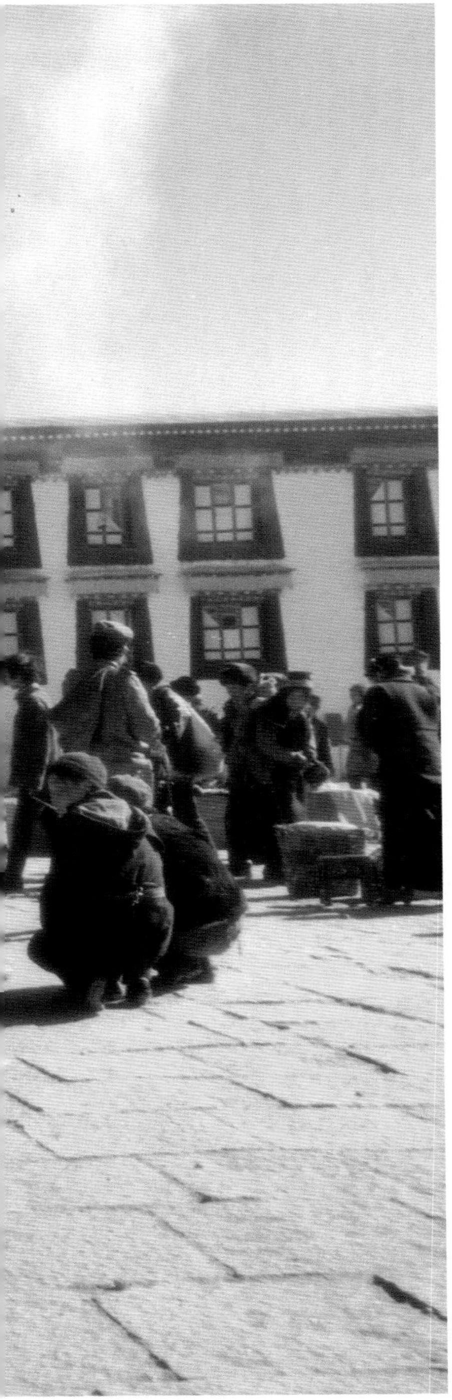

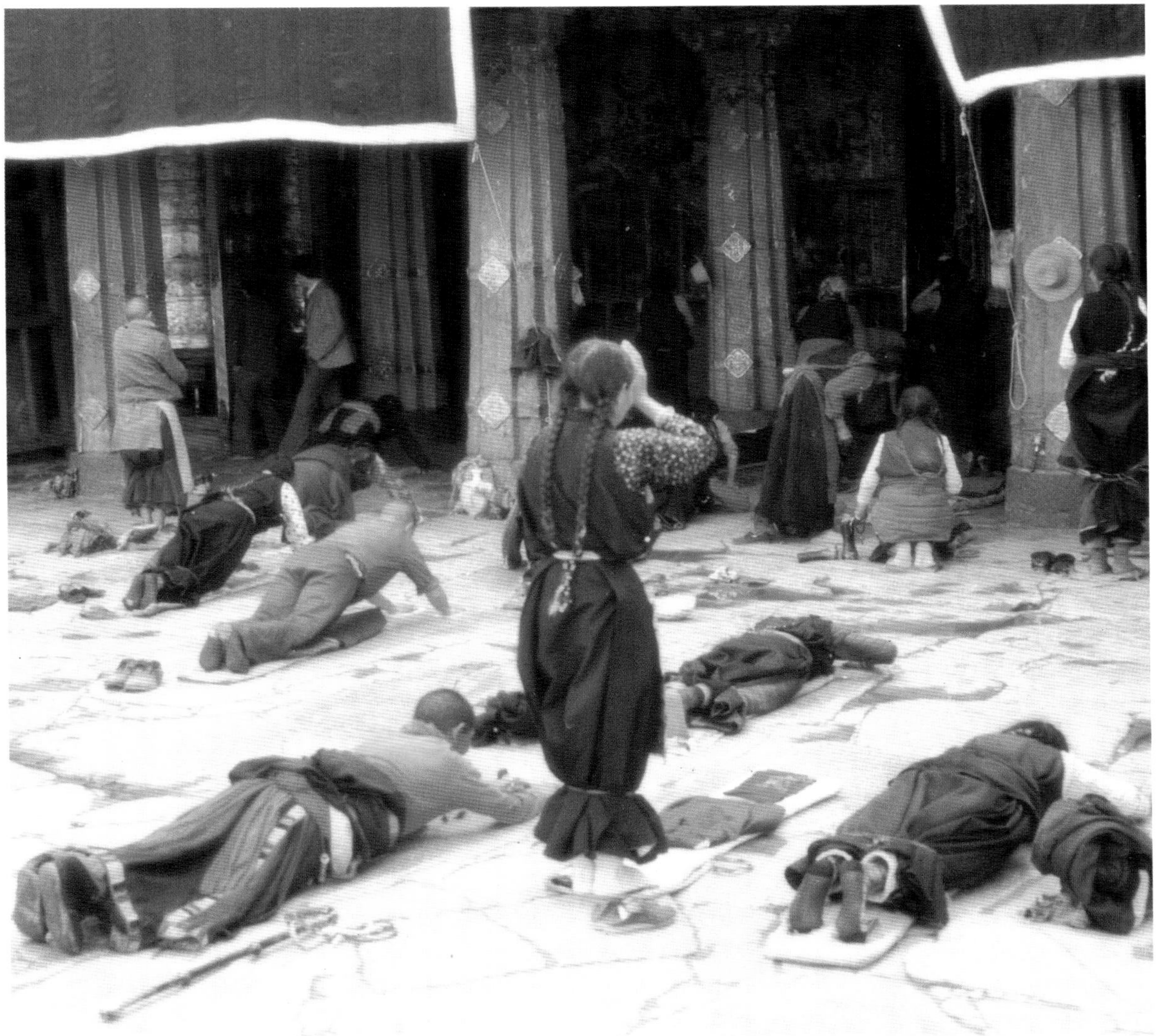

觀衆在大昭寺大門前跪拜磕長頭，千百年來寺廟門前鋪砌的長條花崗石都被磨出一條條的凹坑。

# 第三篇　溫巴頓

## 白面具派和藍面具派

關於藏劇的形成時期，目前學術界的意見不一致。但把它定在十五世紀初，可能是符合歷史實際的。當時有一位著名的橋樑專家——俗稱鐵橋喇嘛唐東傑布，他多才多藝、學識淵博。爲了修築鐵索橋，他組織山南地區七位姐妹表演歌舞等節目，進行募捐活動。這些姑娘都長得很漂亮，表演得很精彩，彷彿天仙一般，所以被人們稱讚爲“阿吉拉姆”，即仙女大姐之意。後來“阿吉拉姆”便成了藏劇的代名詞。

藏劇有白面具派和藍面具派之分，最早出現的是白面具派，後來在它的基礎上衍生出藍面具派。兩者除了在唱腔、表演、化粧、造型等方面有粗放與精細、簡單與豐富的區別外，另一個主要標誌是面具，即前者的漁夫、獵人戴白羊皮製作的平板面具，後者則戴由藍布或藍呢製作的平板面具。而漁夫、獵人的出現則是在“溫巴頓”歌舞之中。

藏劇演出的程序分三個部分：第一部分叫“溫巴頓”，第二部分叫“雄”，就是演出正戲的意思。第三部分叫“扎西”，就是結尾用“煨桑”和歌舞向觀衆祝福、致謝的意思。

第一部“溫巴頓”。“溫巴”即漁夫、獵人的意思。“溫巴頓”由帶有宗教色彩和向觀衆祝福納吉的歌舞祭祀儀式組合。表演時須祭祀演出場地中心供奉的藏劇祖師唐東傑布和其他神靈木偶或畫像，求其保佑演出平安順利。出場的角色有 4 至 6 個“拉姆”——仙女，4 到 8 個“溫巴”——漁夫或獵人，2 到 4 個“甲魯”——長老，由經驗豐富的演員扮演，可以充當國王或王子。“溫巴”帶白面具即表示這個劇團屬白面具派，“溫巴頓”的內容也在不斷地充實、豐富。演員們爲了顯示自己的才能，可以即興表演。上場角色的人數則視劇團演員的多寡而定，沒有固定數字。

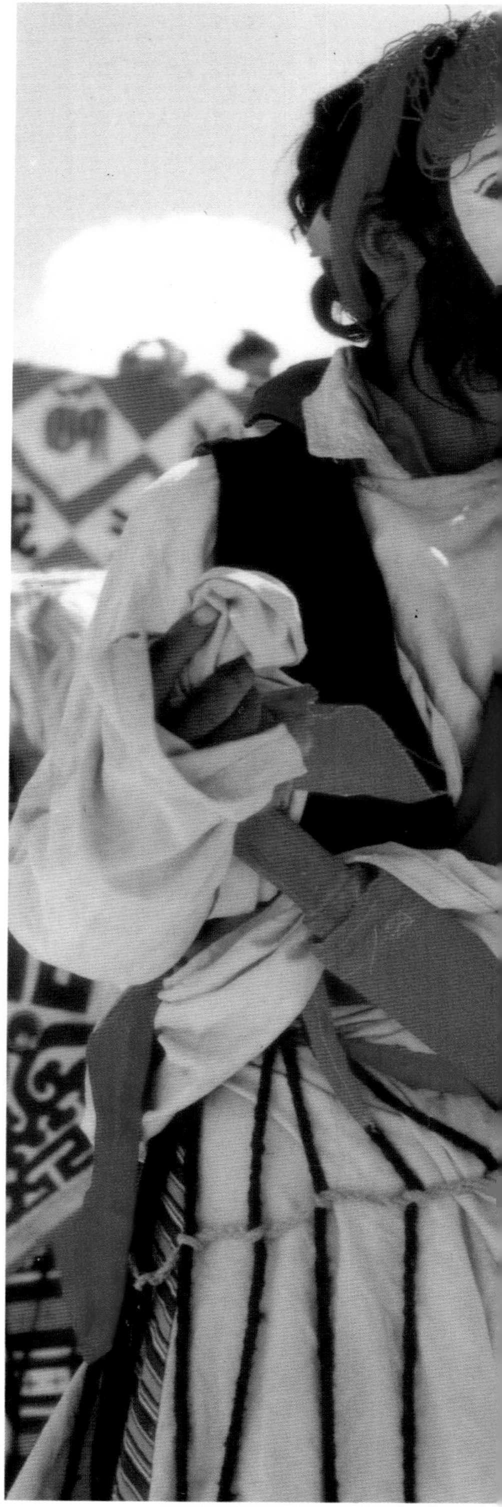

白面具——山南賓頓巴白面具

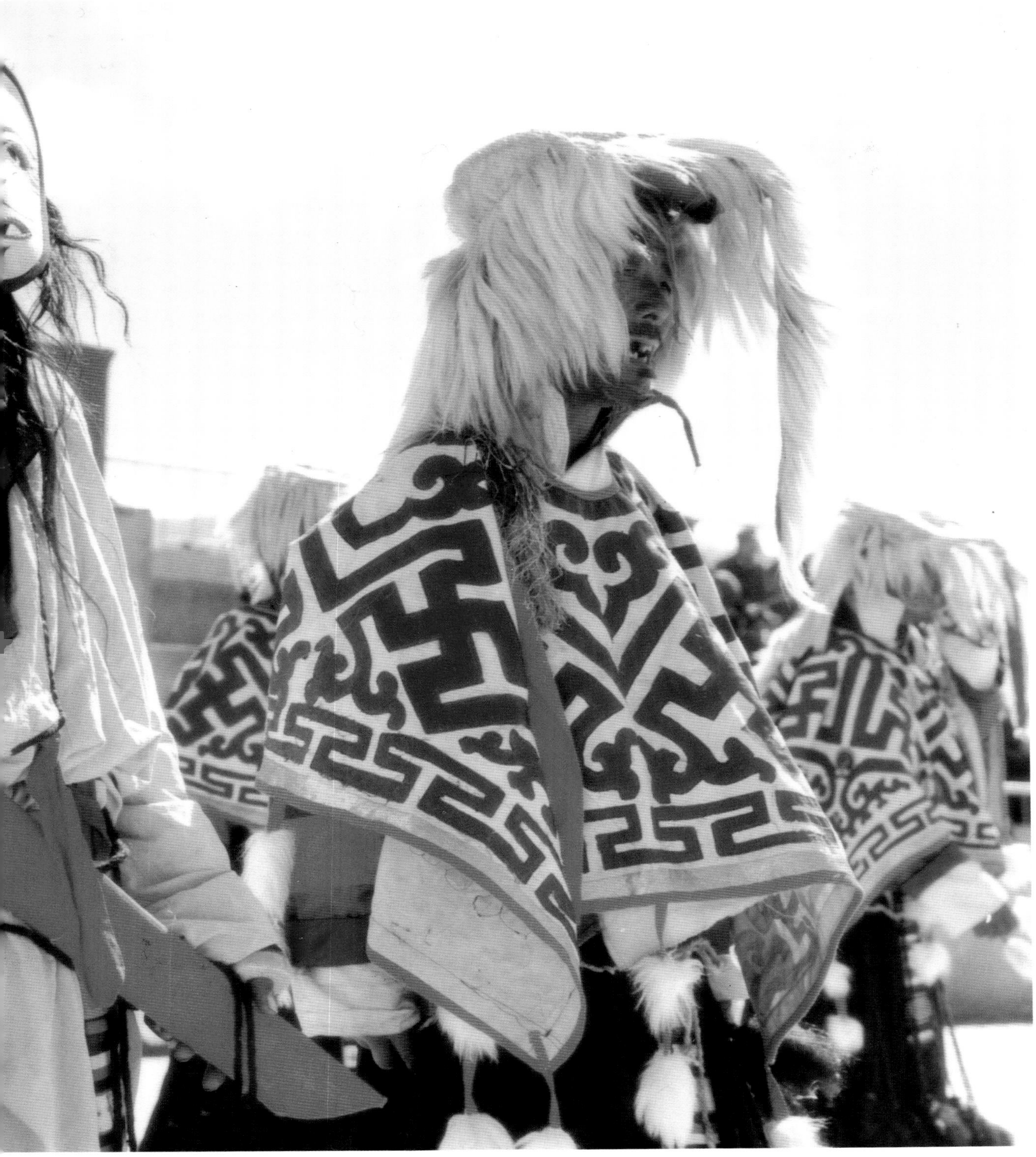

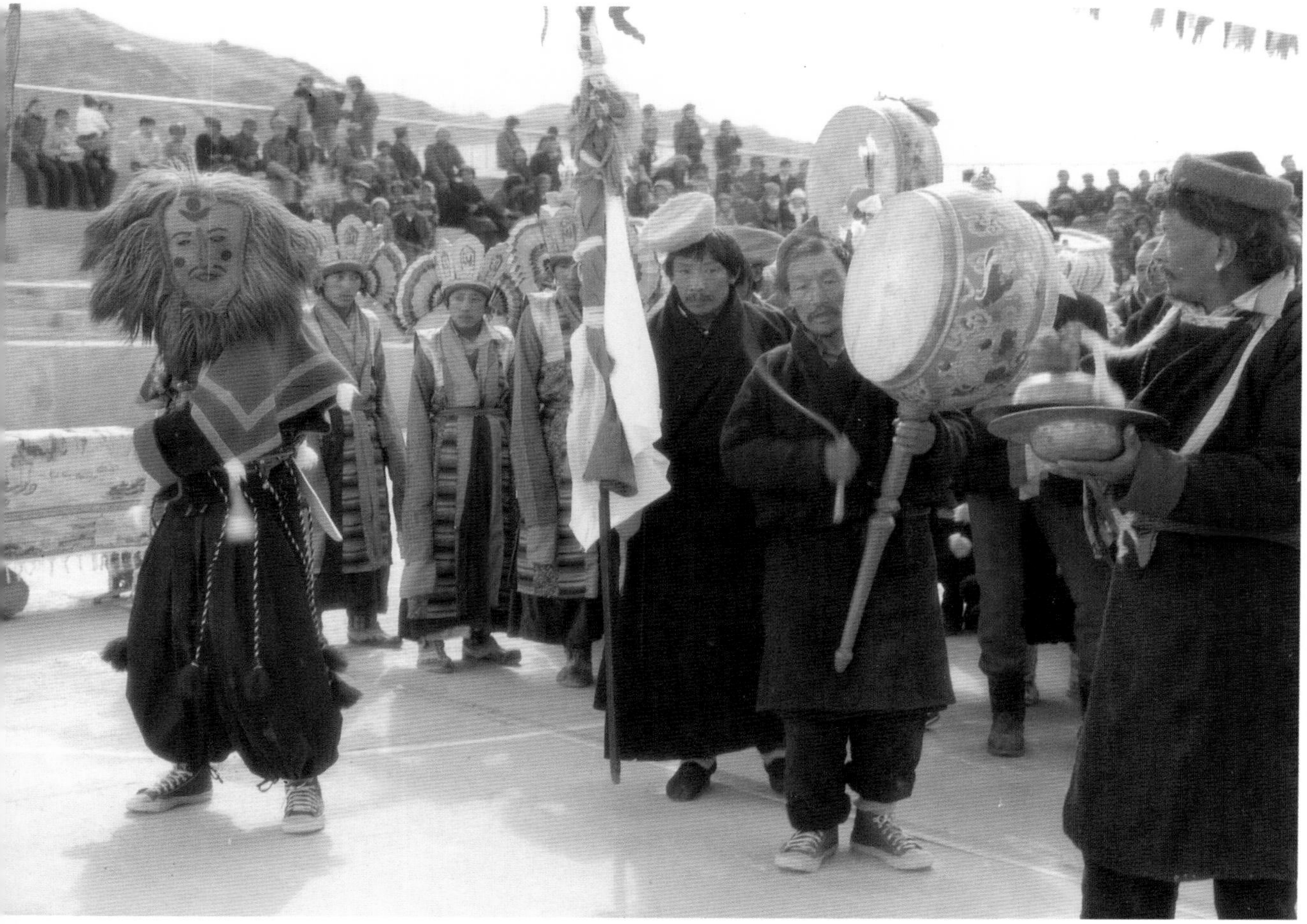

門巴戲溫巴頓開場

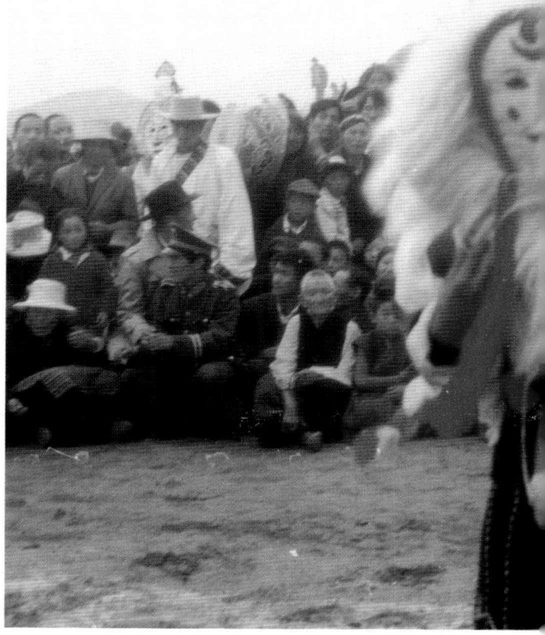

門巴戲溫巴起舞

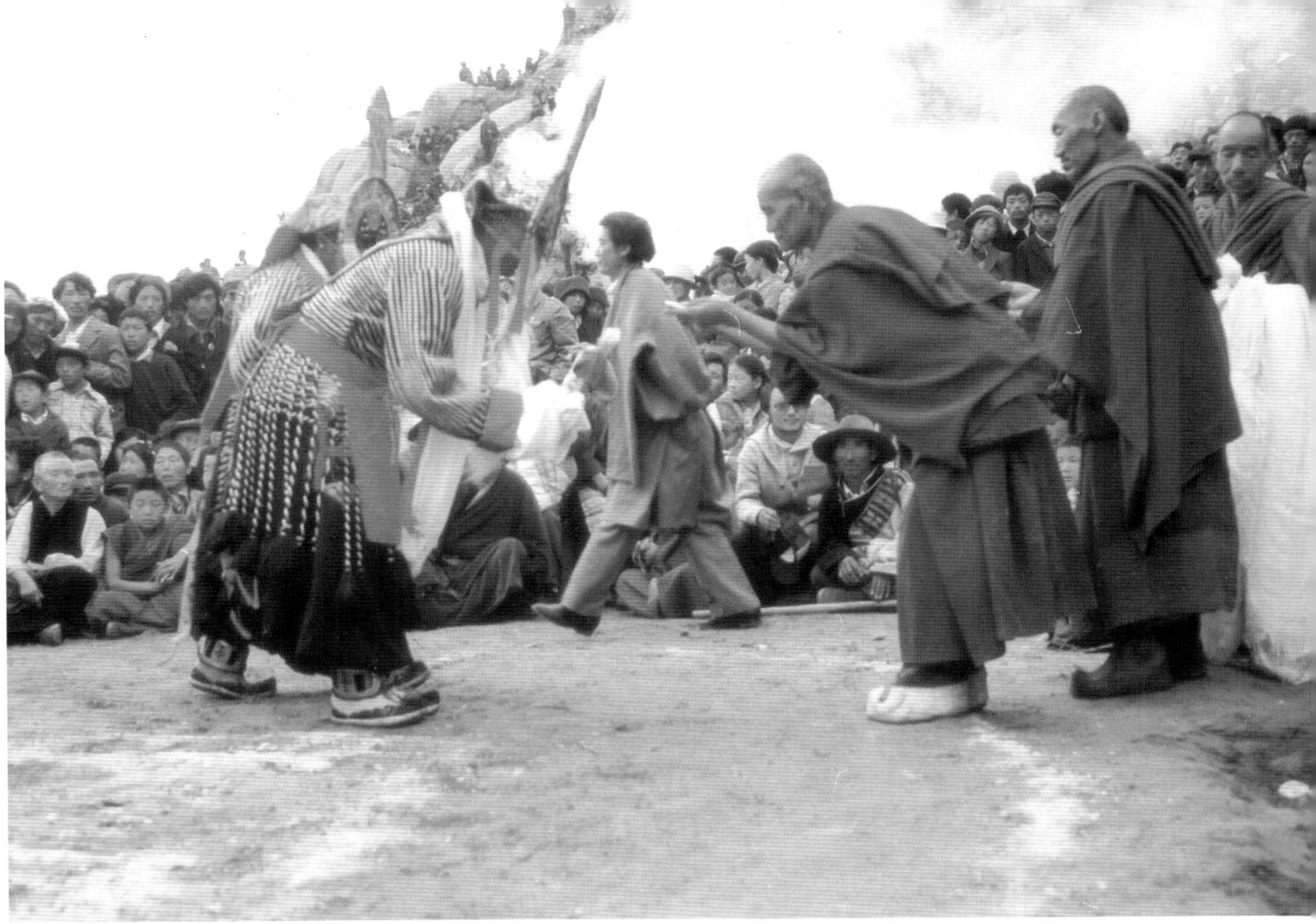

哲蚌寺喇嘛向扮演溫巴的演員獻哈達。

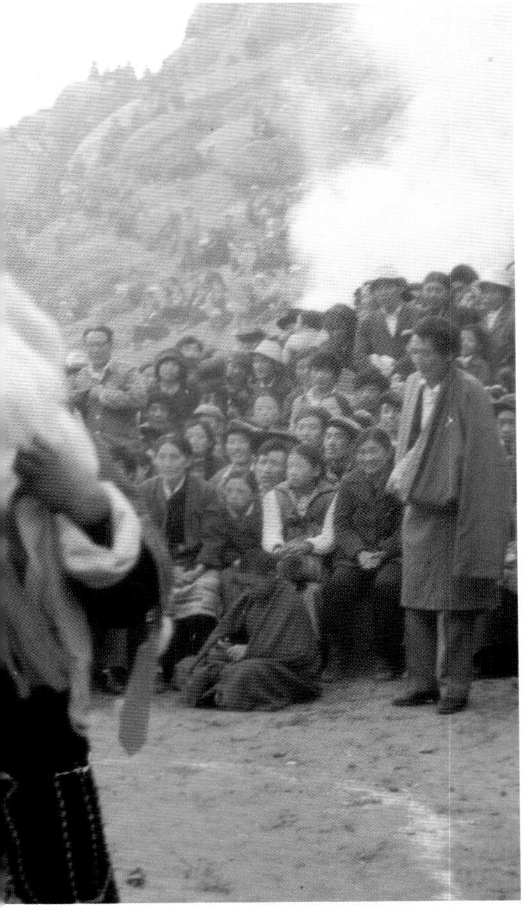

藍面具——哲蚌寺“曬佛”時演出的溫巴頓。

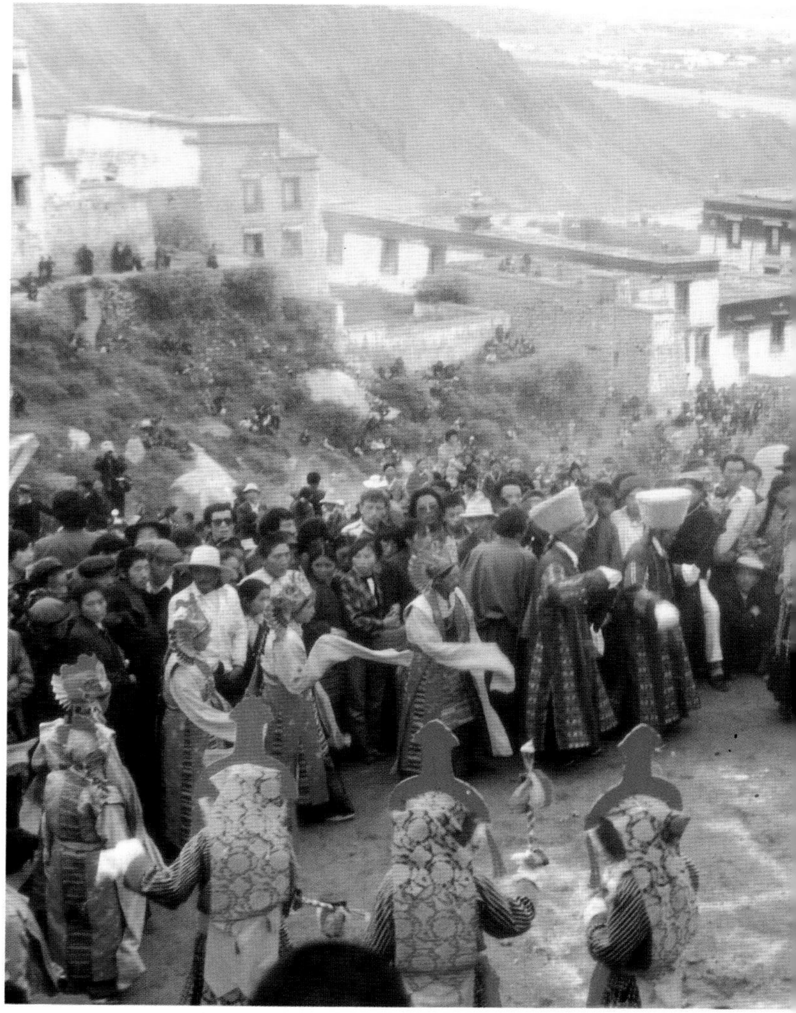

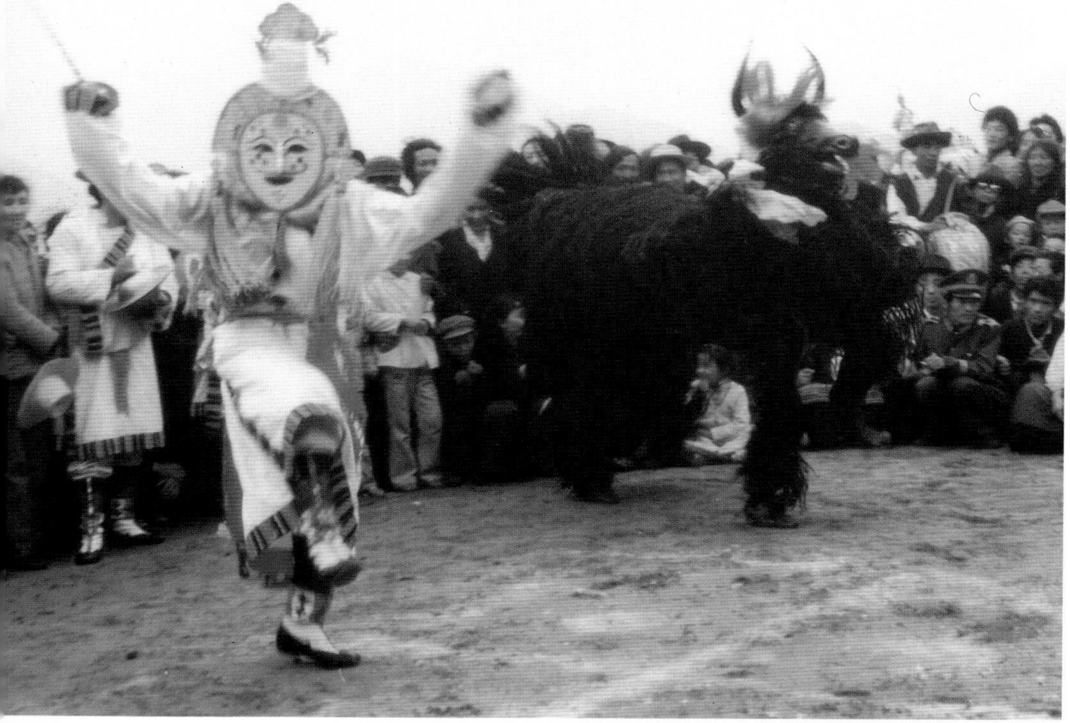

白面具——哲蚌雪頓的牦牛舞

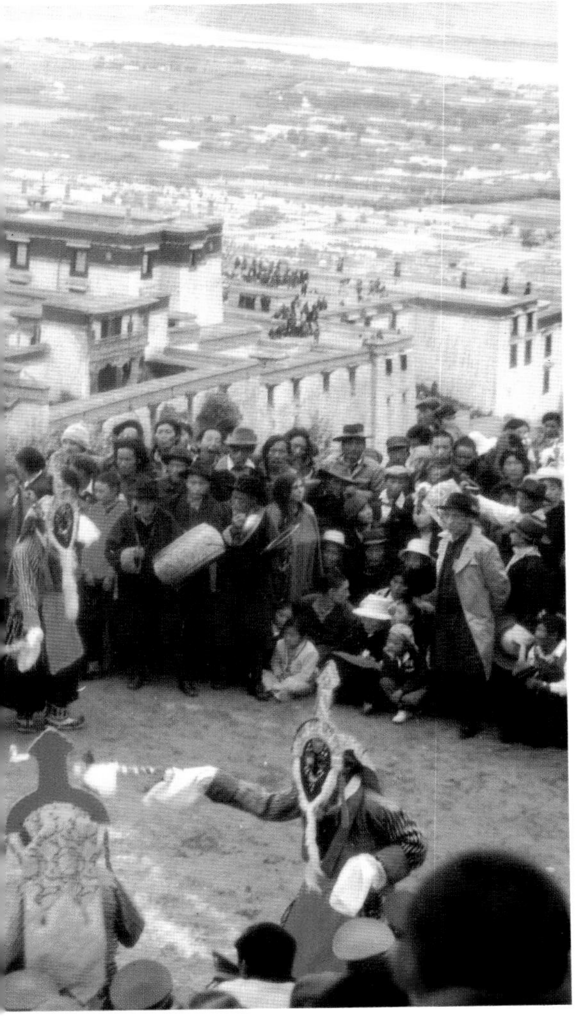

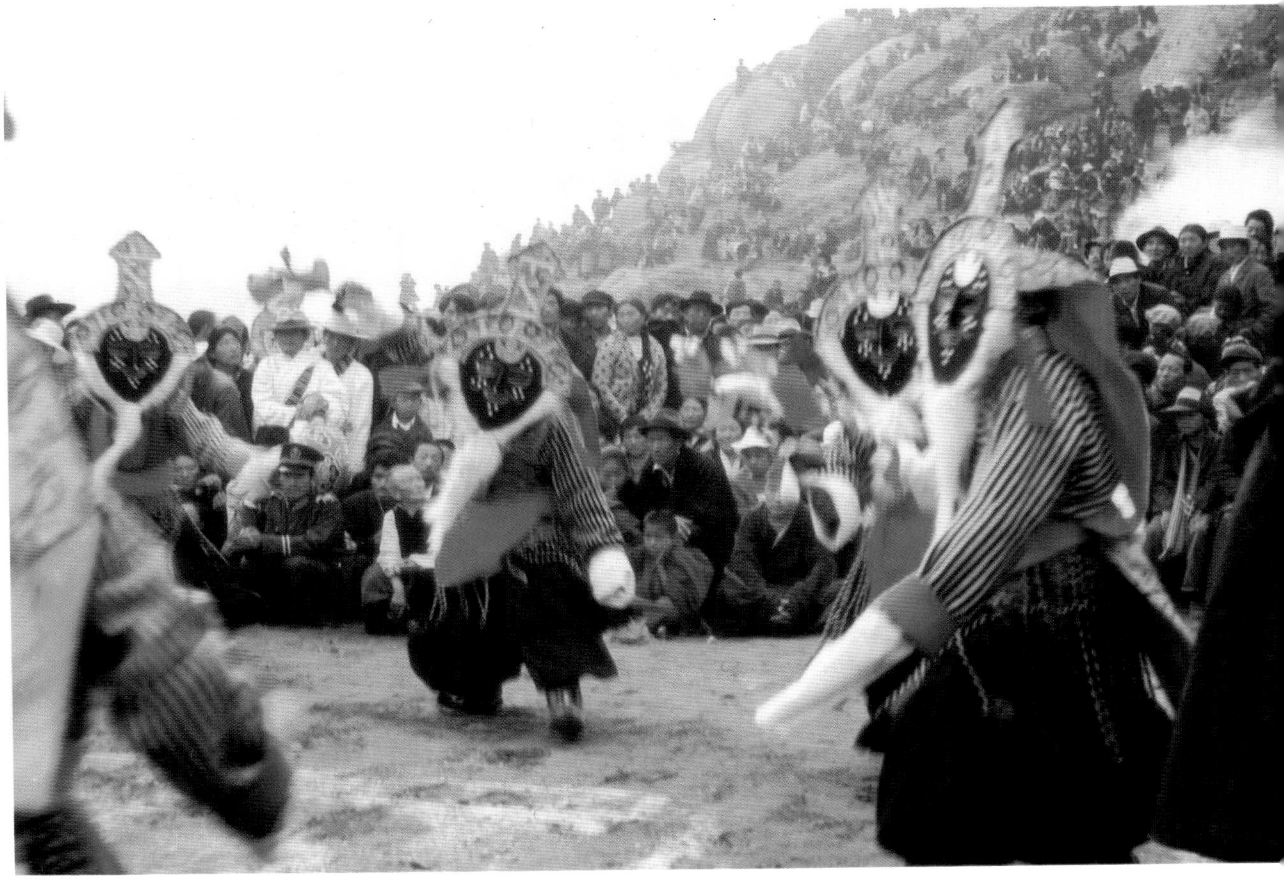

藍面具——哲蚌雪頓的溫巴頓

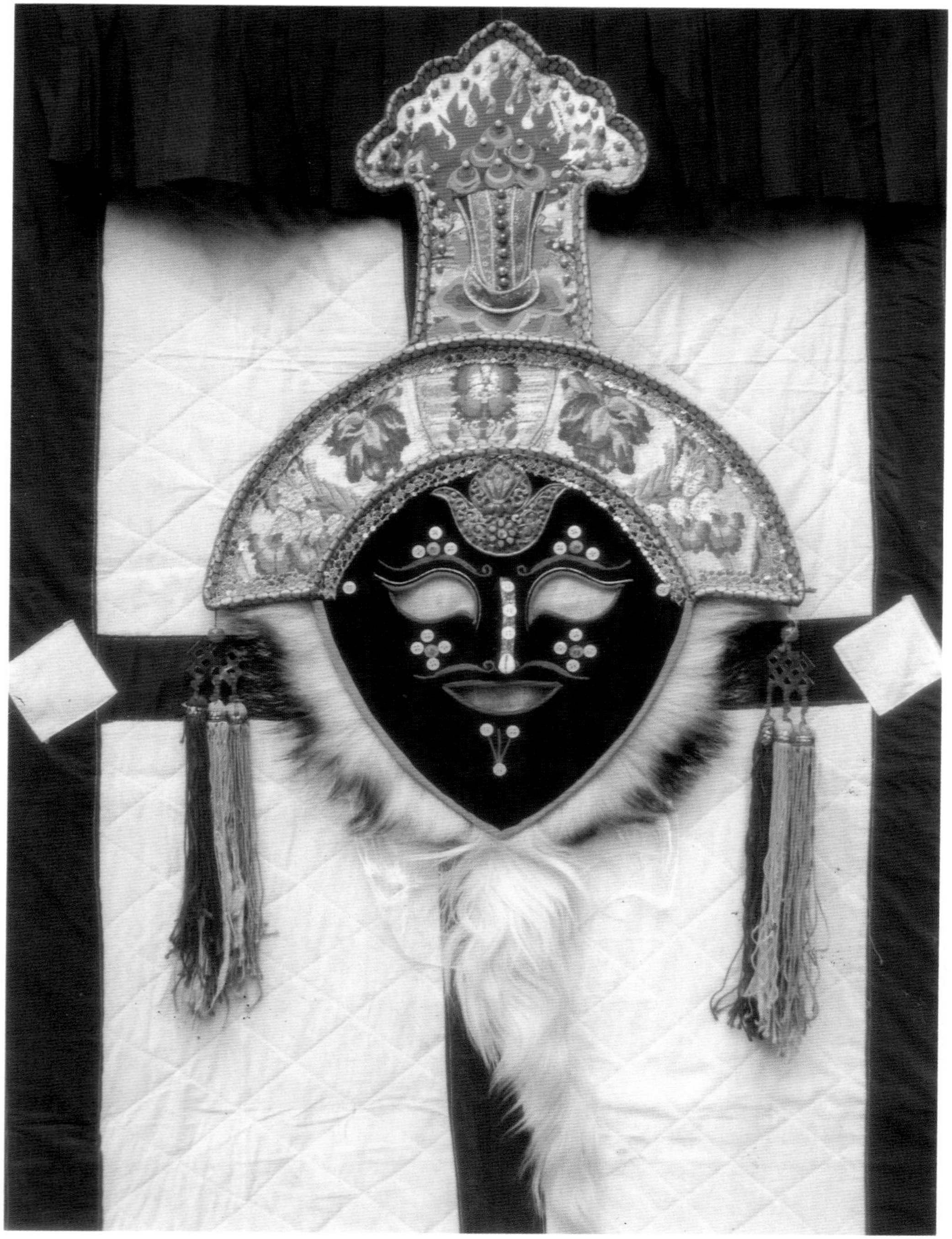

藍面具。它以八吉祥圖案（瓶、蓮、魚、輪、螺、傘等）構成。上面嵌以日、月、火焰等，具有象徵意義。

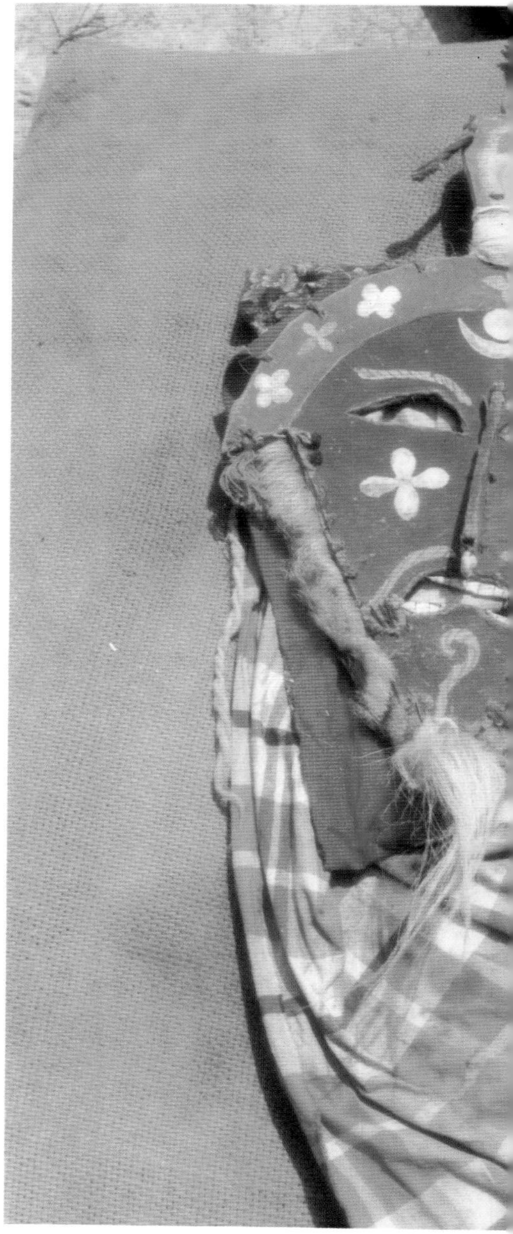

藍面具

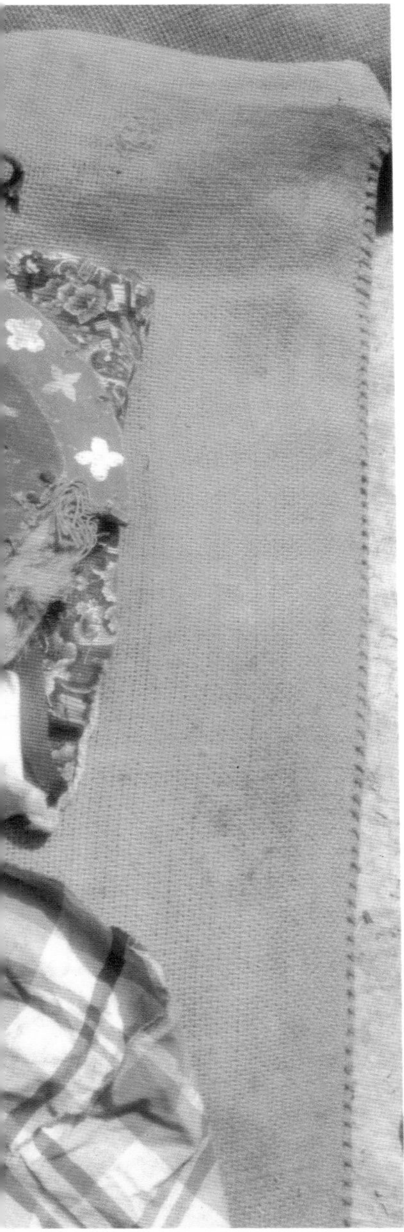

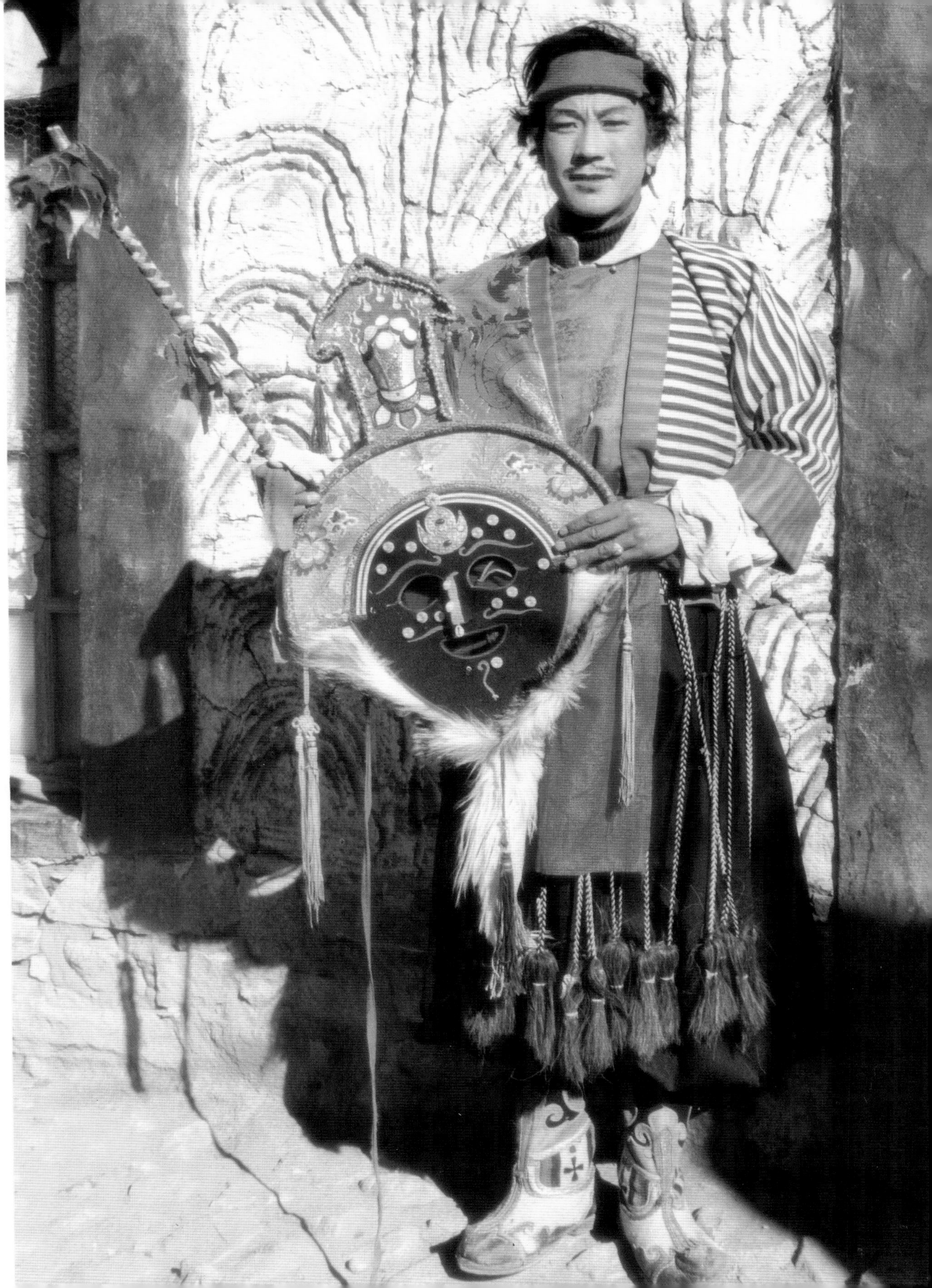

藍面具。演員右手持彩箭。

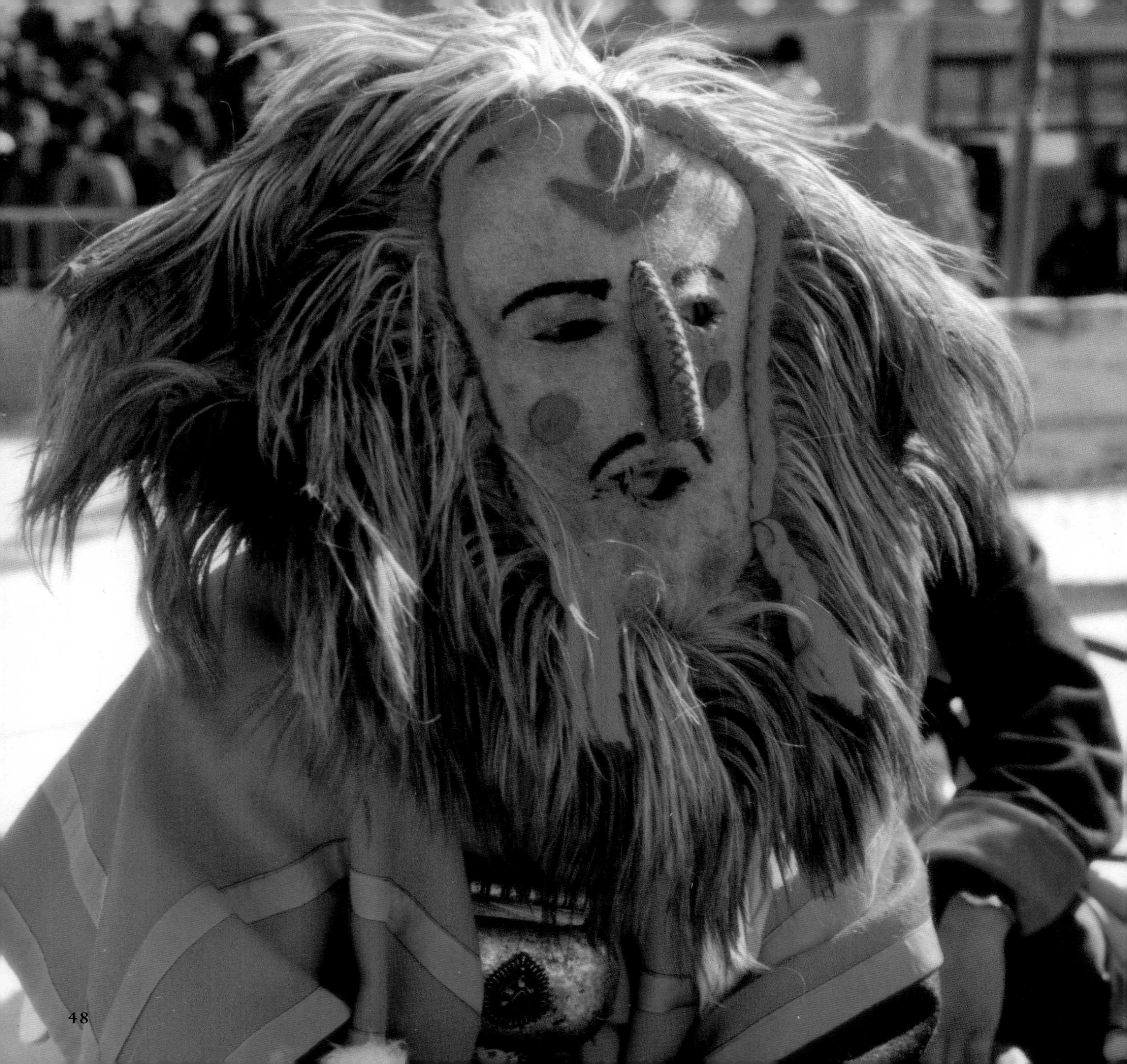

門巴戲黃面具

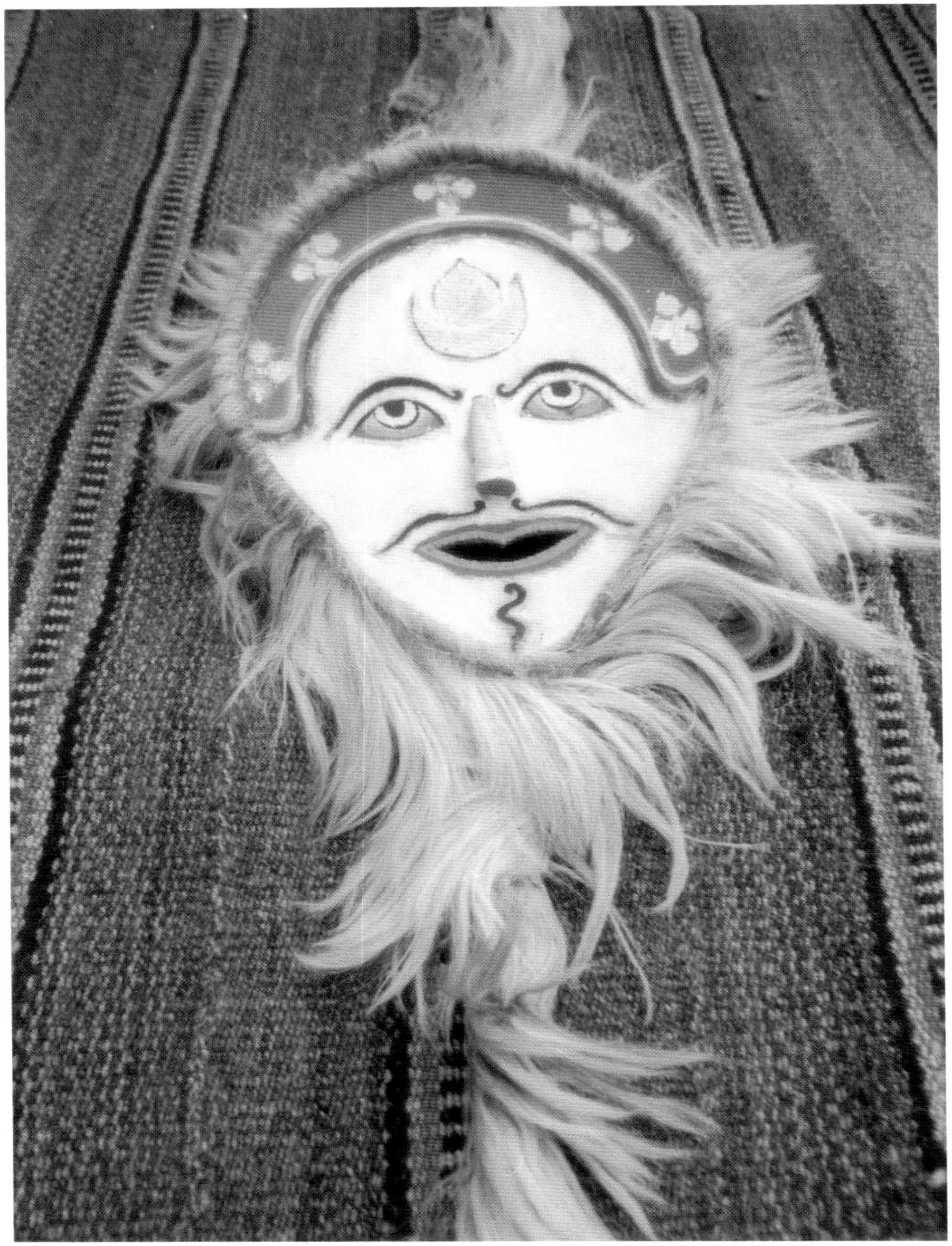

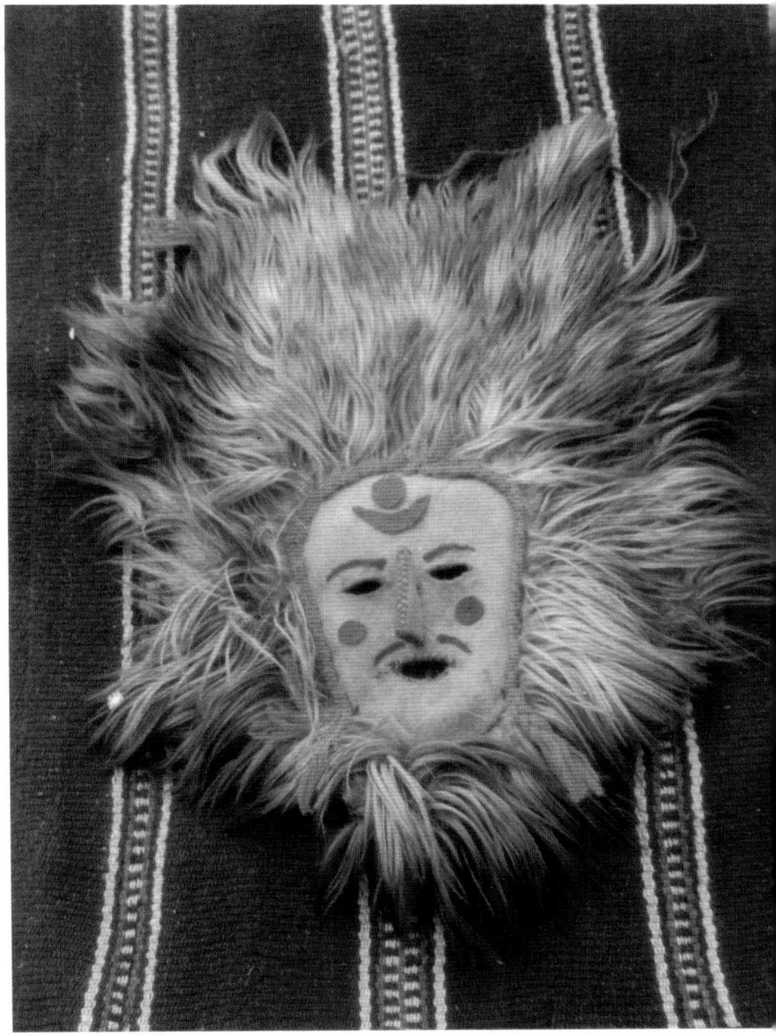

門巴戲白面具

白面具——山南賓頓巴白面具，面具由白山羊皮製成。

# 第四篇　藏劇劇目

藏劇藝術是孕育和繁榮在西藏濃郁的佛教文化的土壤之上，所以它的劇目大都宣揚了佛法治世的政治思想和佛教的人生觀。其次，在戲劇故事結構方面，不少劇目都是描寫王子同仙女脫生或不凡的美麗、善良的姑娘相愛，遇到王妃的嫉恨、挑撥和破壞。在正義與邪惡、善與惡、美與醜的鬥爭中，王子與愛妃取得勝利。再次，一般劇目都承襲了"善有善報、惡有惡報"的因果報應觀念，因而結尾幾乎毫無例外地都採取了"大團圓"的方式，所以藏劇劇目沒有悲劇，而只有正劇或悲喜劇。

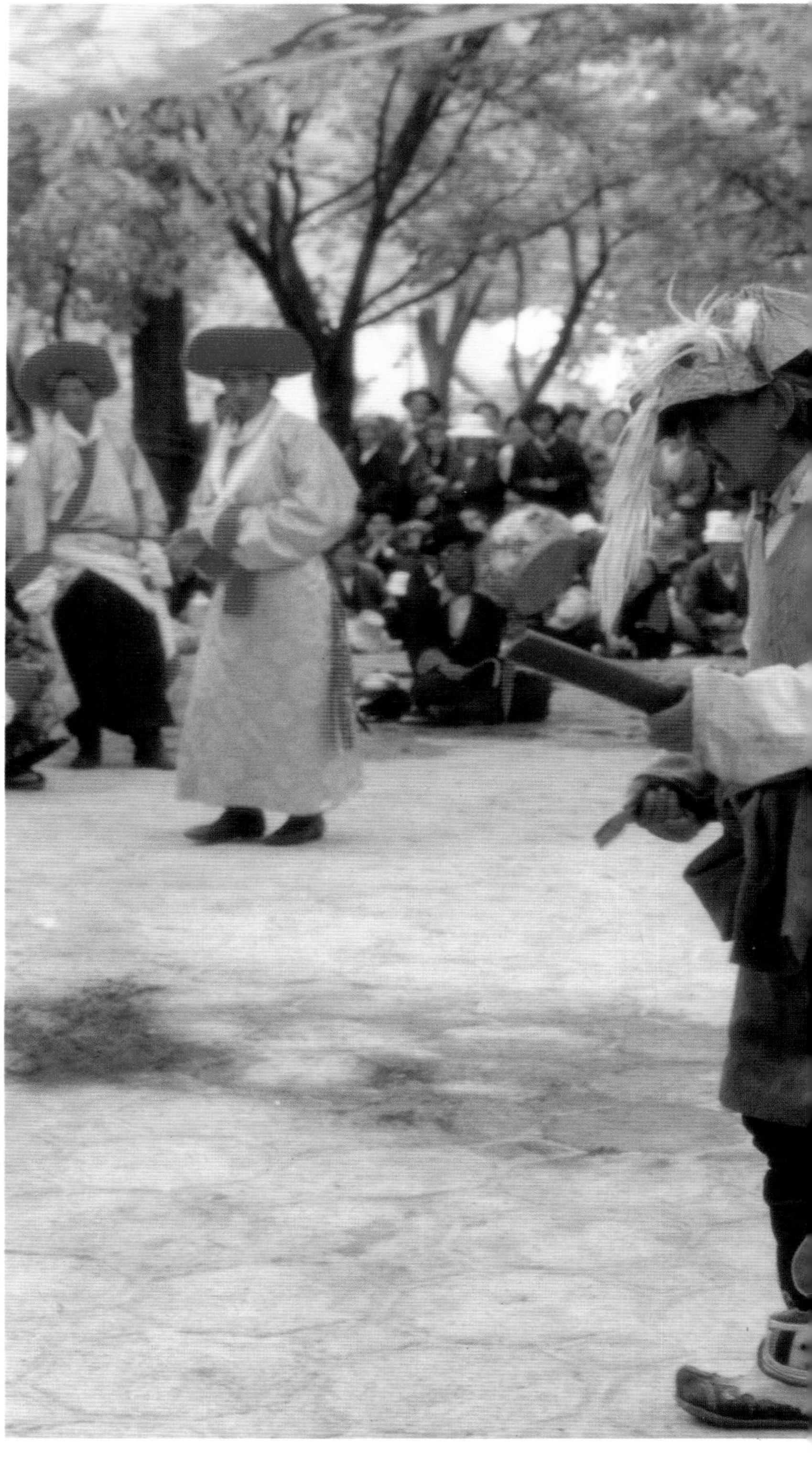

在廟會上賣藝的折嘎藝人

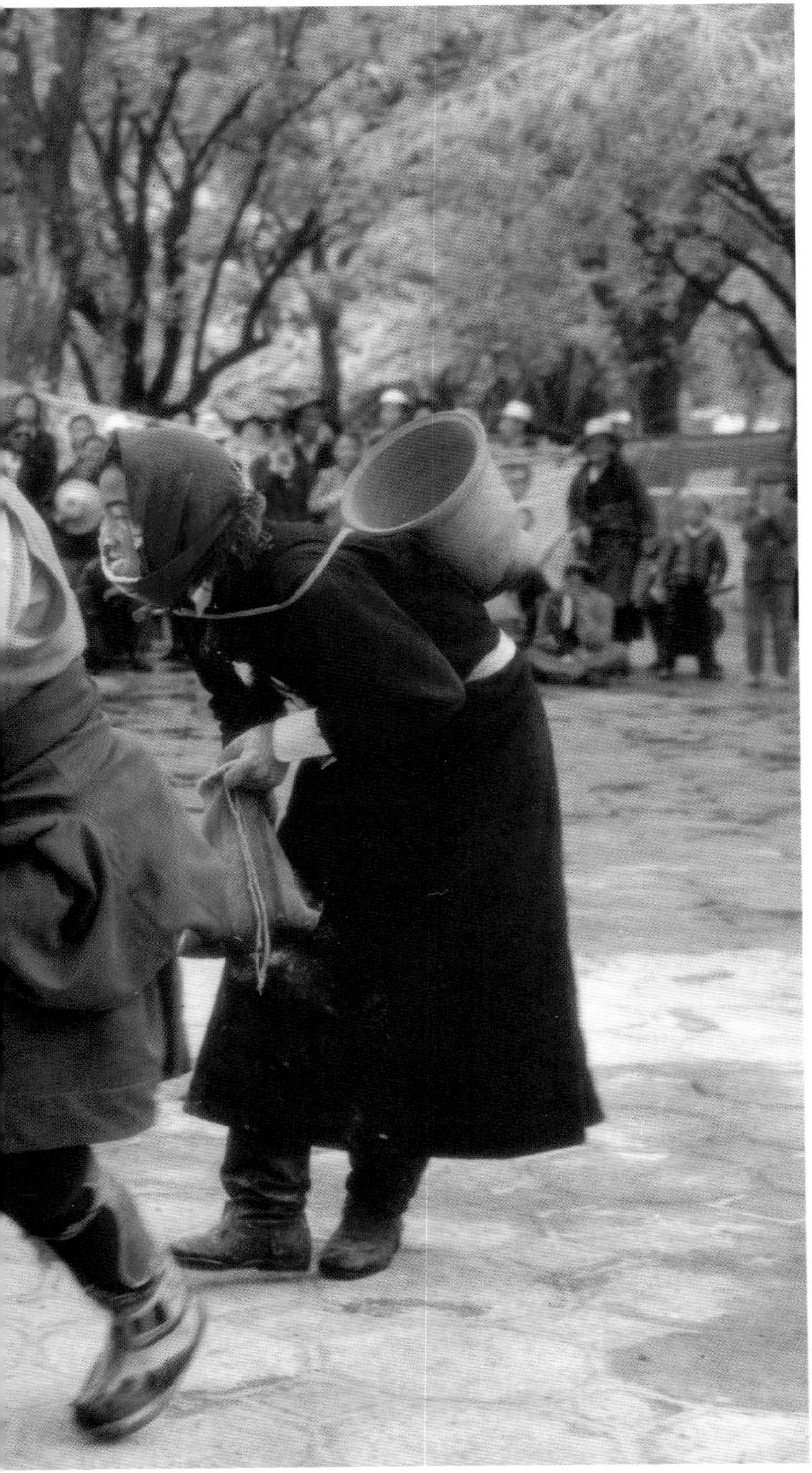

藏劇傳說劇目約有二、三十個，最著名也是演出次數最多的應爲“八大藏劇”：《文成公主》、《諾桑法王》、《朗莎姑娘》、《卓瓦桑姆》、《蘇吉尼瑪》、《頓月頓珠》、《赤美滾登》、《白馬文巴》。此外還有《雲乘王子》係由古印度梵劇戒日王的《龍喜記》藏譯本改編。《若瑪囊》是根據藏譯印度著名史詩《羅摩衍那》改編，這說明藏劇文學曾受到印度古代文學的影響。

從題材上劃分：一、歷史傳說劇有《文成公主》可以作爲代表。藏文劇名叫《甲莎與白莎》，即《文成公主與尼泊爾公主》。劇本描寫吐蕃英主松贊干布先後迎娶唐朝的文成公主和尼泊爾國公主的故事。但故事的重點在敍述求婚特使祿東贊如何運用驚人的智慧，解答了許多難題，贏得唐太宗的讚許，才把文成公主迎送到拉薩，所以後來只演迎娶文成公主的部分，簡名爲《文成公主》。二、神話的代表劇目有《諾桑法王》，它取材於佛本生故事。描寫北國王子諾桑與仙女雲卓拉姆一見鍾情，娶爲愛妃。老妃出於嫉妒，勾結宮廷巫師矇騙昏庸的國王，强令王子出征北國，强迫雲卓拉姆飛回仙境。王子出征歸來後，歷經千難萬險，從人間尋到天界，戰勝天王的種種阻撓，才終於把愛妃迎返人間。三、世俗劇的代表劇目有《朗莎姑娘》，據說是根據江孜地區發生的眞實故事編寫的。它描寫頭人(農奴主)查欽在廟會上看中了美麗善良的農婦家姑娘朗莎，並强迫她同自己的兒子結婚。婚後，朗莎遇到殘酷的虐待而致死。死後還陽，決定出家爲尼，終於升天成佛。四、童話劇的代表劇目有《白馬文巴》。白馬文巴是一位富商的後代。他父親被國王折磨死去，他被國王强迫去東海等險惡之地尋找寶物。他有類似孫悟空的神奇本領，他用佛法戰勝了毒蠍等妖怪。他在九頭羅刹女王的肚子裏，念起神佛傳給他的咒語，痛得羅刹女王滿地打滾，不得不獻出金鍋鑰匙寶貝，他還把羅刹女王和鬼卒點化成仙女帶回故鄉。白馬文巴是藏語智慧和力量的象徵。

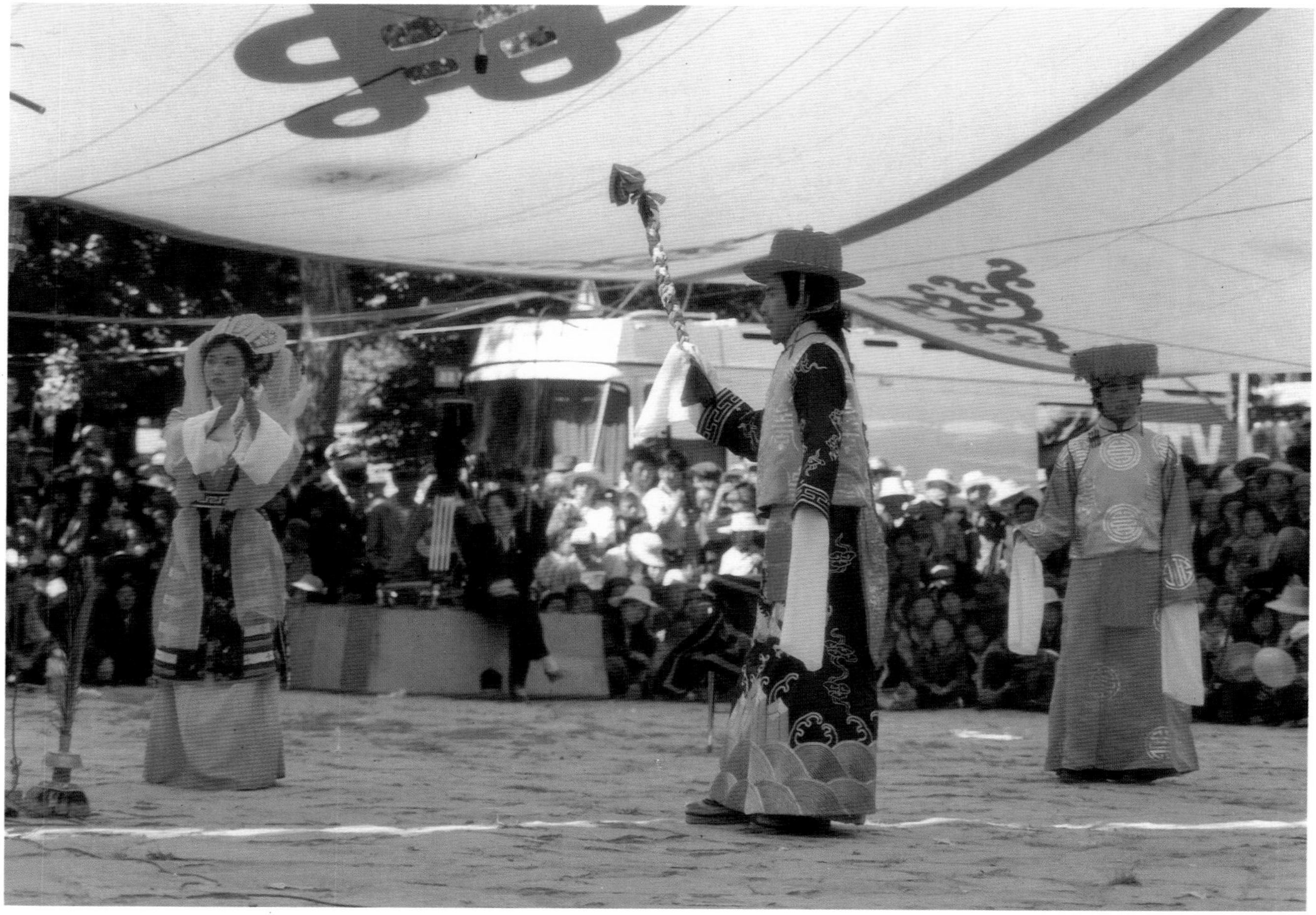

《諾桑法王》是藏劇最早的大型劇目，由山南藏戲隊演出。諾桑王子與雲卓拉姆新婚燕爾之時，遭到大妃嫉恨，大妃勾結宮廷巫師哄騙國王派王子遠征。圖爲王子與愛妻揮淚告別。

雲卓拉姆爲躲避大妃陷害，飛回天界。王子領兵歸來，歷經劫難，戰勝馬頭天王，終於找回了雲卓拉姆。

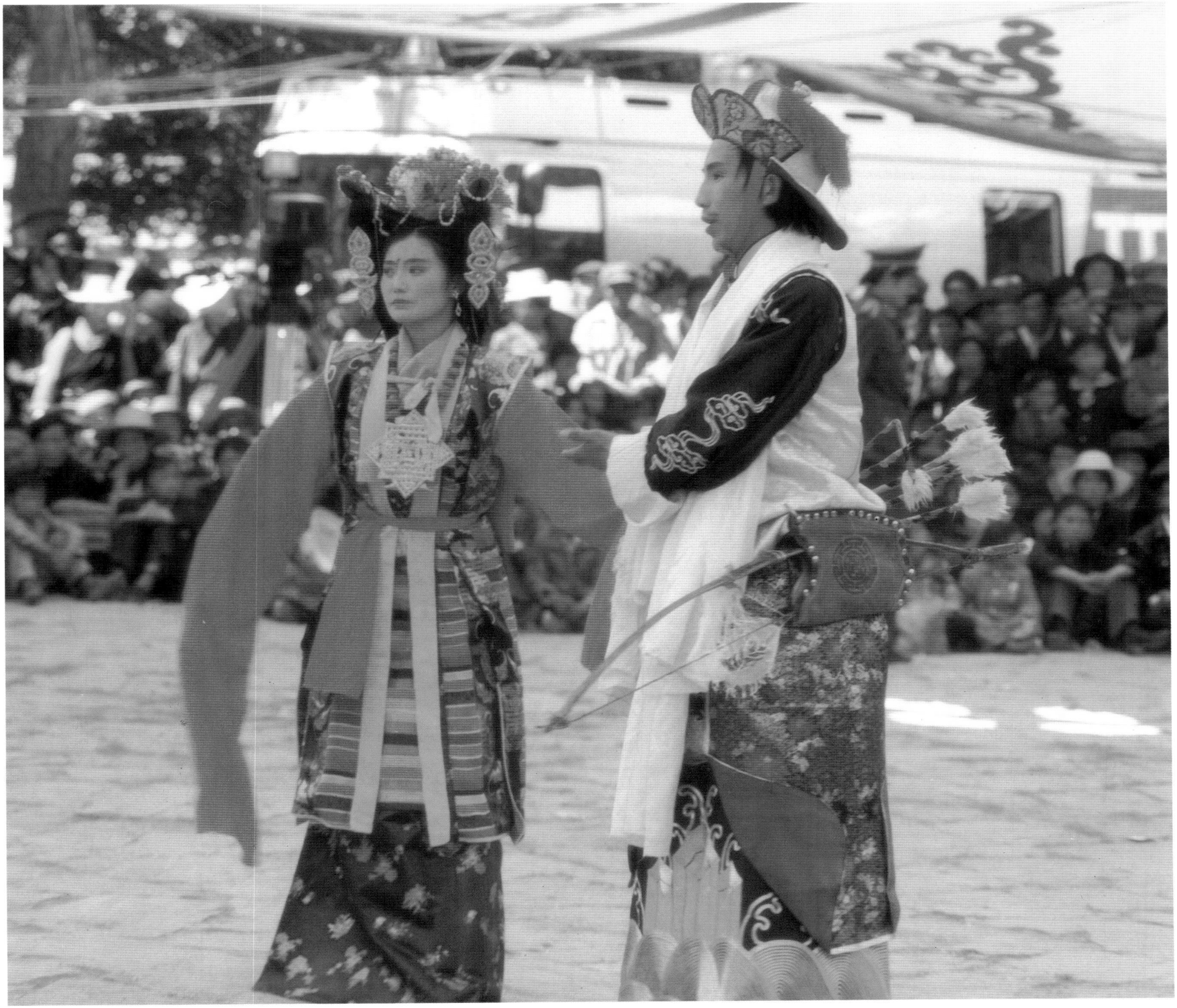

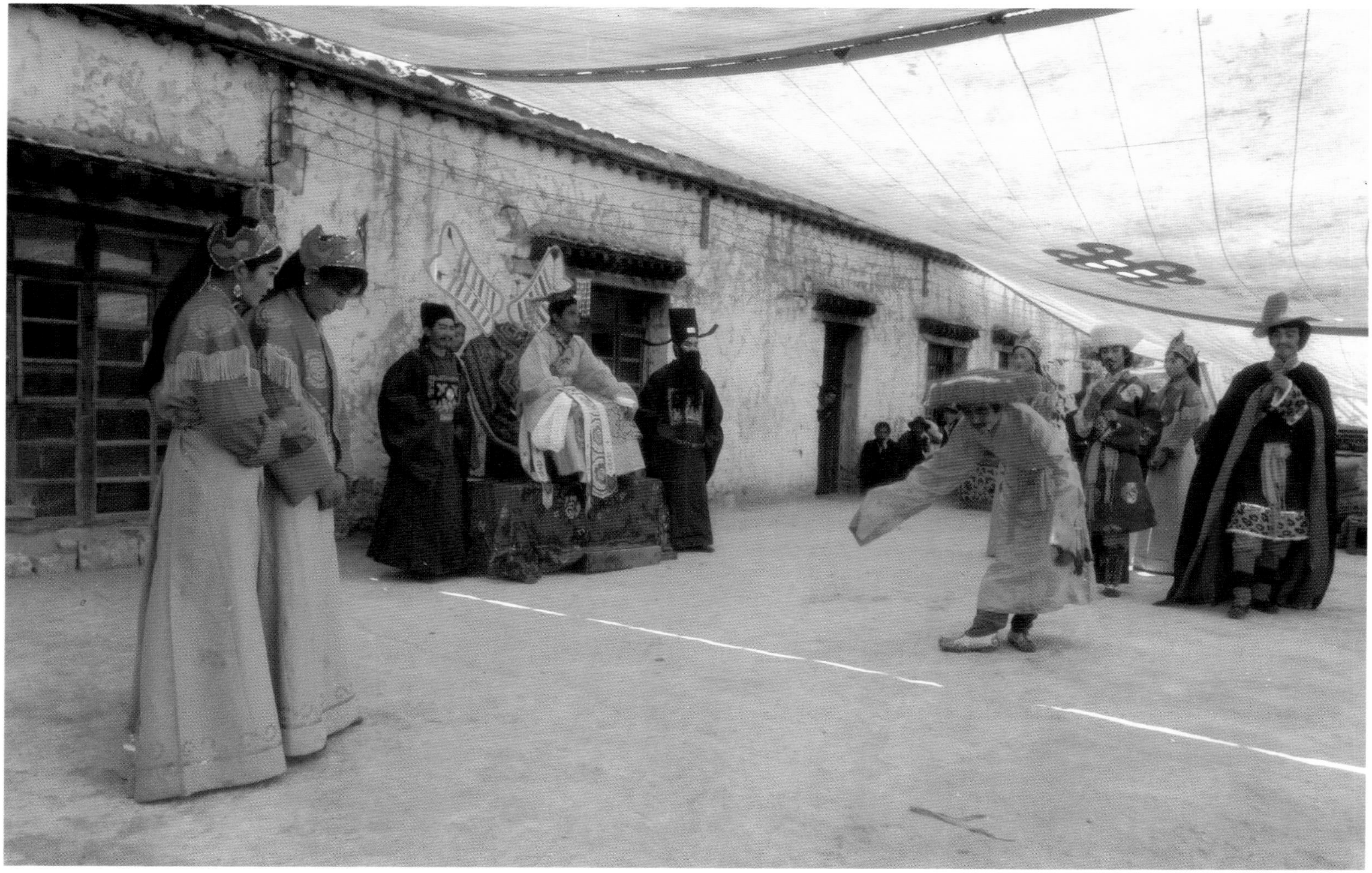

《文成公主》，由四川昌都藏戲隊演出。由於受到京劇、川劇影響，已不戴面具了。圖為西藏吐蕃王松贊干布派遣使臣綠東贊到長安向唐太宗求婚。

四個國家的求婚使者，都被唐太宗出的第三試題“絲線穿九曲珠”難住了。聰明的綠東贊巧妙地利用螞蟻將絲線穿過九曲珠。四國使臣都看呆了。

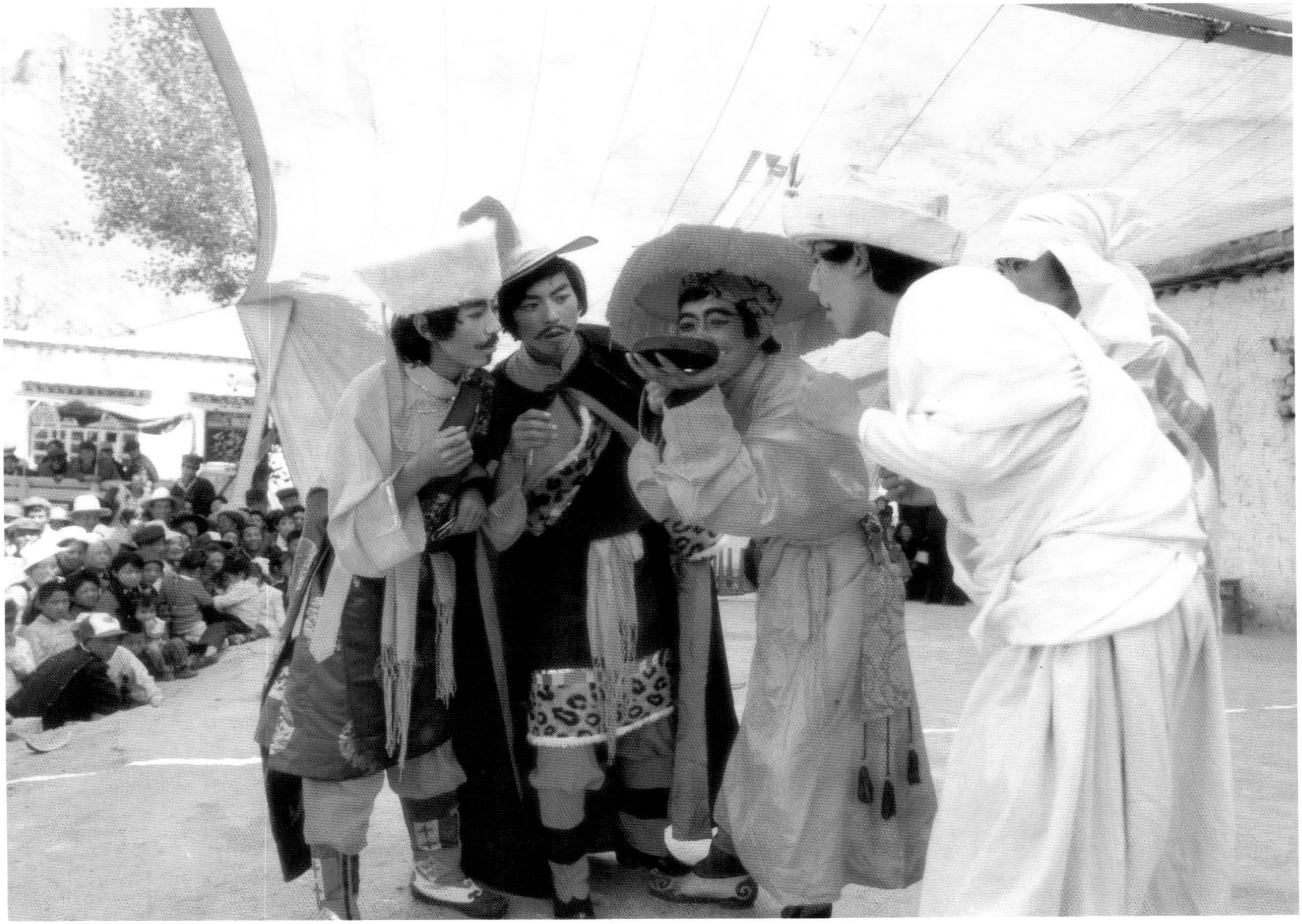

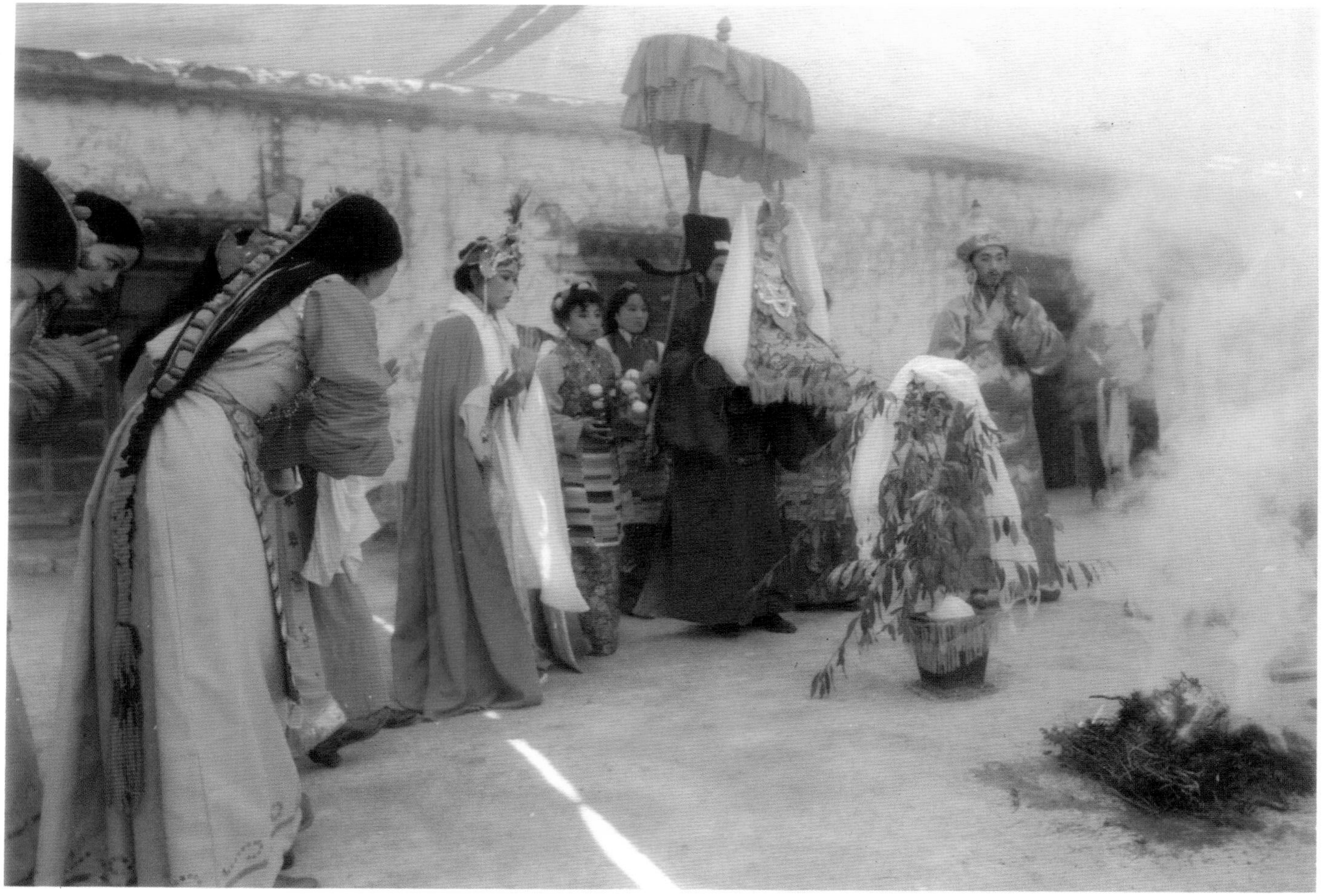

煨桑繚繞，香氣撲鼻，唐太宗
派大臣護送文成公主入藏。

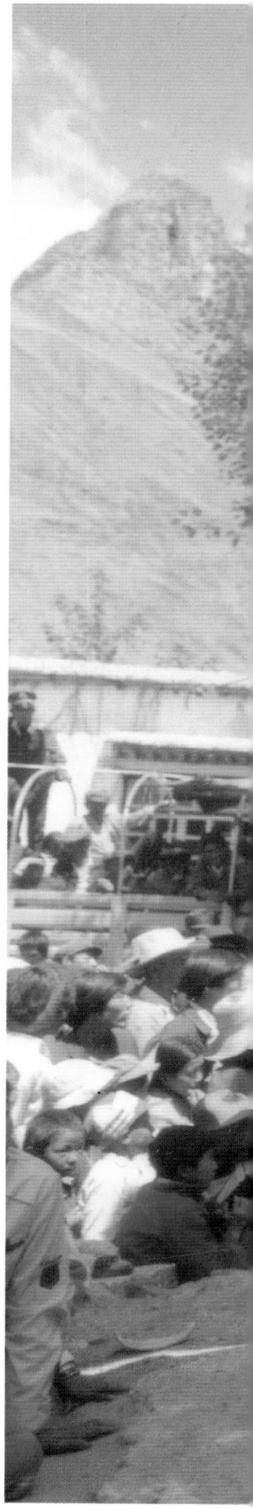

臨別時，唐太宗贈送佛像一尊
。綠東贊虔誠地接過佛像。

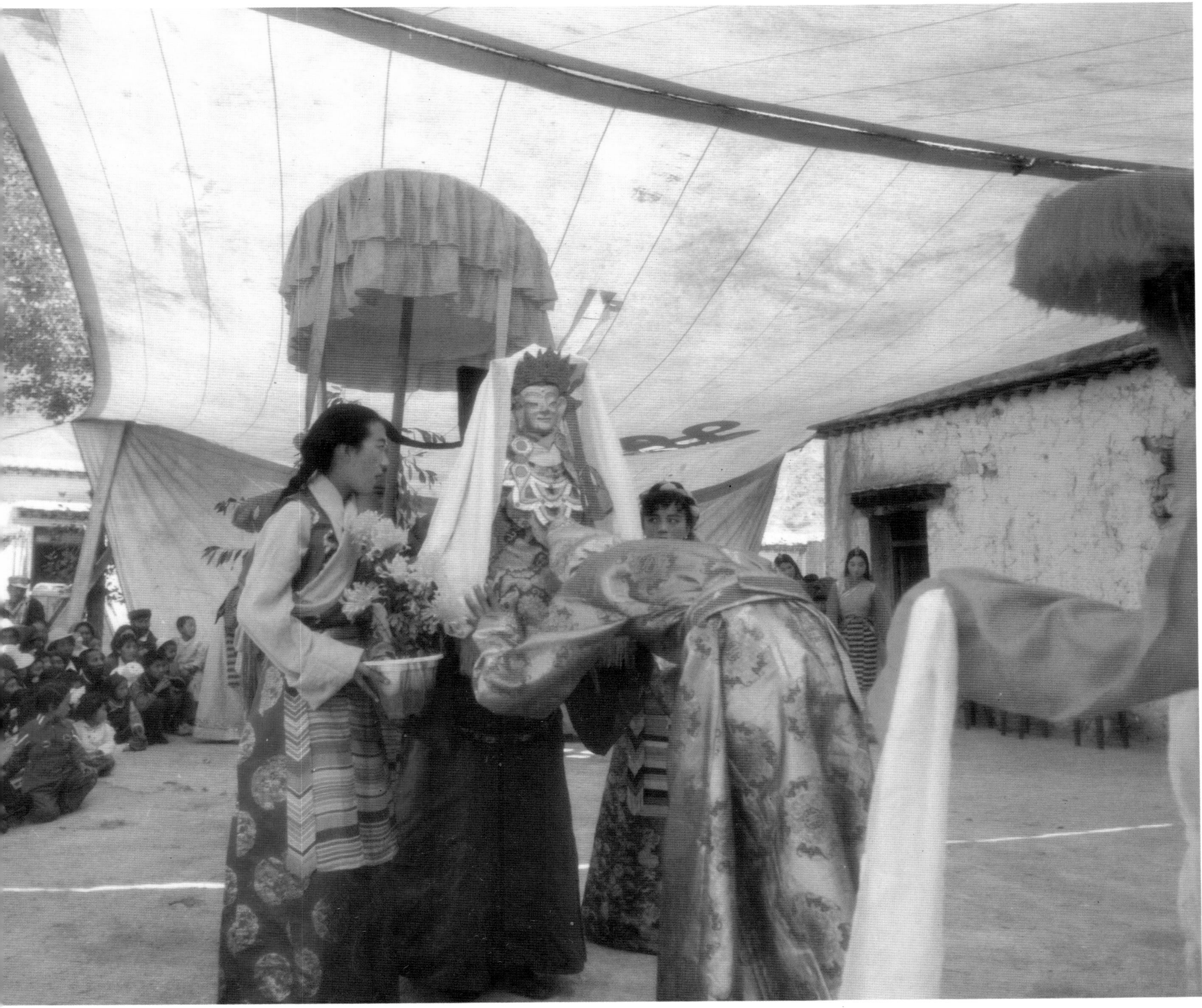

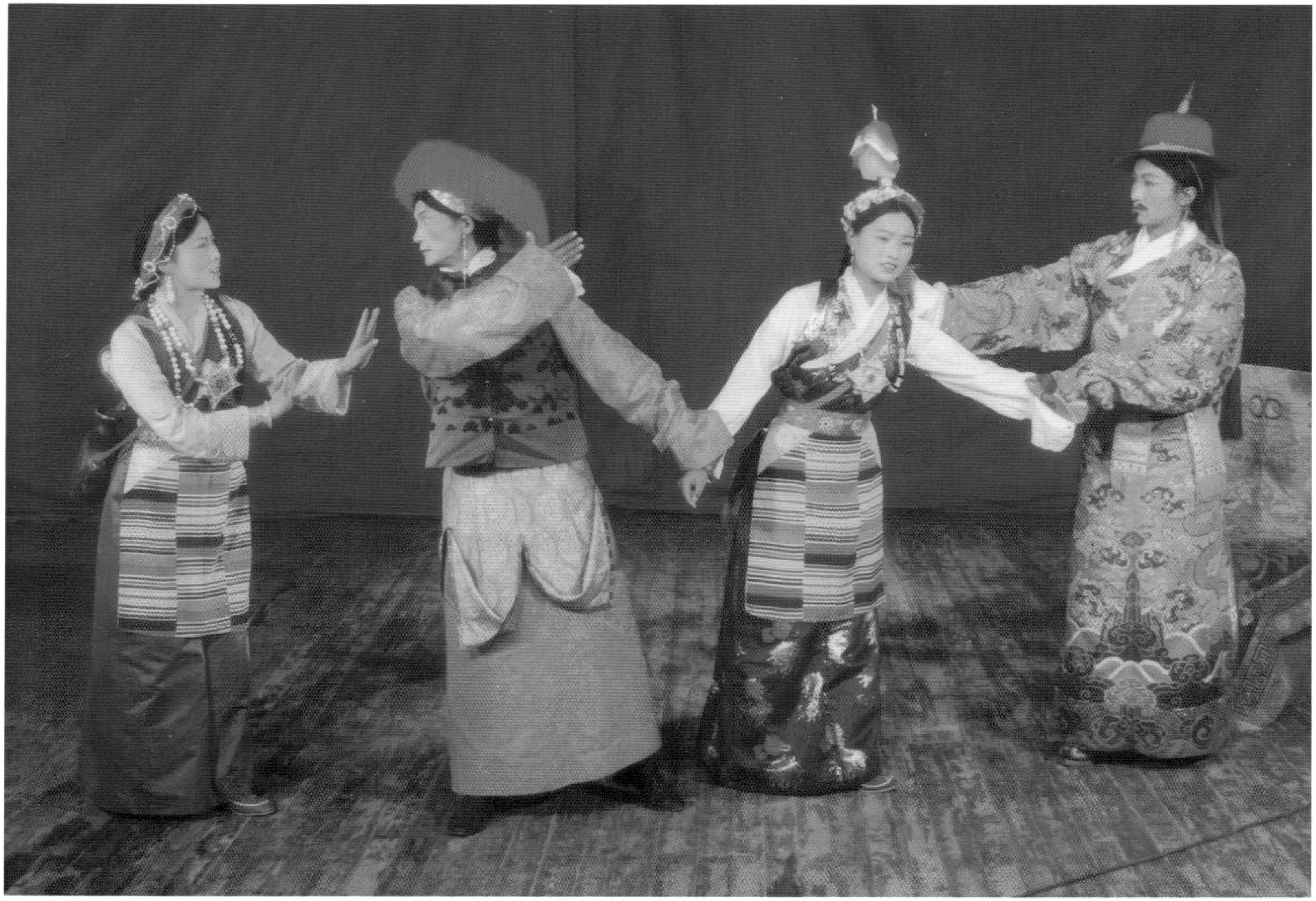

《朗薩姑娘》。拉薩藏劇團演出。這是藏劇中少有的反映社會生活的劇目。圖爲貧家姑娘在廟會上被山官、頭人看中。

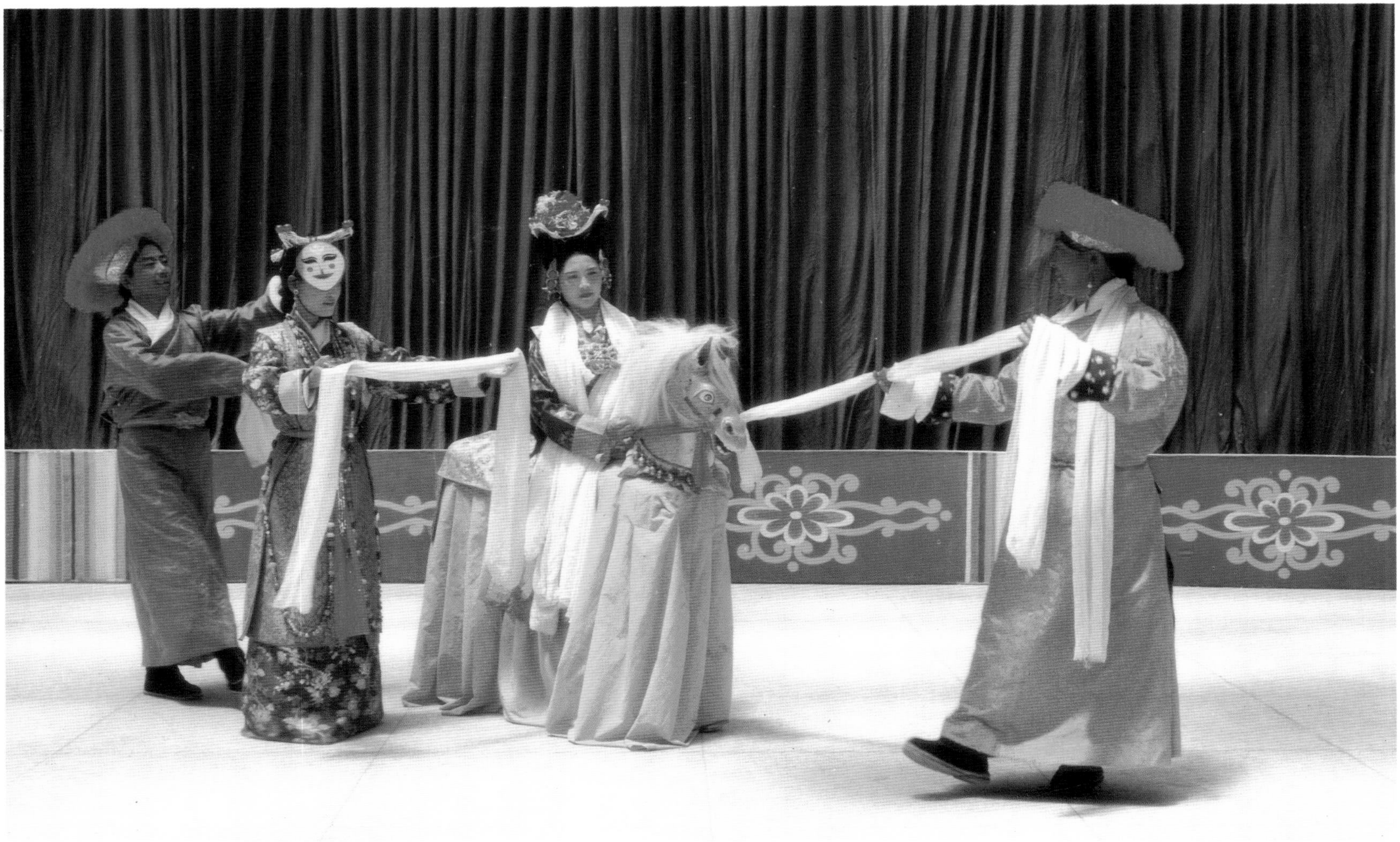

朗薩姑娘被迫與山官、頭人的兒子成親。

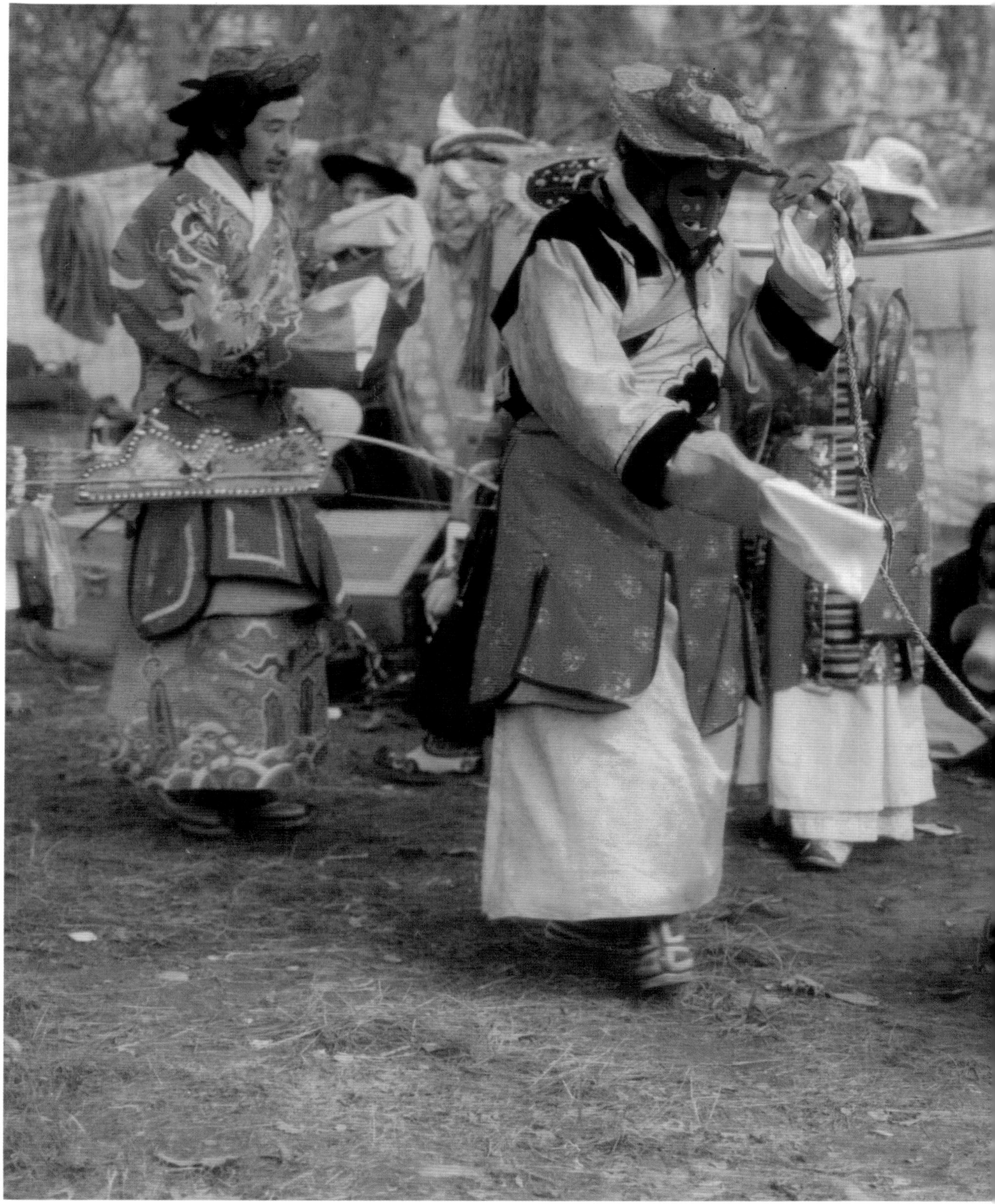

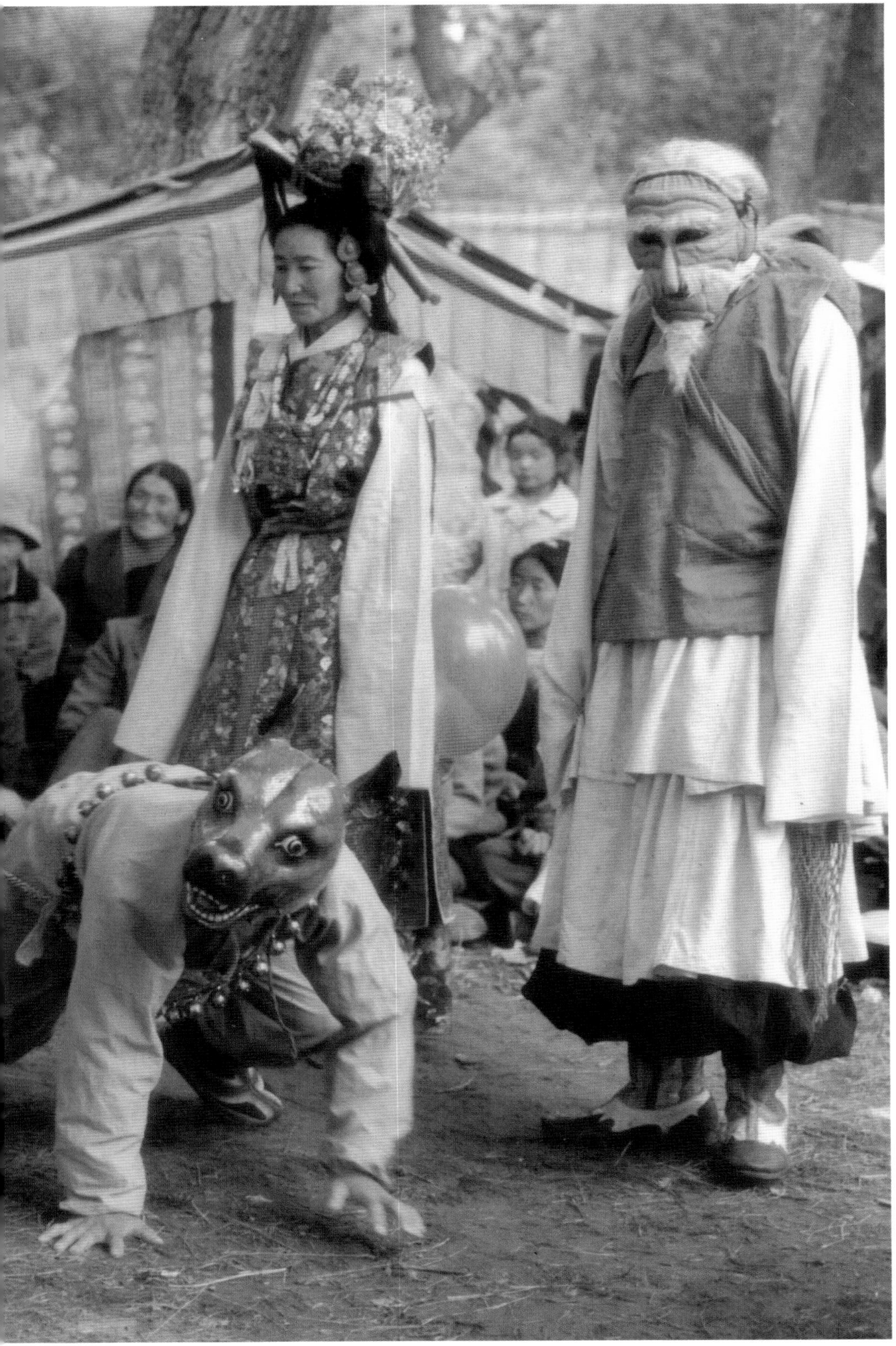

《卓娃桑姆》。雪巴藏劇隊演出。相傳爲門巴族高僧梅若所作。圖爲國王格勒旺布帶著寶貝獵物出獵，遇到仙女化身的卓娃桑姆。

卓娃桑姆同國王一見鍾情。她不得不同親人告別，隨國王到京城。

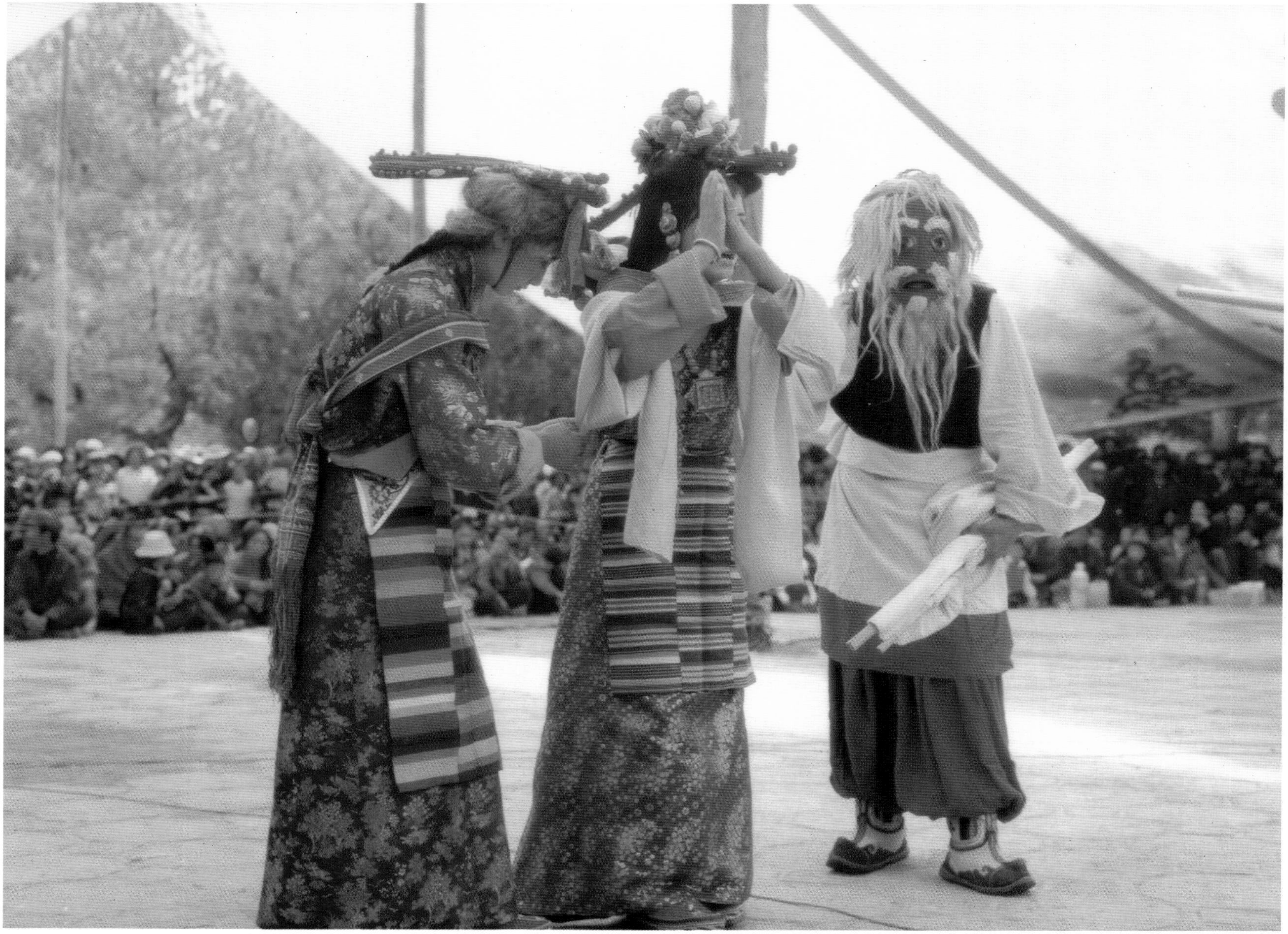

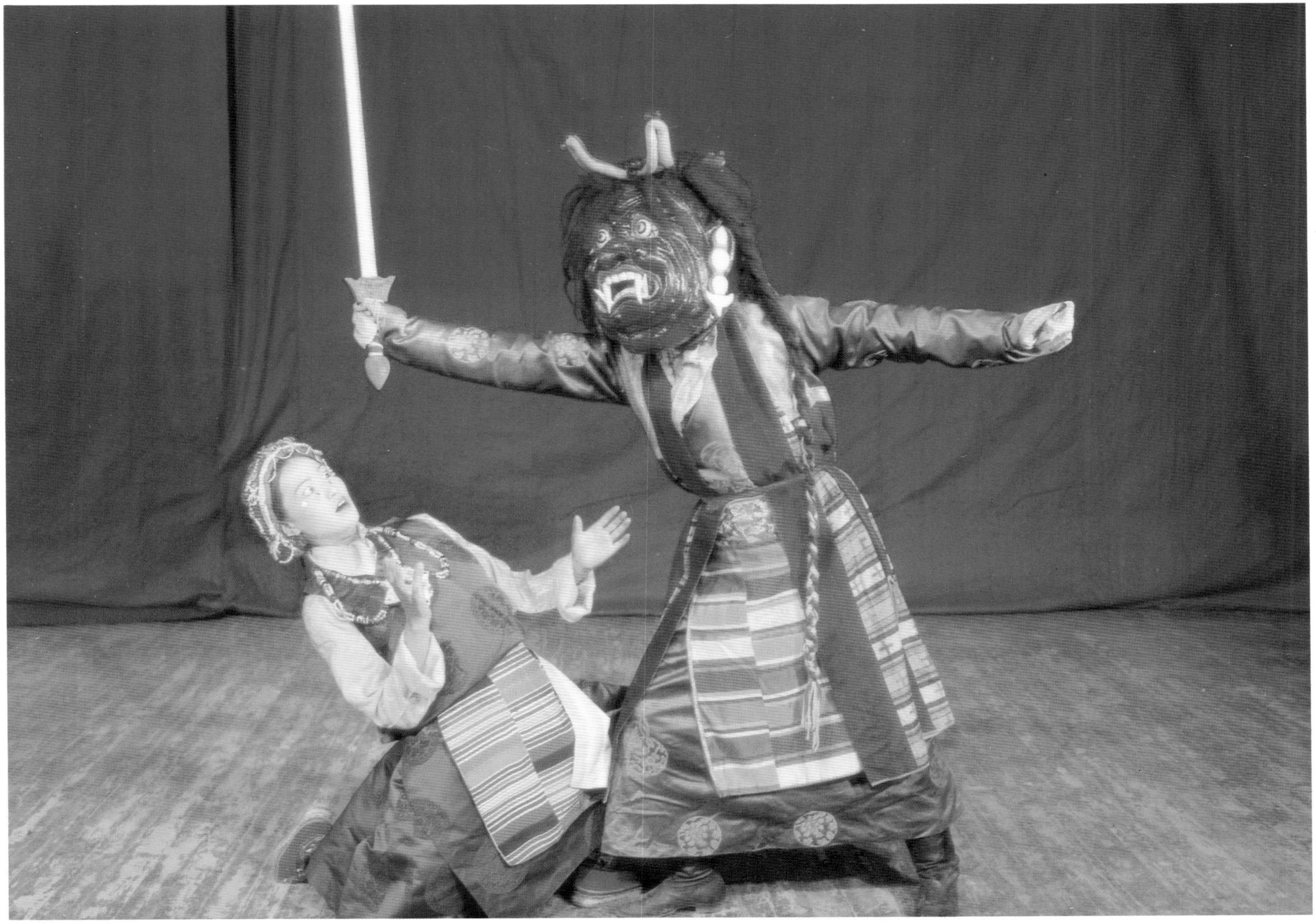

國王魔妃哈江嫉恨卓娃桑姆，
現出原形要殺害她。

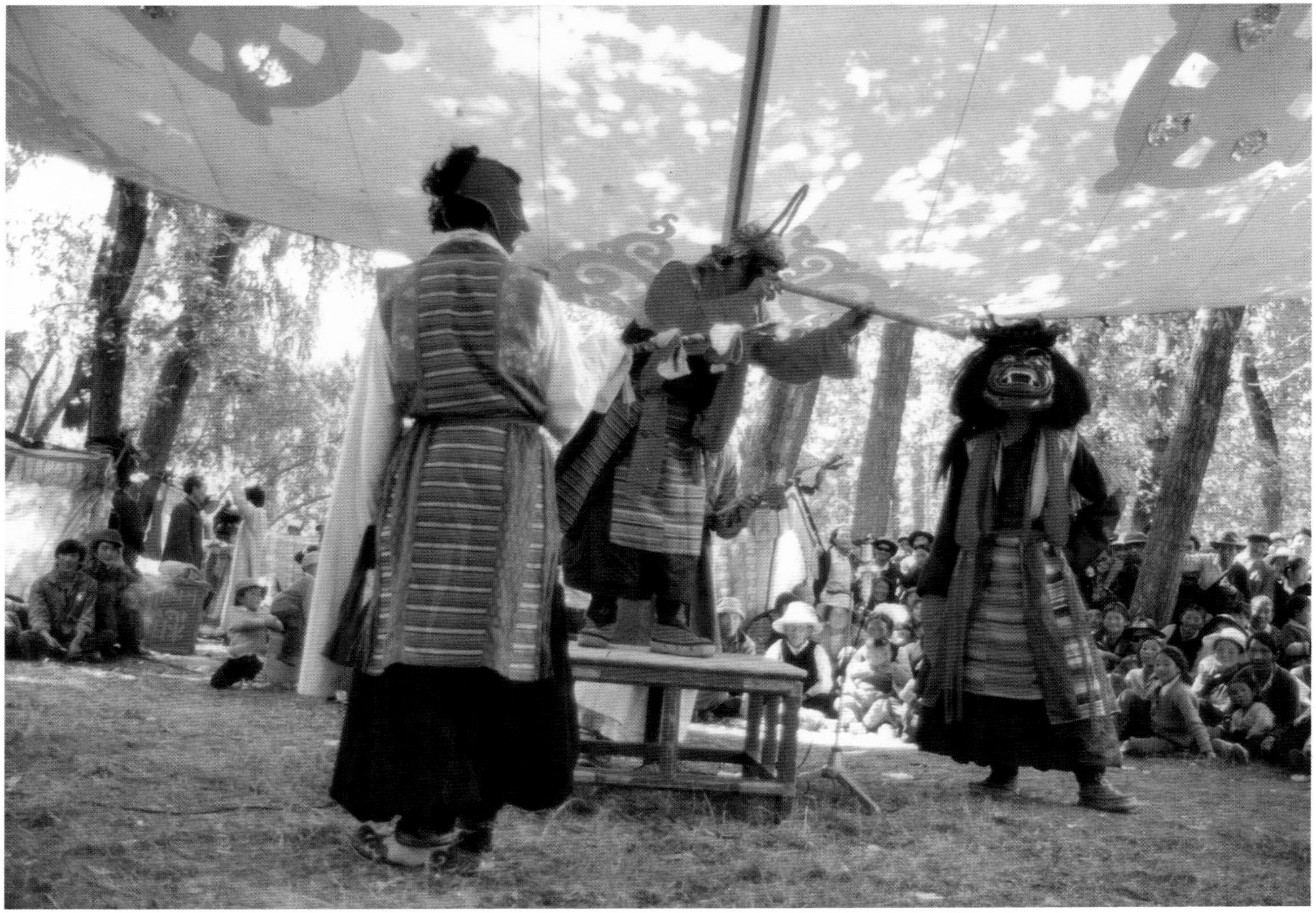

魔妃派出屠伕去殺害兩個孩子
，並要索取其心臟。屠伕不忍心，
便放走了孩子，將狗心獻給魔妃。
魔妃高興地要吞下“人心”。

魔妃派出屠伕去殺害兩個孩子，並要索取其心臟。屠伕不忍心，便放走了孩子，將狗心獻給魔妃。魔妃高興地要吞下“人心”。

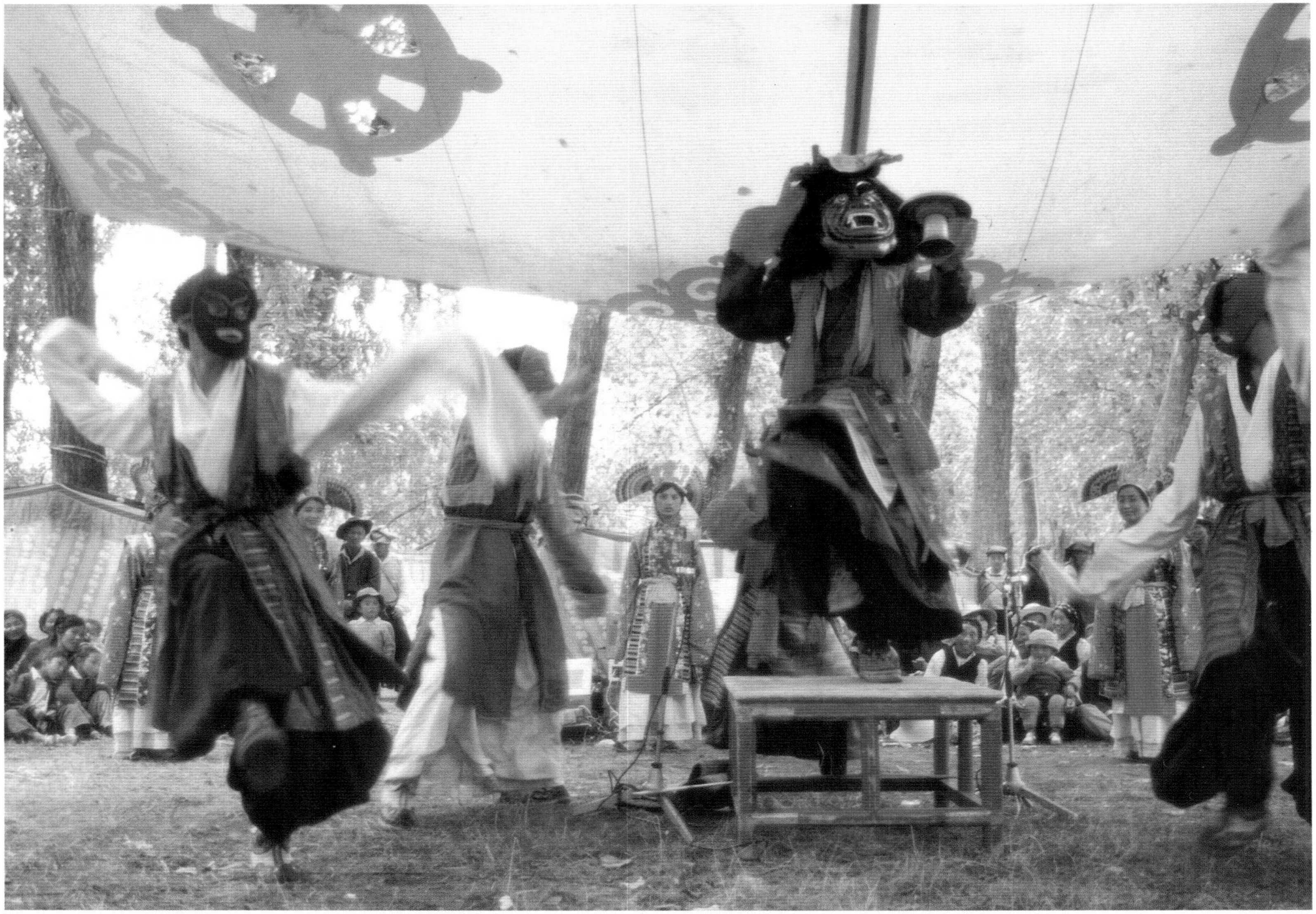

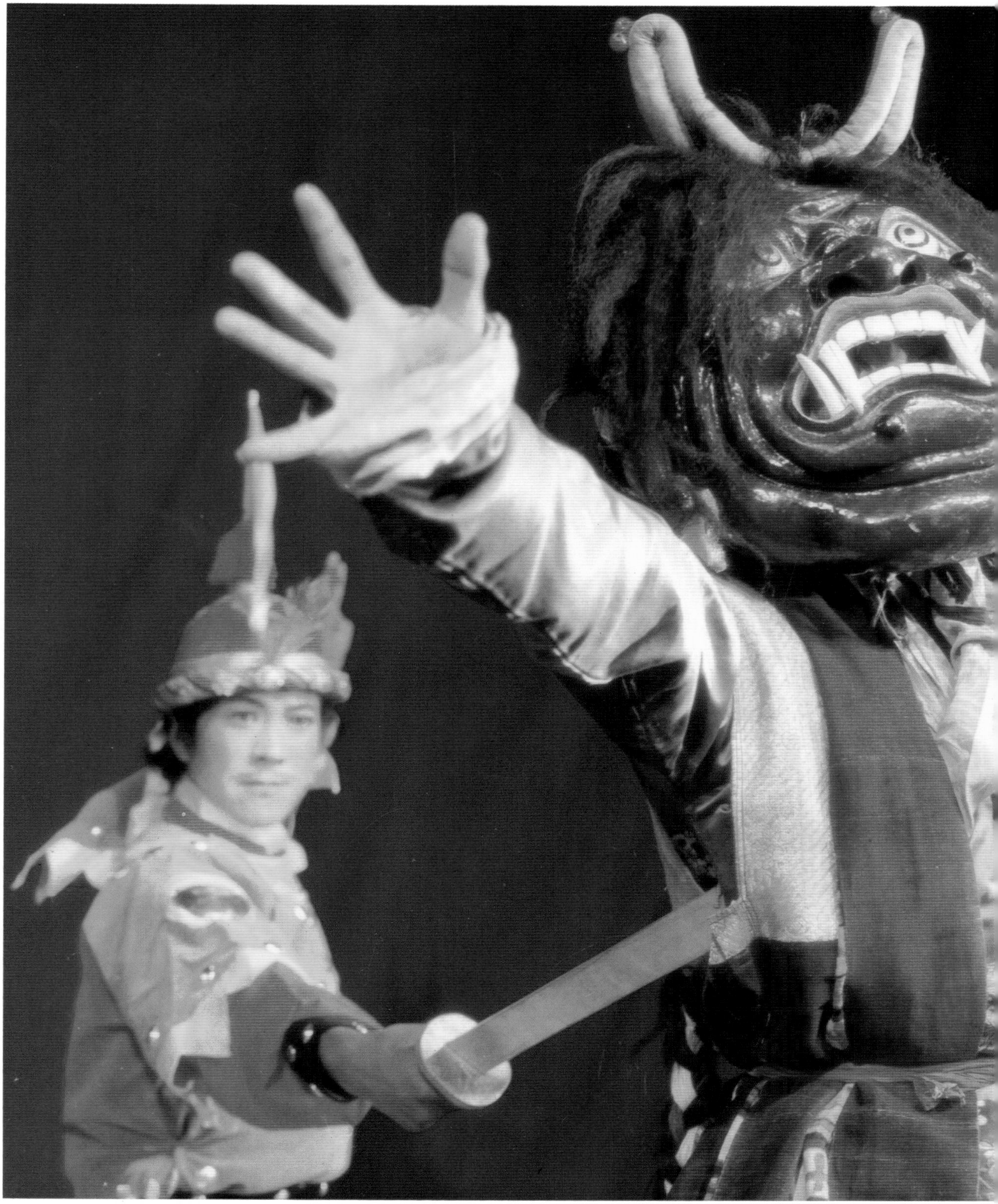

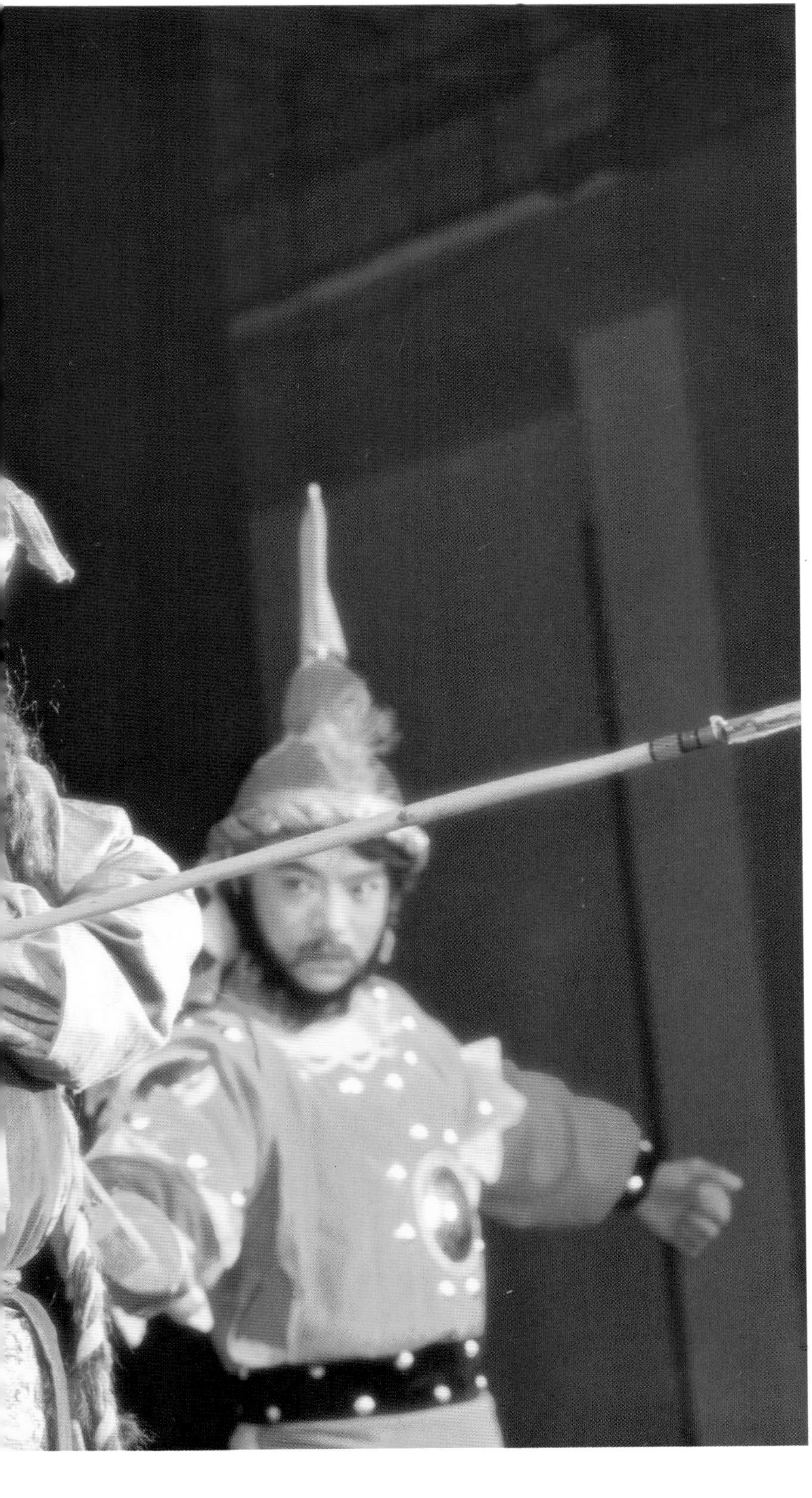

陰謀終於揭穿，魔妃遭到應有的下場。

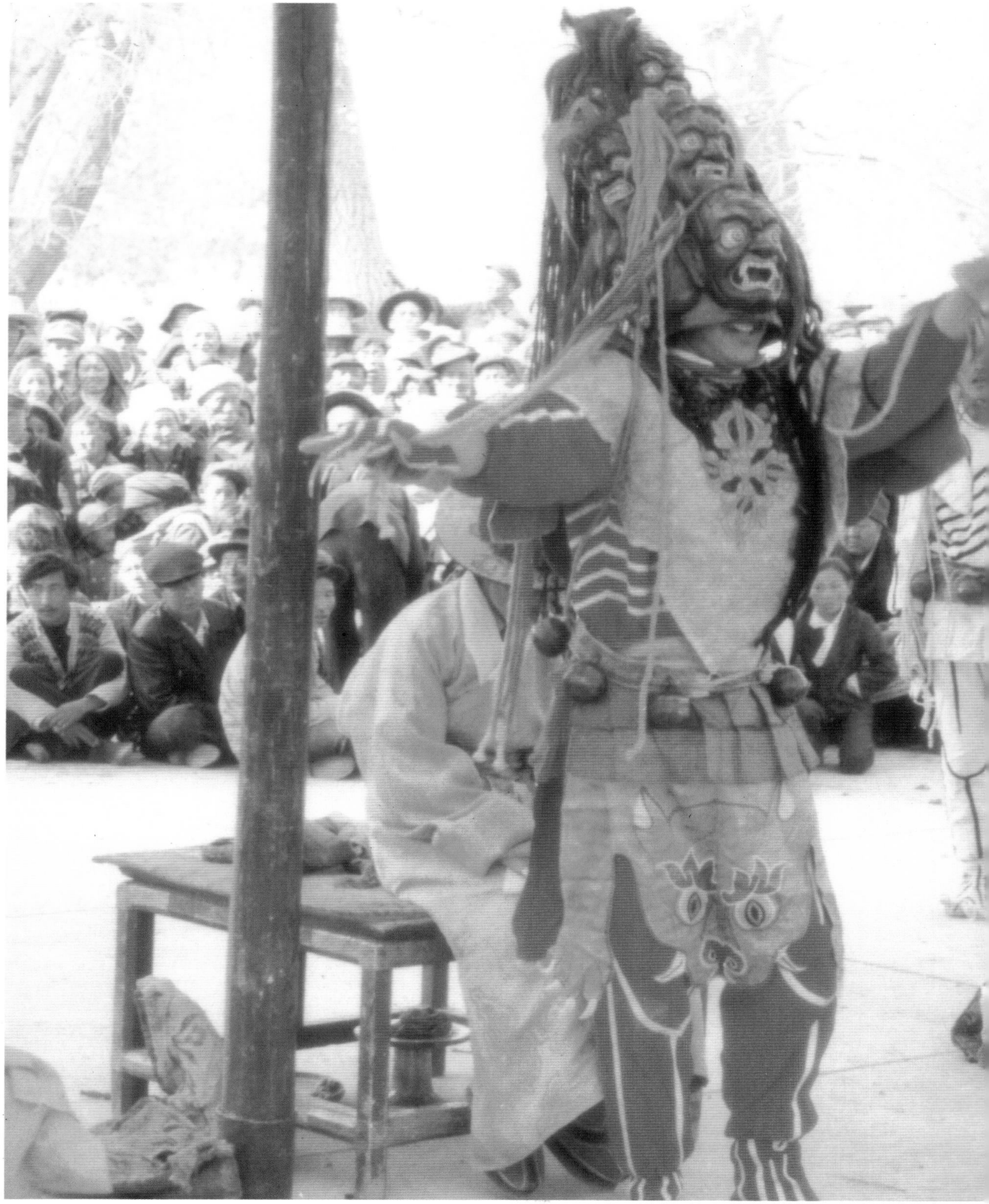

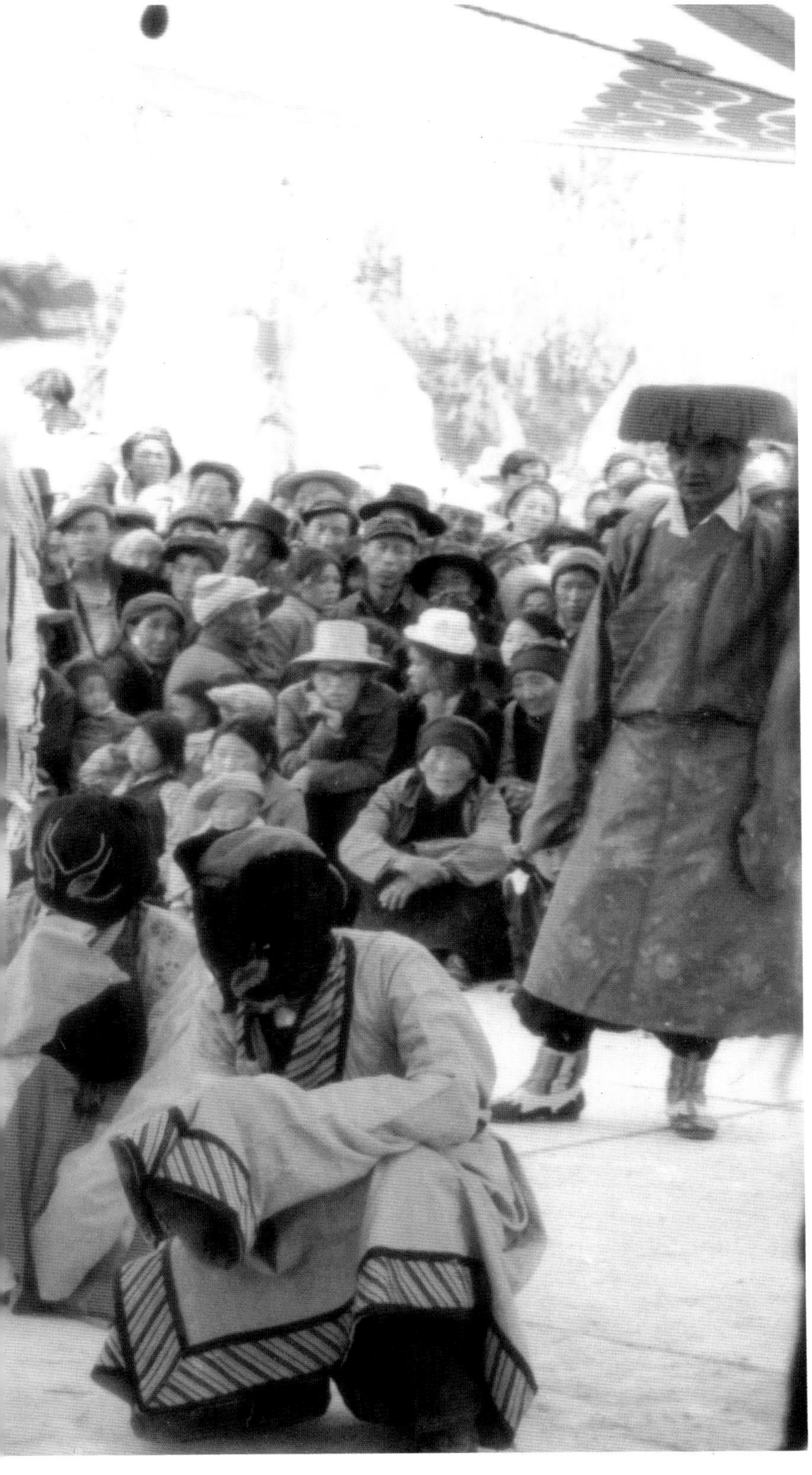

《白馬文巴》。佛教神話故事劇。少年白馬文巴被迫爲信仰邪教的國王去羅刹國取寶。他先後降服了黑、白蝎子精和九頭羅刹王女，取回了寶貝。

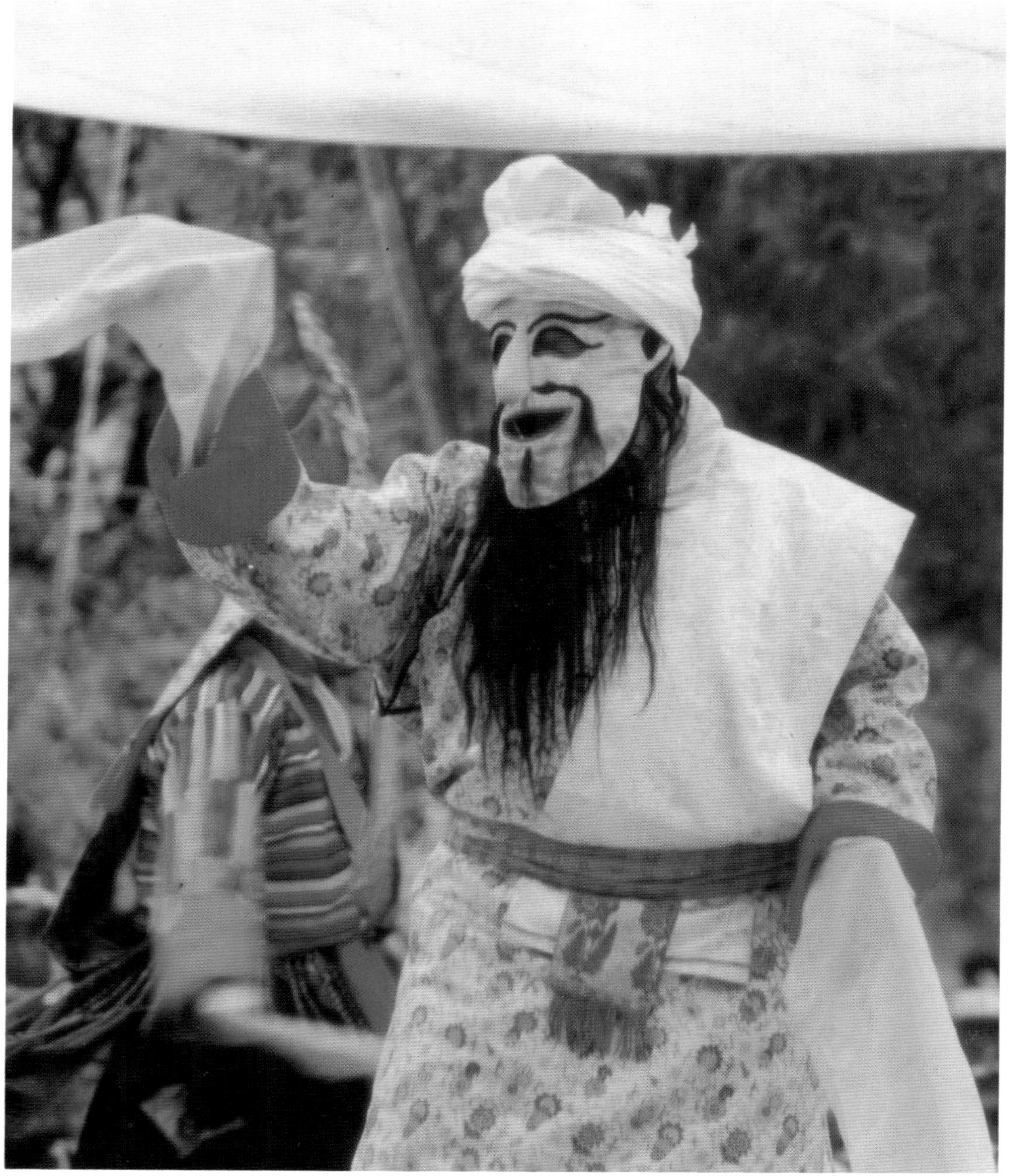

《白馬文巴》中的國王目迪

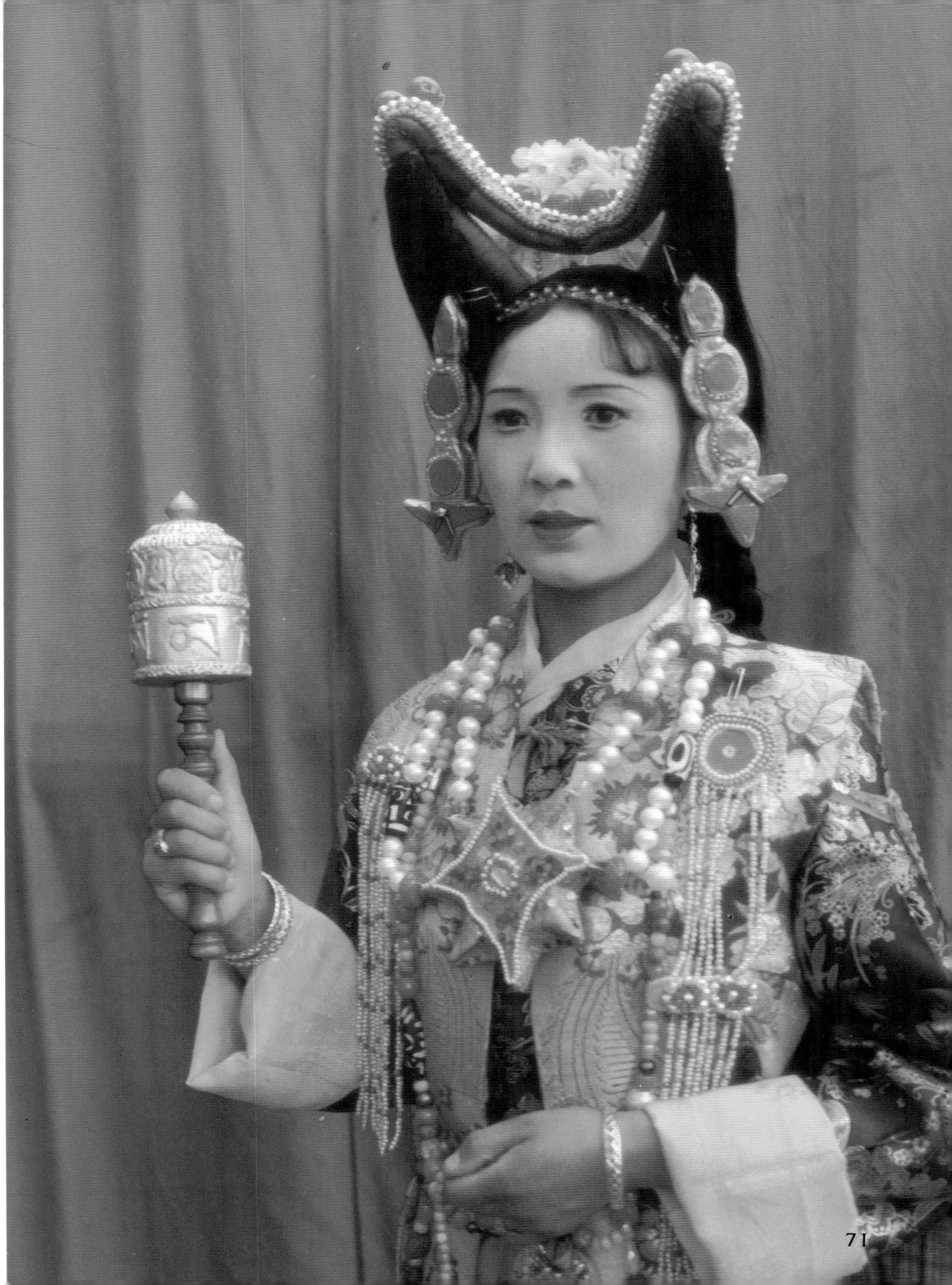

白馬文巴的母親，手搖著轉經筒，為遠離國土的兒子祝福。

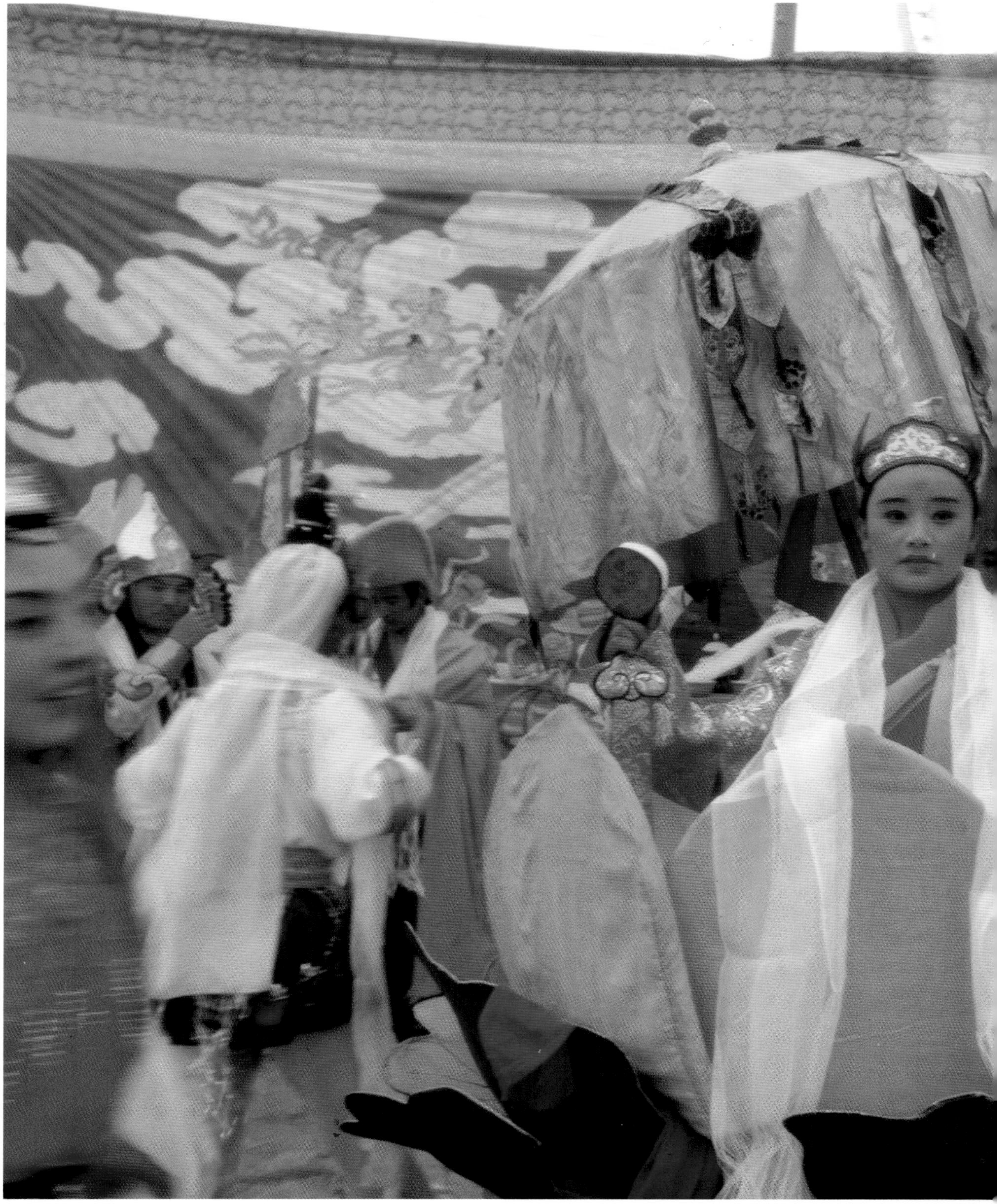

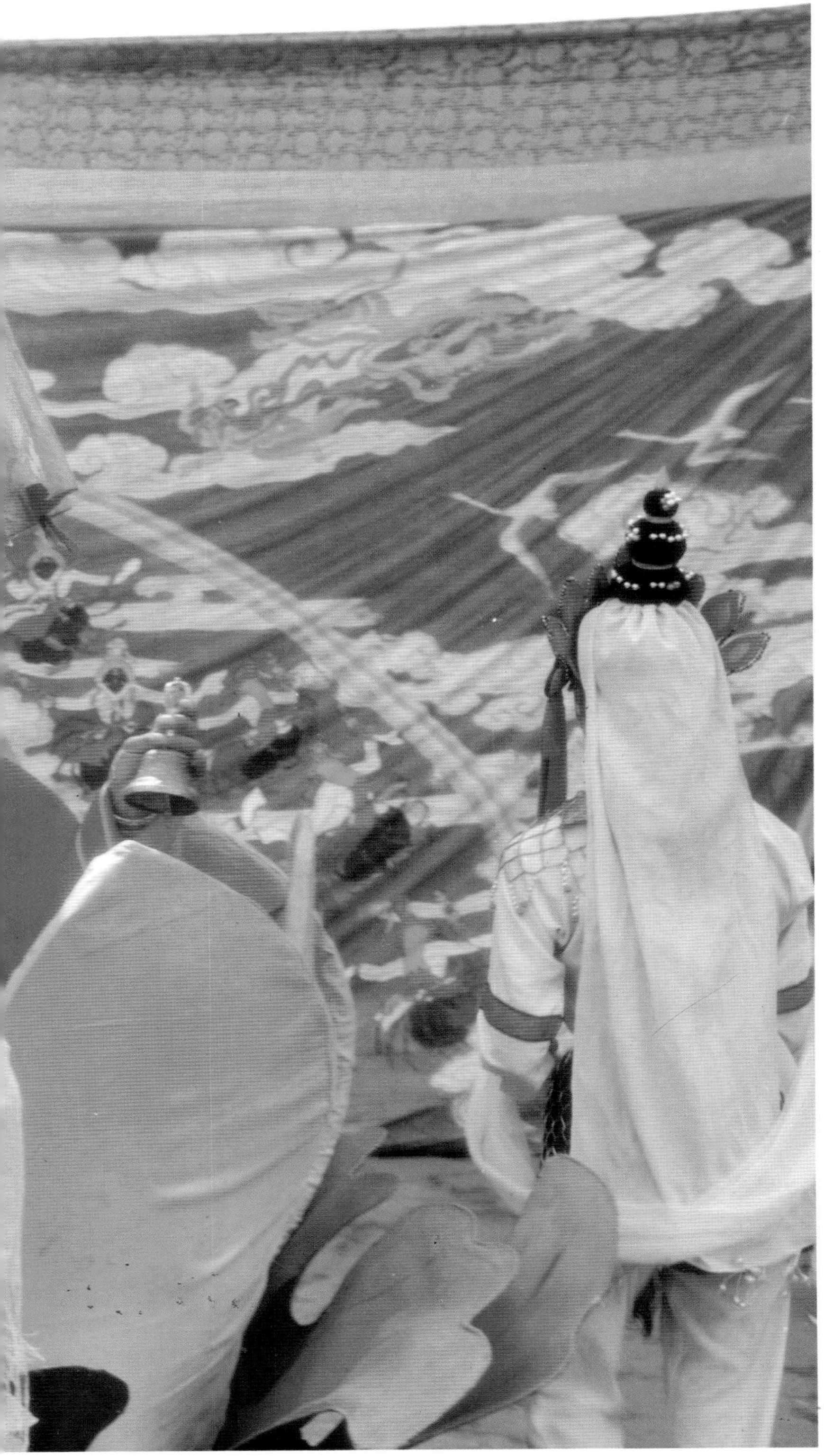

白馬文巴勝利歸來，出現在蓮花中。

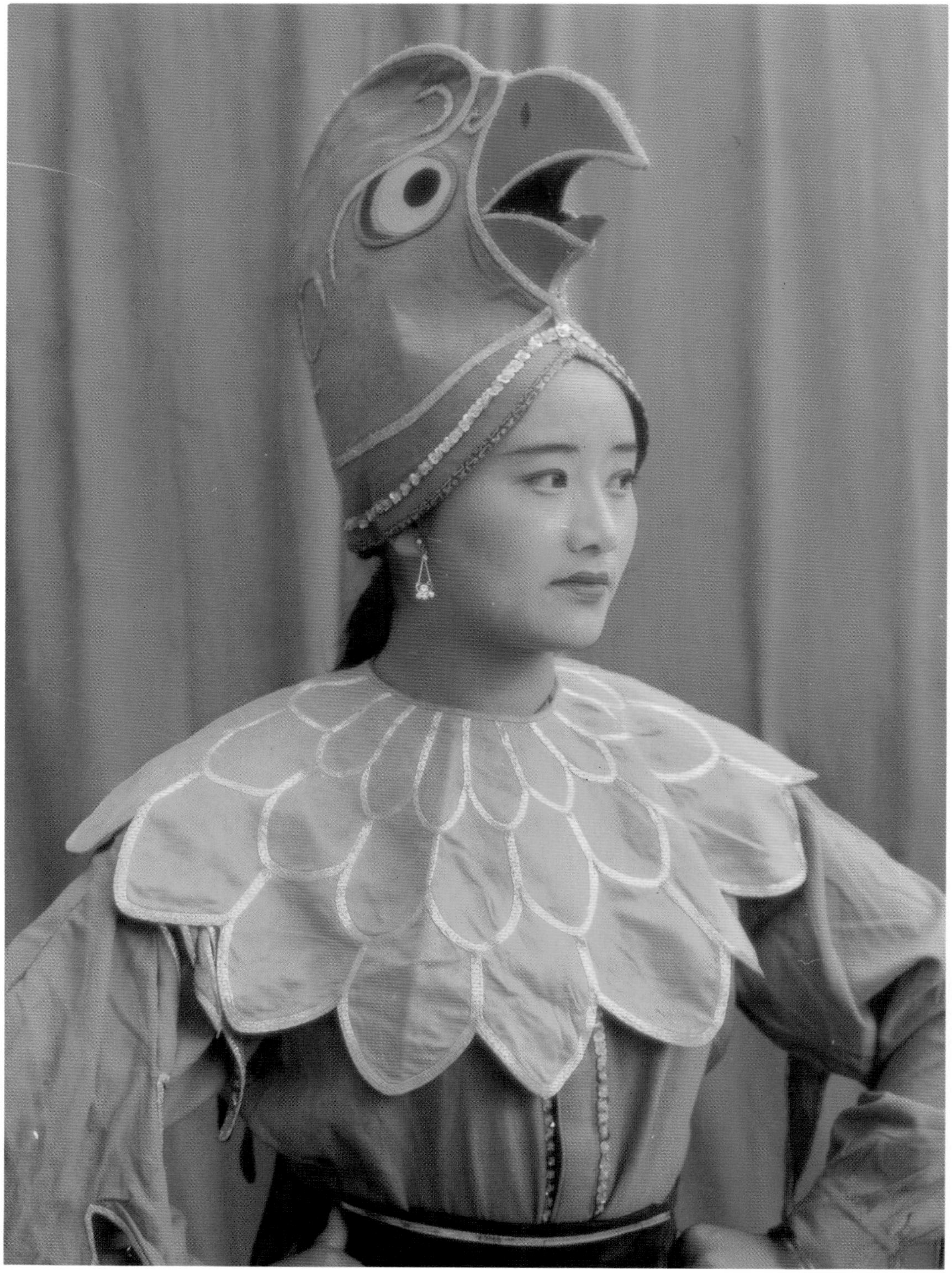

《蘇吉尼瑪》中的鸚鵡。國王聽信讒言，欲殺死愛妃蘇吉尼瑪（僊鹿生下的姑娘）。鸚鵡勸止，國王大怒，欲殺鸚鵡。鸚鵡說："我的血是白的，以此證明好心。"它被國王殺死後，果然流出白血，國王頓時悔悟，迎回了蘇吉尼瑪。

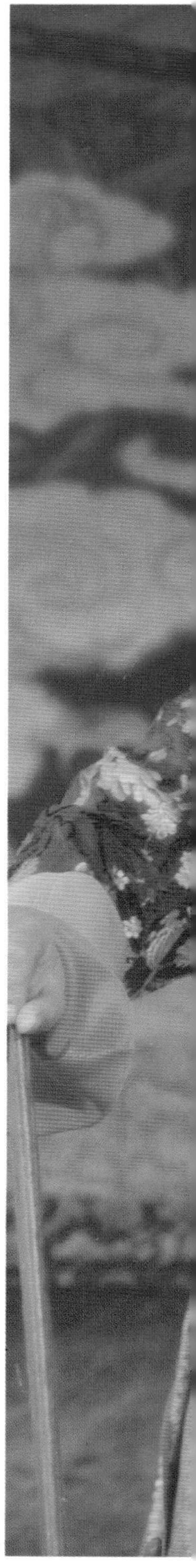

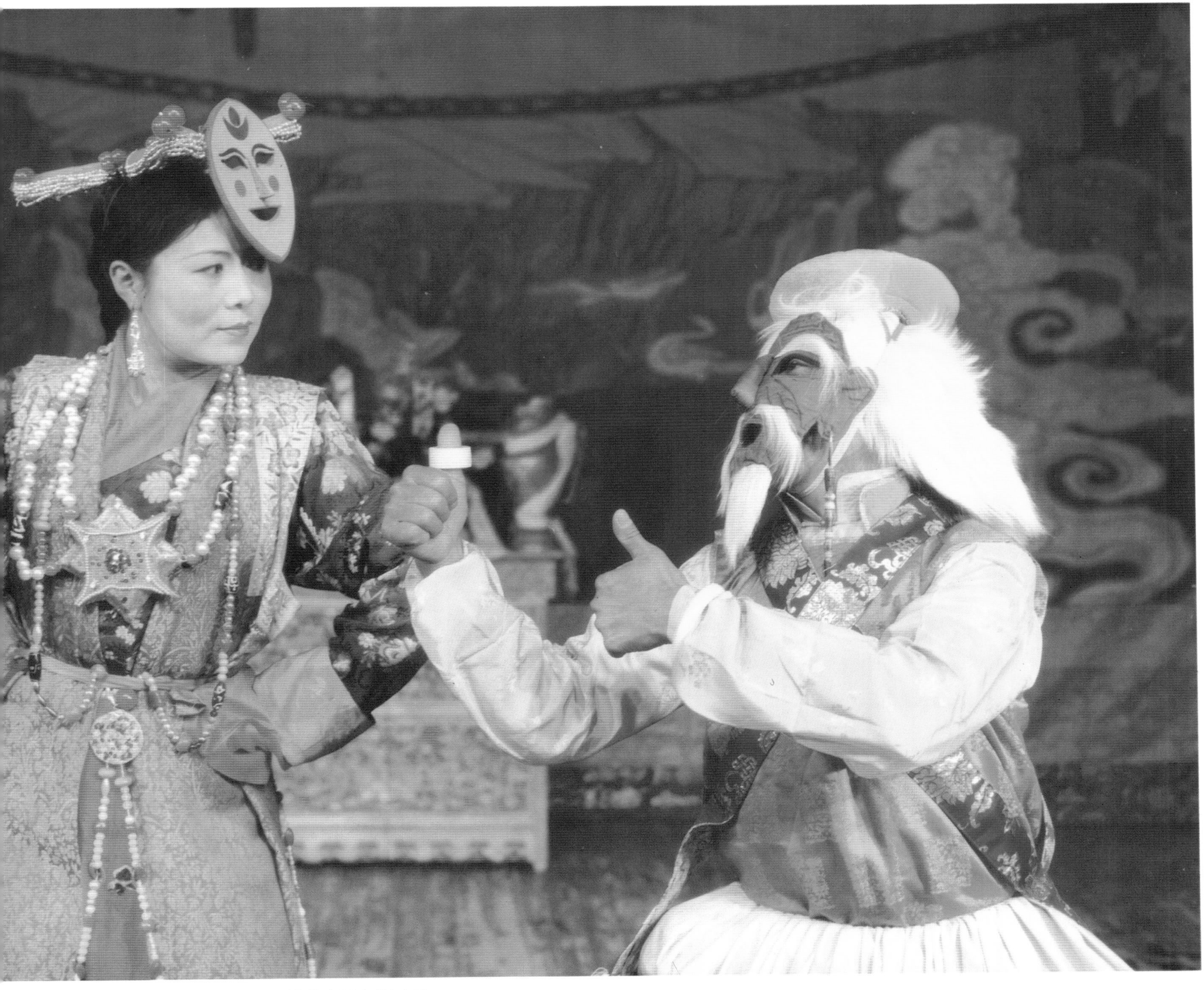

《老夫老妻》是穿插在《蘇吉尼瑪》等劇目中演出的小喜劇。描寫老頭老婆互相逗趣的場面，詼諧幽默。

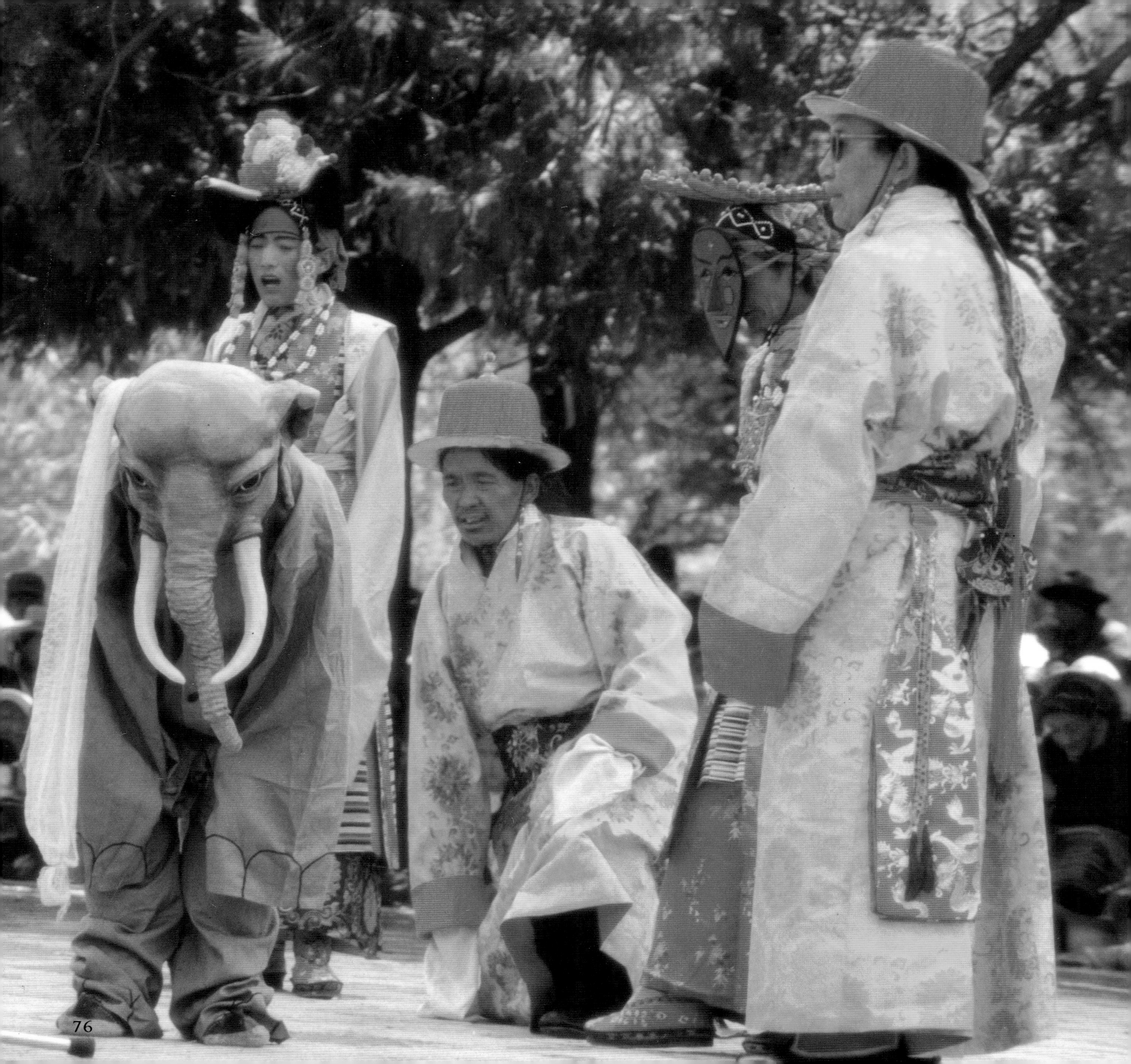

《智美更登》。江嘎爾戲劇隊演出。劇本是根據釋迦牟尼爲弟子講的一個故事編寫的。王子智美更登篤信佛教，將國寶施捨給敵國派來的老婆羅門。國王大怒，將他流放。後他又把妻子、兒女施捨給人，甚至將自己的雙目也施捨給盲人。圖爲其將妻子施捨給人。

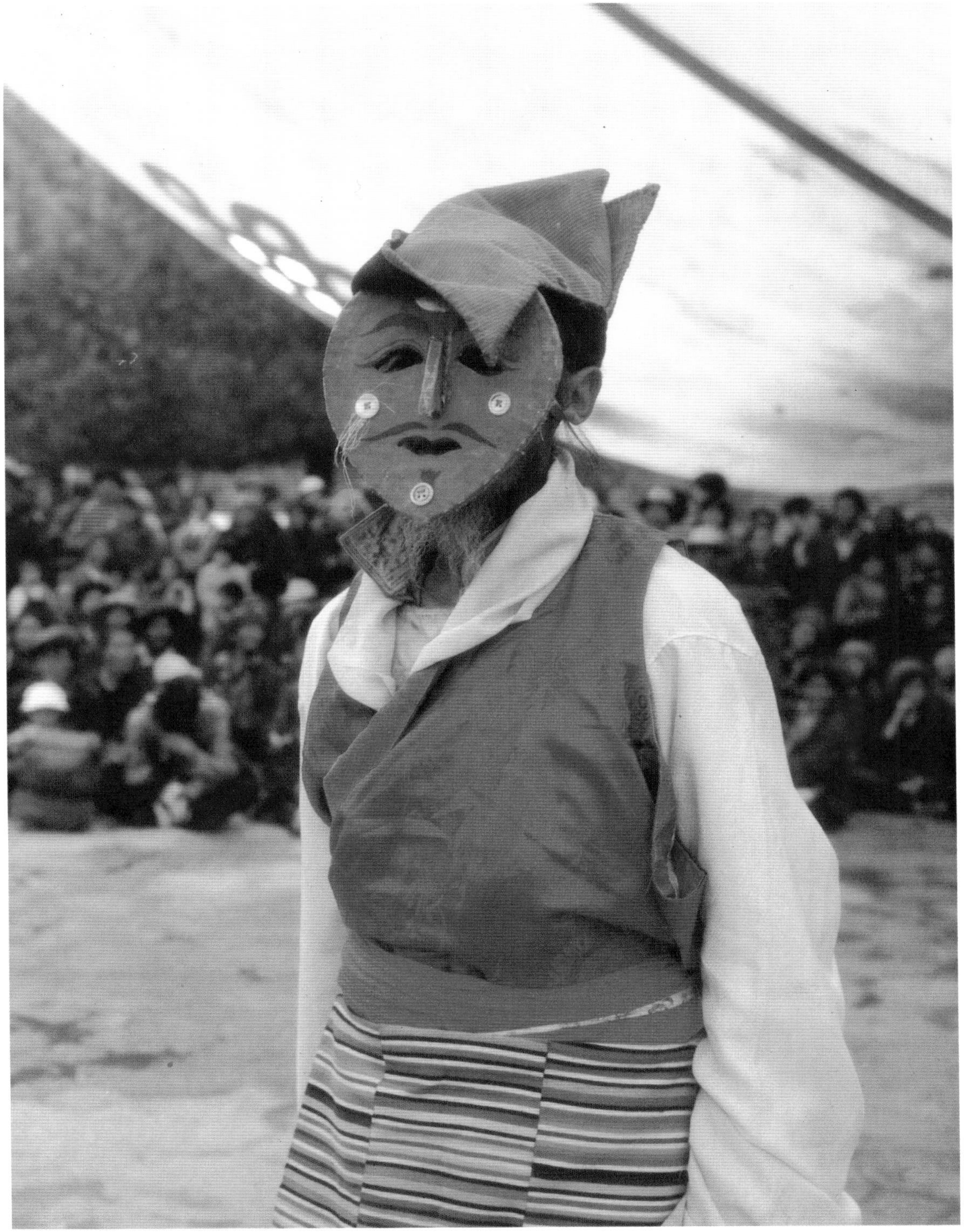

尼姑

# 第五篇　面具藝術

在藏族的上古時期，有了圖騰崇拜和鬼神崇拜，有了原始的宗教苯教和施行巫術的“苯波”，於是便逐漸有了面具。進行宗教祭祀活動的苯波戴上神鬼或動物面具，就意味着神鬼或動物神靈的附體。他便可以代表這些神靈向人們傳達旨意和要求。這就是早期面具產生的原始宗教文化背景。早期的面具是宗教祭祀活動的產物。

從拉薩大昭寺的壁畫中得知，遠在七世紀時，松贊干布爲入藏的文成公主舉行的盛大歡迎會上，就有戴白面具者要弄兩隻牦牛進行舞蹈。八世紀(公元 779 年)在西藏建成了第一座正式佛教寺院桑耶寺，在它的一座配殿的壁畫上繪有該寺開光落成典禮。在慶祝儀式活動中的鼓舞隊的領舞師們戴着白山羊皮製作的面具，手拿五色彩箭“達塔”進行表演。十一世紀，西藏卓地大廟會上百技雜陳，據《莎迦世系史》記載，其中有“巫師多人，自在女二十八人，戴面具，手持兵器，另有長辮女擊鼓，隨之而舞。”上述這些資料可以說明，這些戴有面具的宗教性舞蹈，是藏劇開場“溫巴頓”的濫觴。藏劇的造型藝術及其“溫巴頓”，吸收、溶入原屬宗教性的面具，使之世俗化藝術化，成爲藏劇藝術的最重要特徵之一。

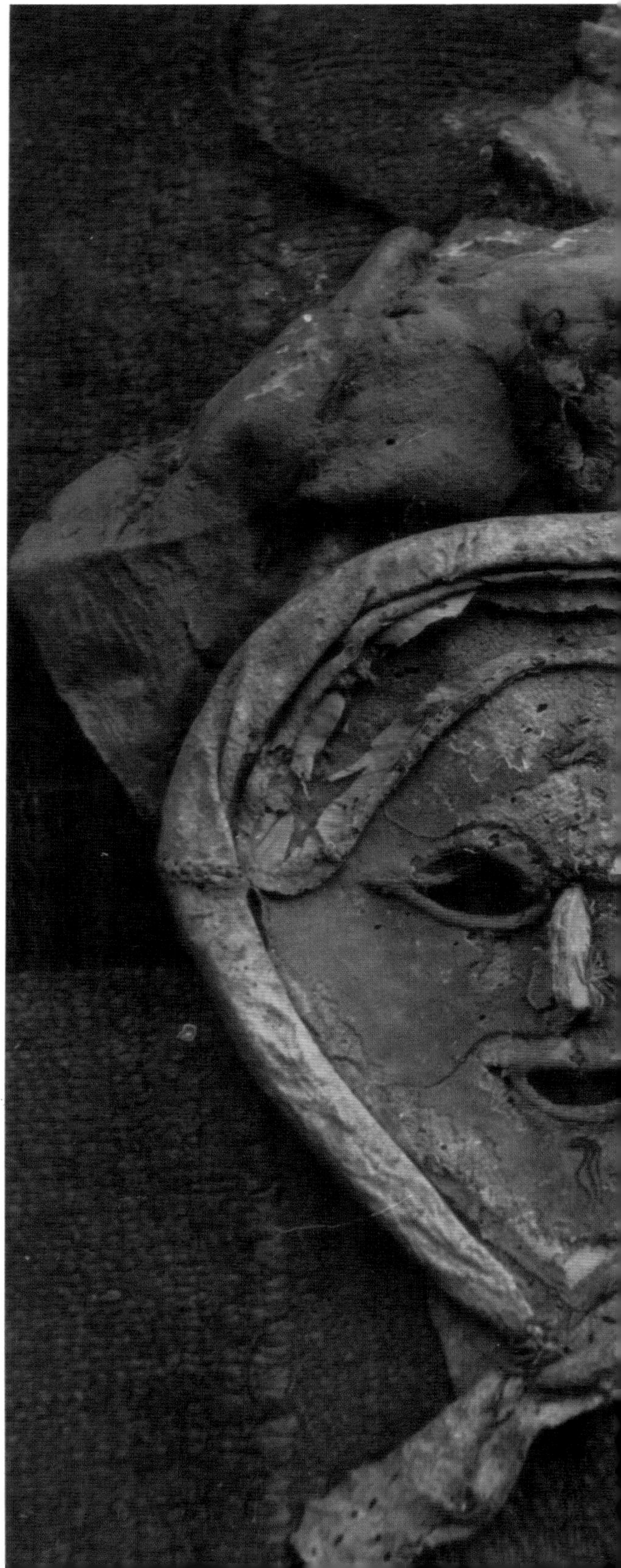

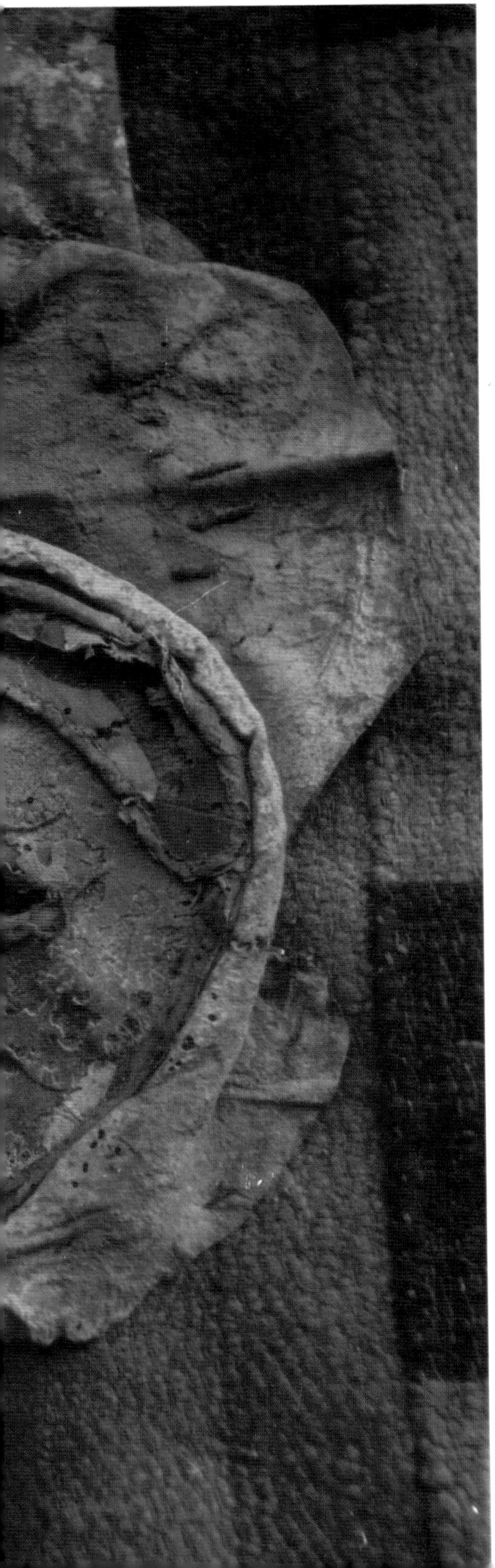

賓頓巴面具。屬早期白面具派的遺留物。一般的面具是上眼皮包下眼皮，此面具則恰恰相反。傳說是爲紀念五世達賴，他出生在賓頓巴，爲藏劇的發展作出了很大的貢獻。據說他的眼皮和一般人的眼皮不一樣，是下眼皮包上眼皮。

藏劇的面具造型奇特，多彩多姿，品種繁多。大致可以分成以下幾類：

白面具——早期“溫巴頓”中漁人或獵人所戴。以本色山羊皮製成，臉部呈現平面，眼睛和嘴部依形鏤空，鬍子和頭髮用白山羊毛製作。相傳是仿藏劇祖師唐東傑布的形象製作的。

藍面具——後期“溫巴頓”的漁人、獵人所戴平板式面具。頭頂上有箭頭形狀的裝飾物，上邊書有財寶噴焰圖案。額頭上有金色的日、月徽飾，臉部以精緻的藍花緞爲底色，兩頰和下巴都綴有白鬍子。傳說也是仿唐東傑布形象製造的。

紅面具——以紅色爲底色的面具，綴有稀疏的黑鬍子，多爲國王、大臣、總管等角色所戴。寓有忠誠、豁達、寬厚之意。

黃面具——形狀類似藍面具，但臉部覆以黃呢子作爲底色，多爲仙翁等角色所戴。

綠面具——臉部覆以墨綠底色，面積很小，有的僅有巴掌那麼大。多戴於王后、母親的額頭或額角，眼睛和臉的大部分露在外面。這種面具具有更多的象徵意味。

土黃面具——有皮革和布絨兩種，造型近似寫實，有立體感，雖然製作古樸、粗獷，却能呈現出一種稚拙美。多爲民間老頭角色所戴。

黑面具——布製軟質型面具。用黑絨布製成，黑鼻子垂掛於兩眼之間，可以晃動，這使得面具富有動態的立體感，並呈現出自我諷刺的喜劇色彩。多爲劇中丑角所戴。

半白半黑面具——臉部底色分成兩半，右白，左黑，這種陰陽臉象徵角色奸詐狡猾的兩面派性格，多爲丑角和巫師所戴。

妖魔面具——具有多種造型。大多從神舞的面具、頭飾移植衍變而來。爲各種魔鬼妖怪角色戴用。一般都具有粗放、詭奇、神秘和恐怖的特徵。

動物面具——實際是頭具和身形的結合體。有鹿、狗、牦牛、猴、猪、鸚鵡、虎、豹、魚、蠍子等造型面具。

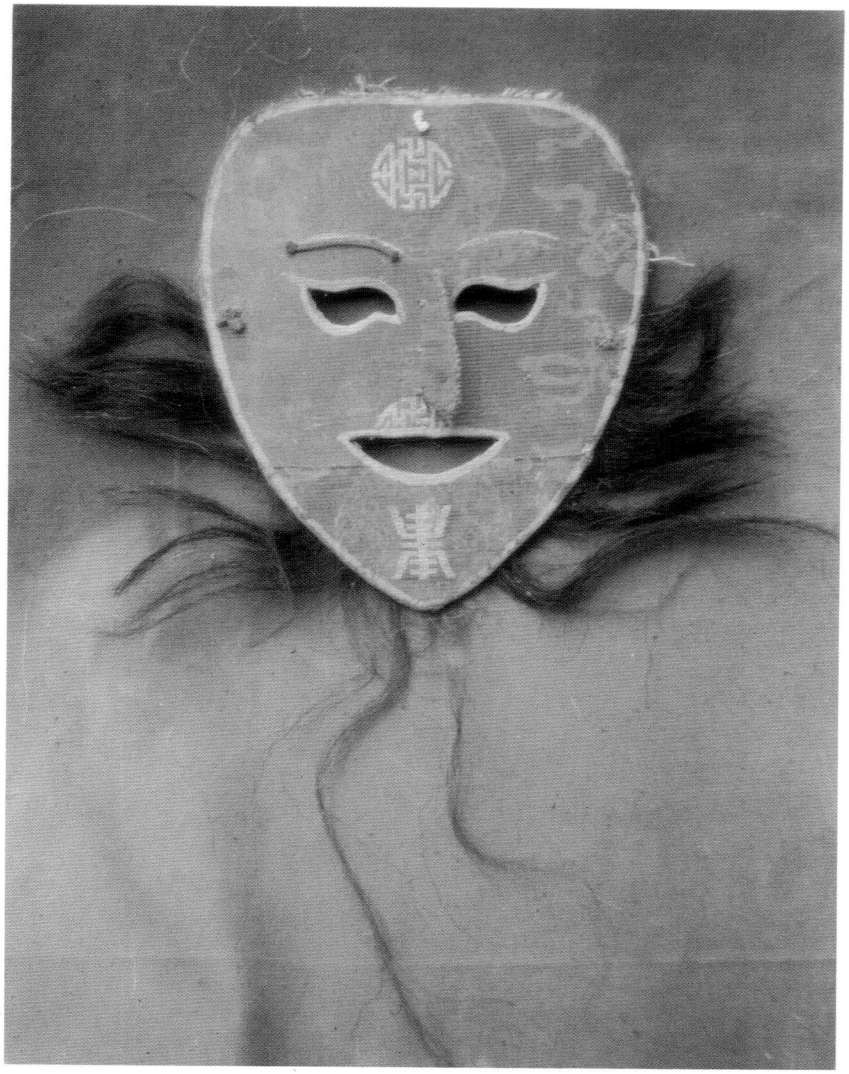

國王面具

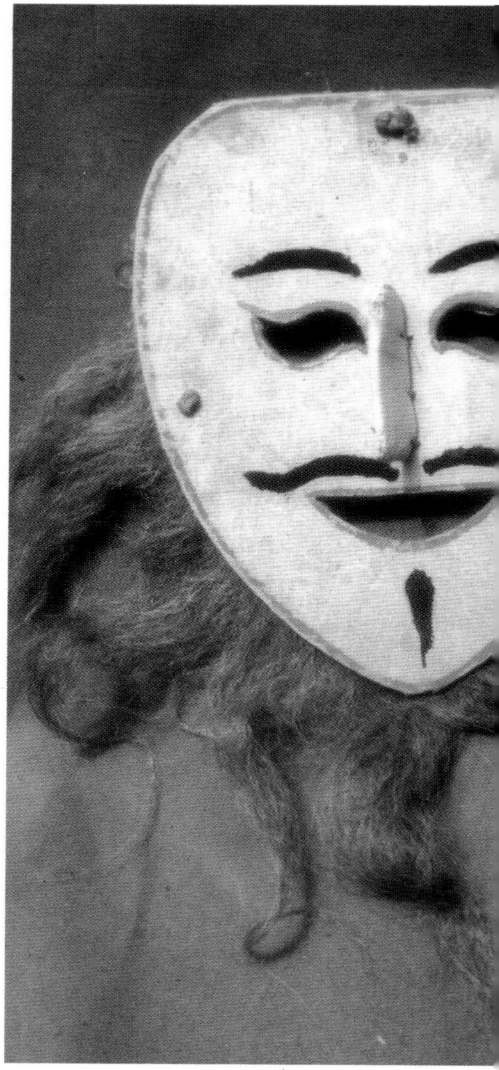

大臣面具

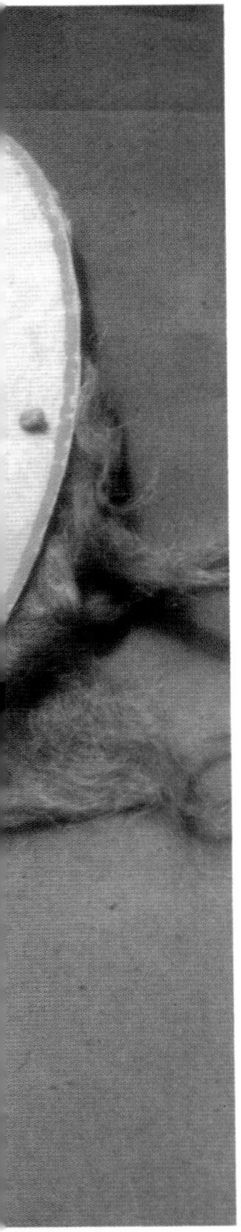

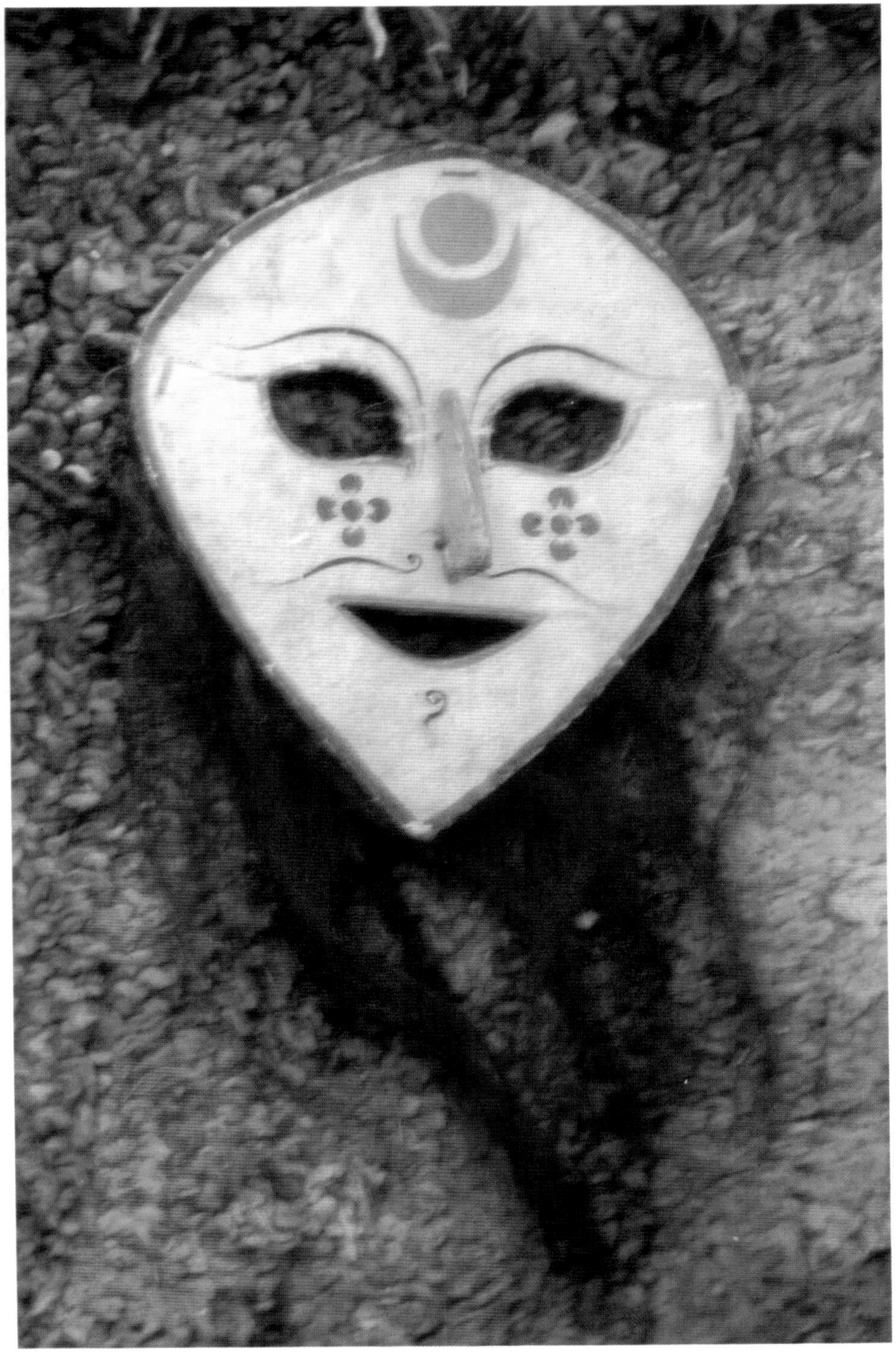

大臣面具

綠色面具

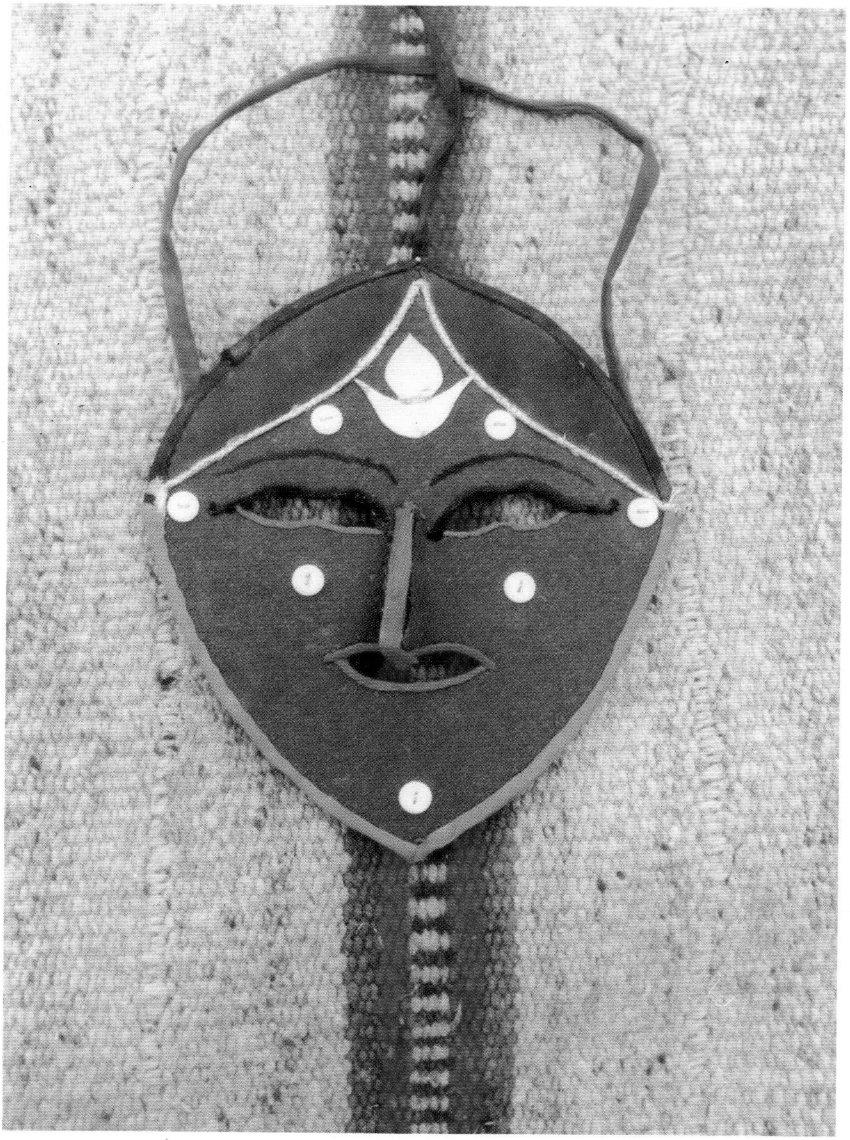

紅色面具

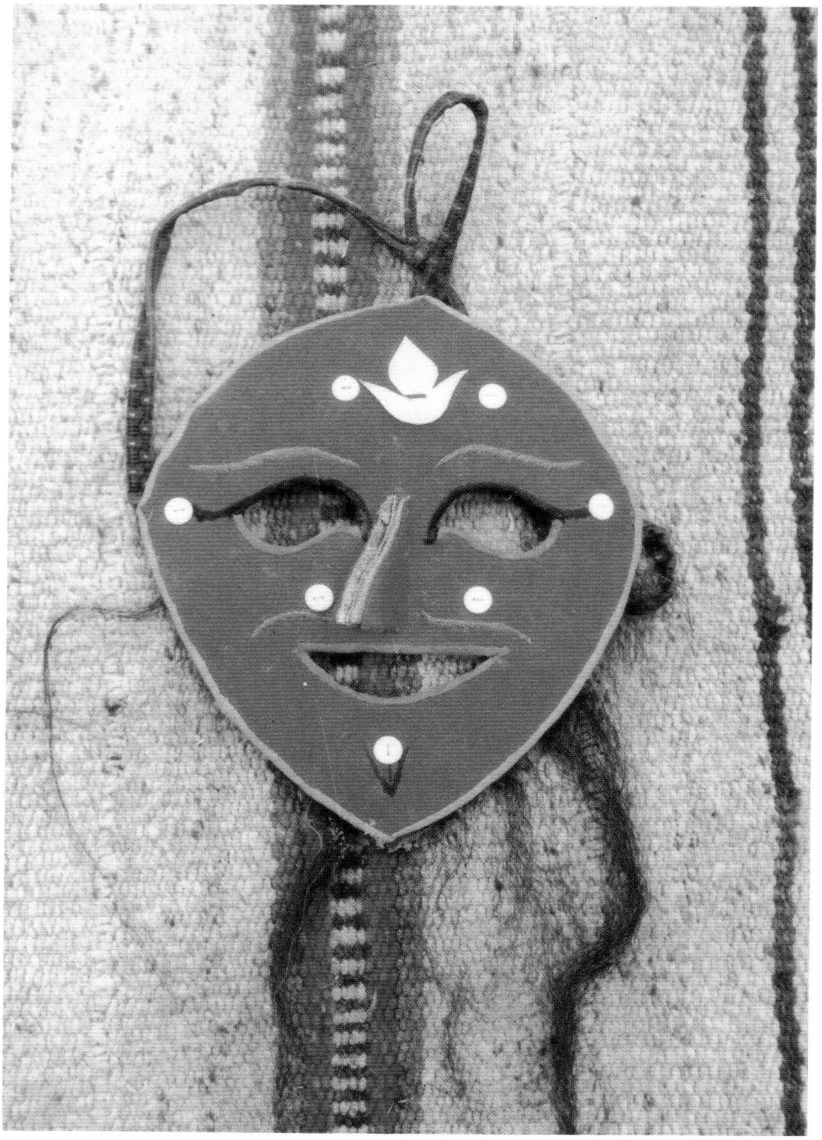

黃色面具

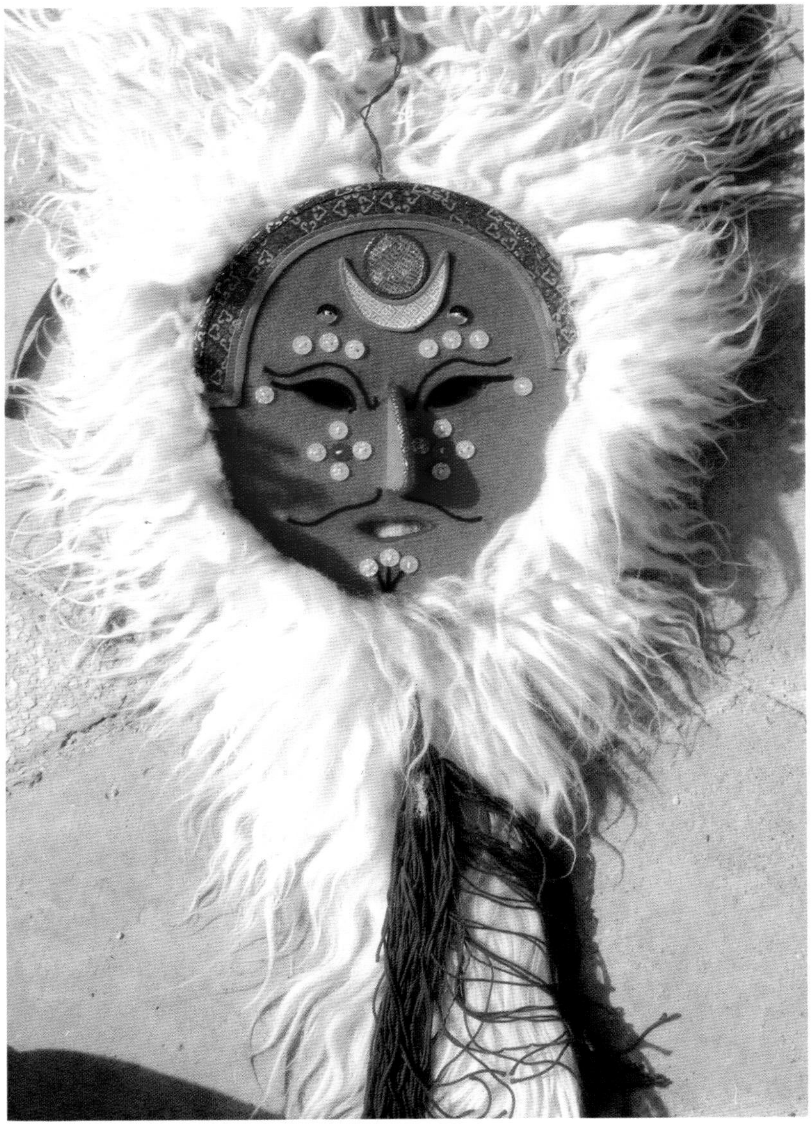

黑色面具——丑角

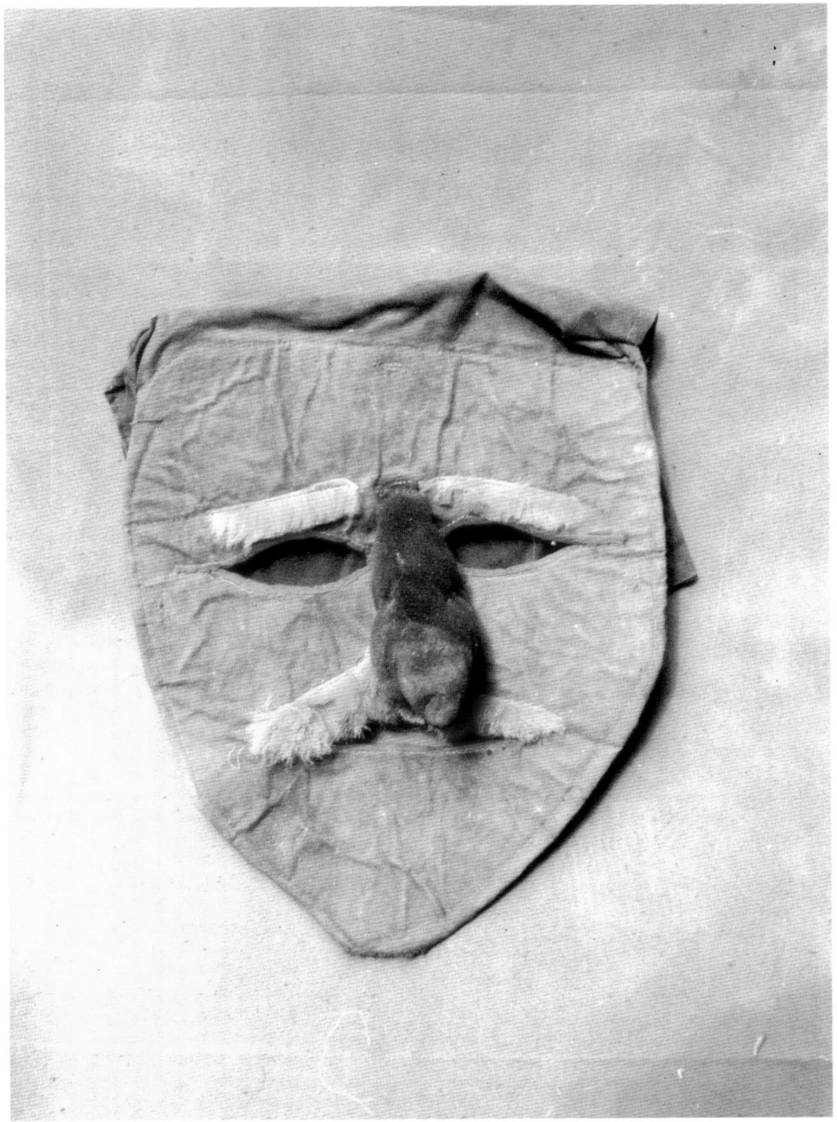

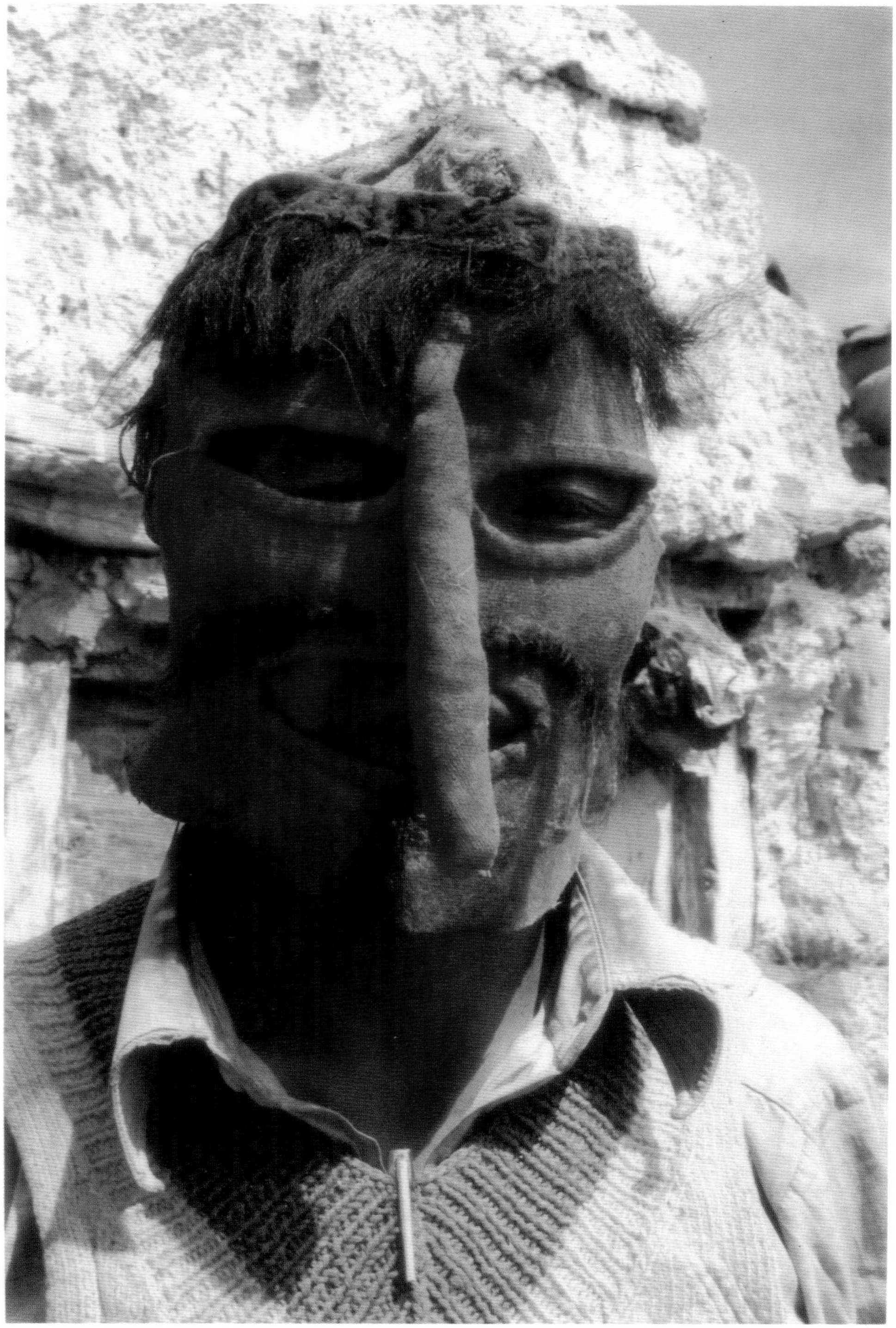

巫師面具。

陰陽面具

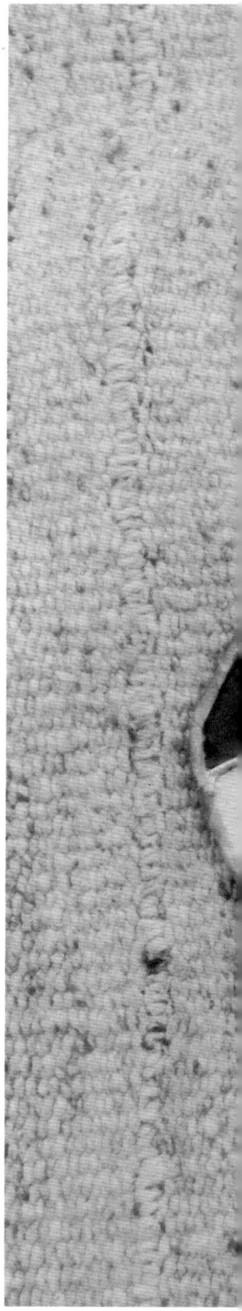

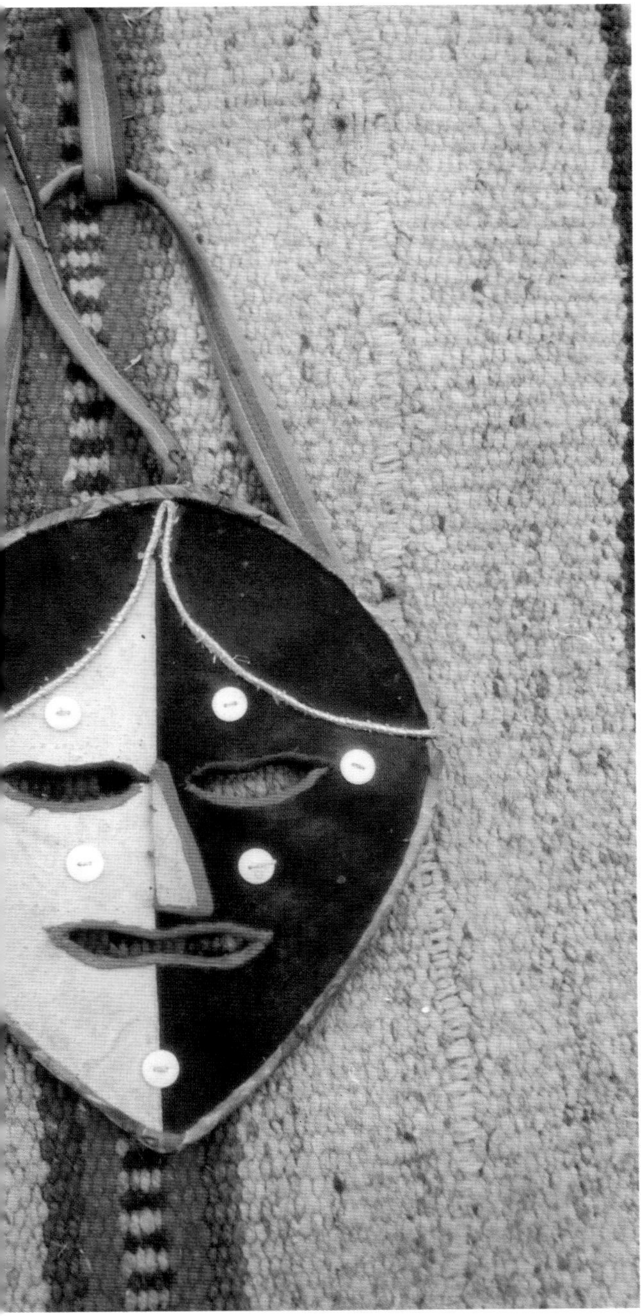

陰陽面具

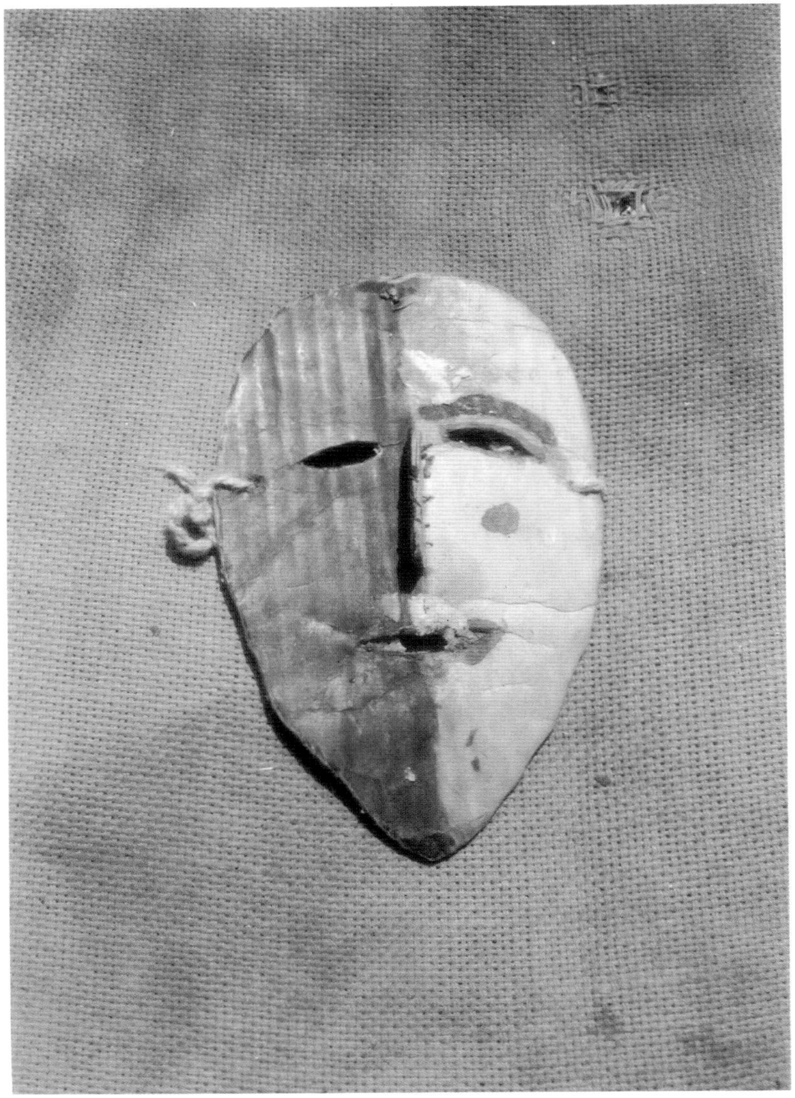

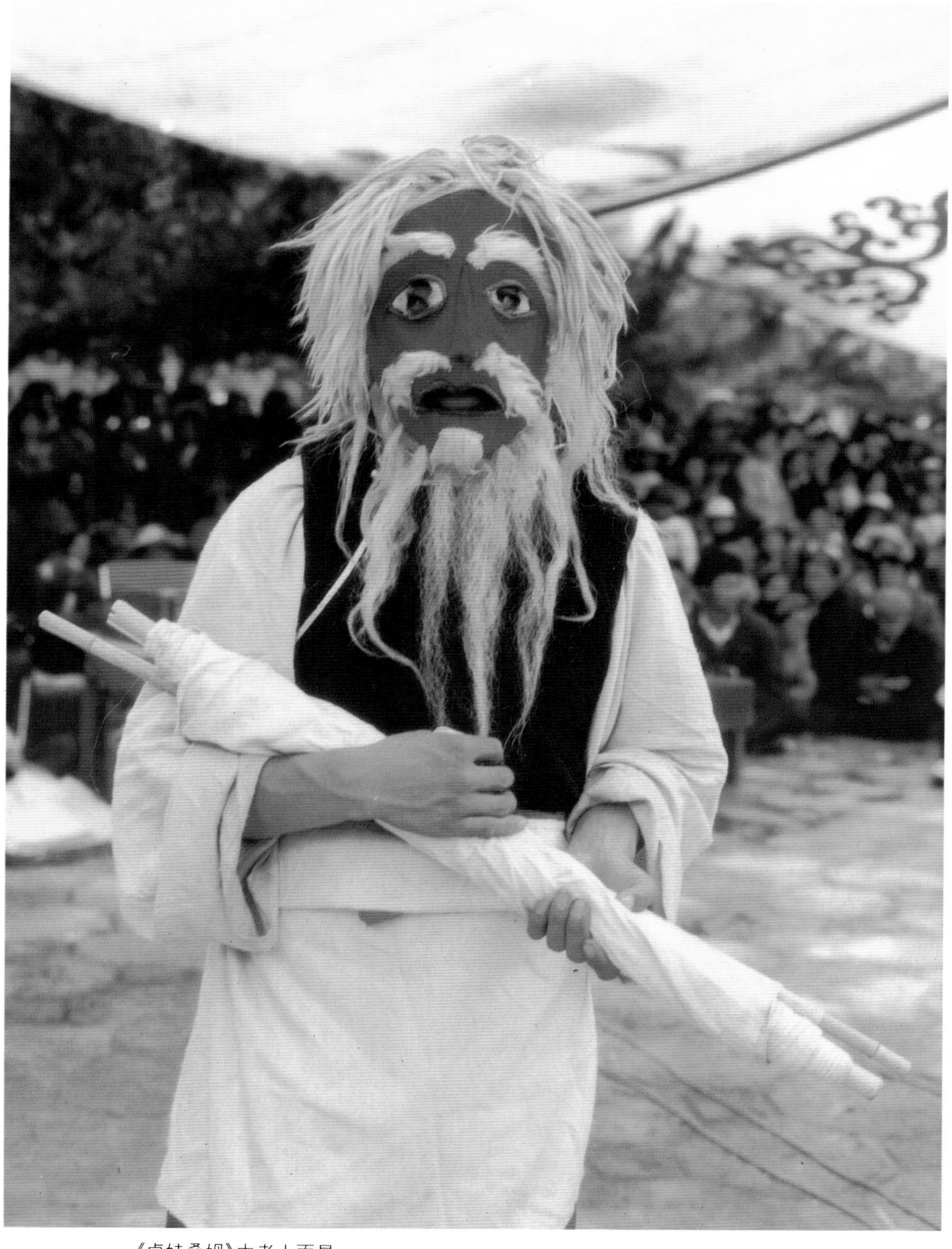

《卓娃桑姆》中老人面具

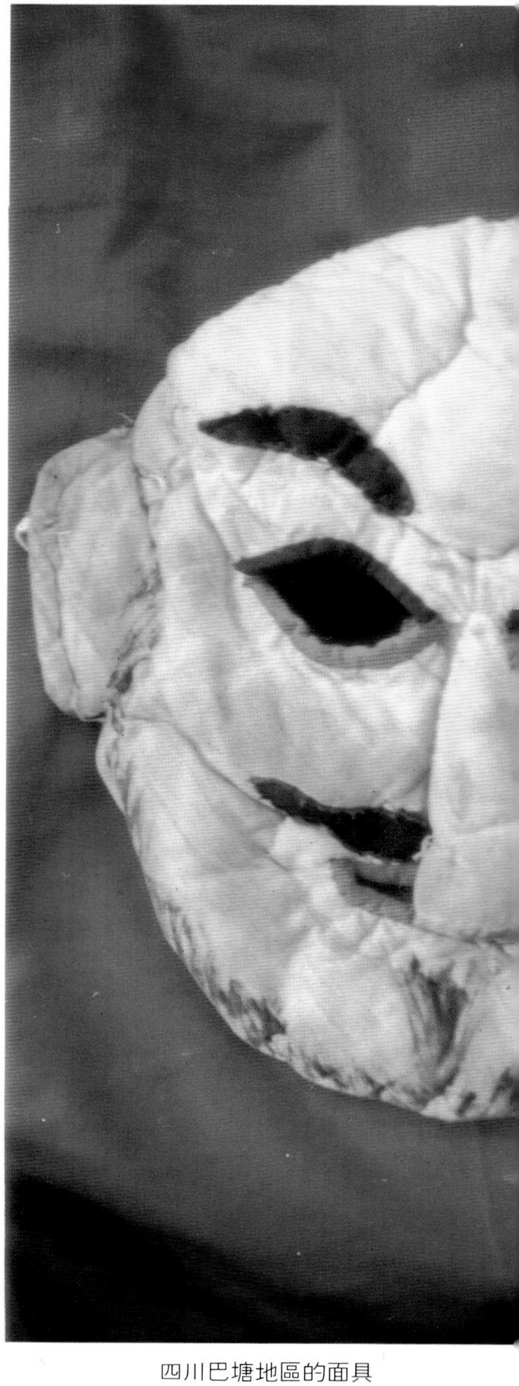

四川巴塘地區的面具

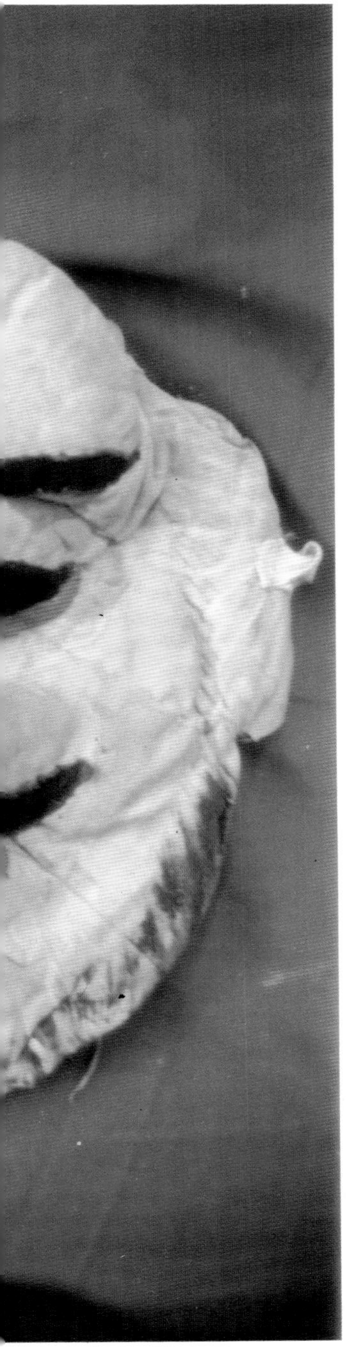

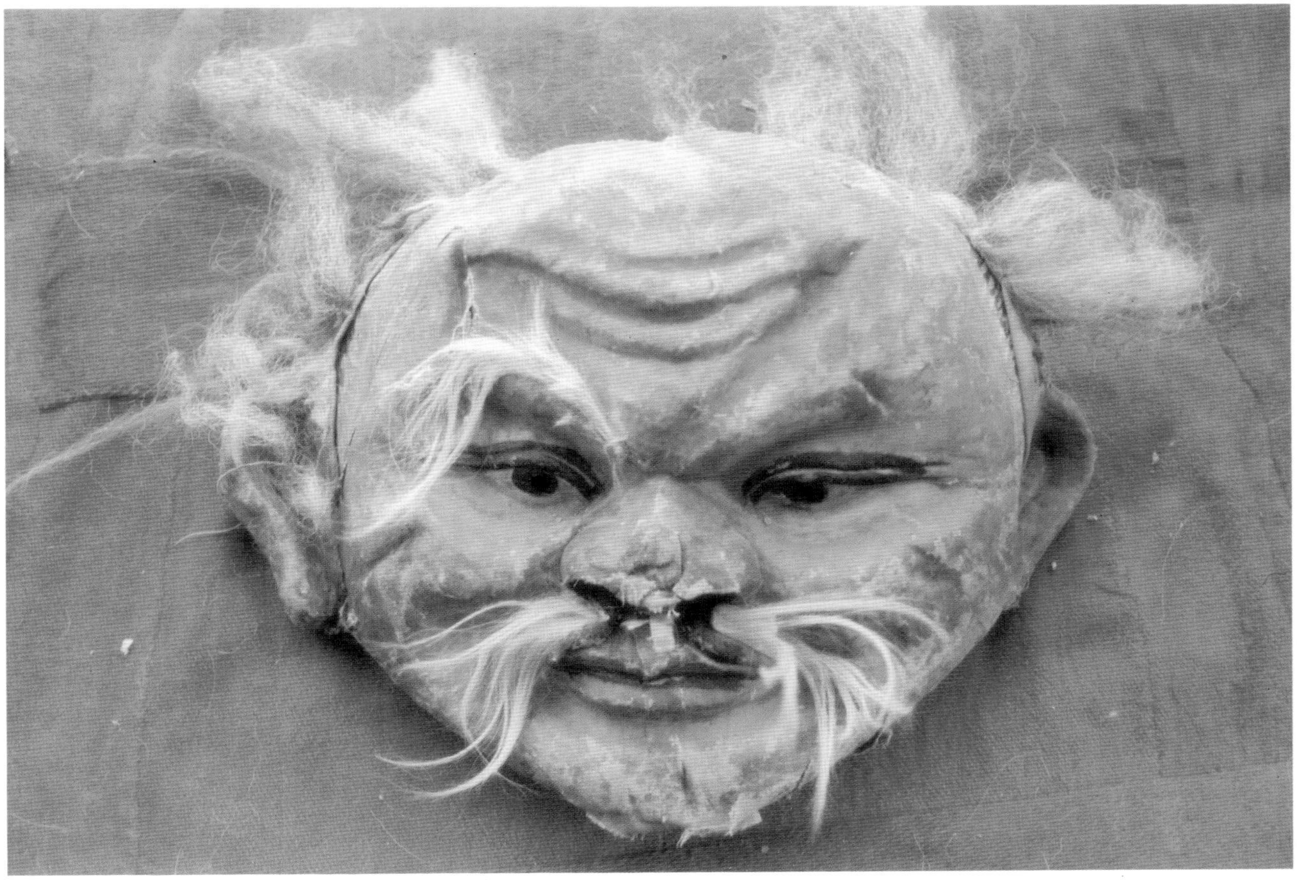

四川昌都地區的老頭面具

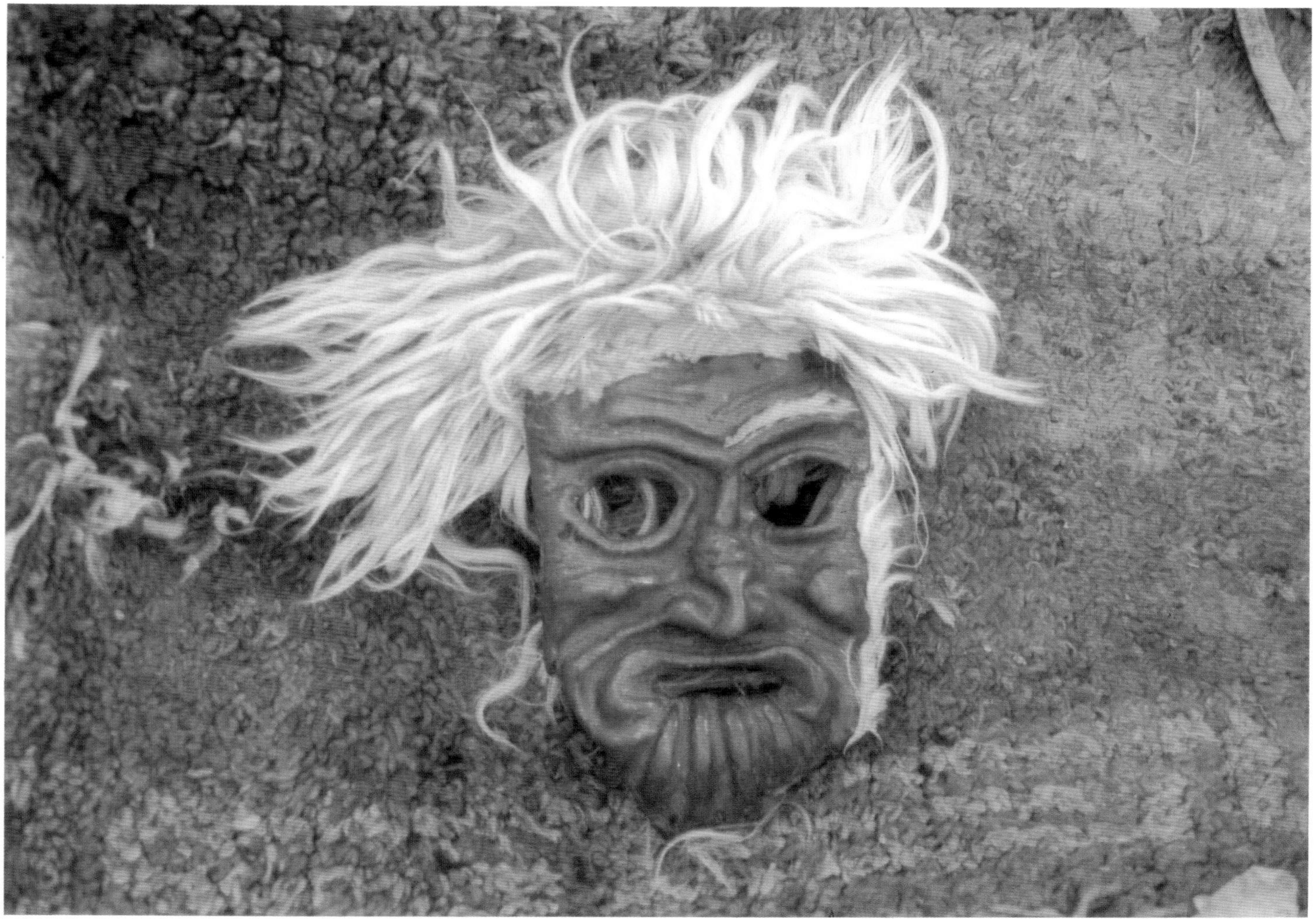

《諾桑王子》中的老村民面具

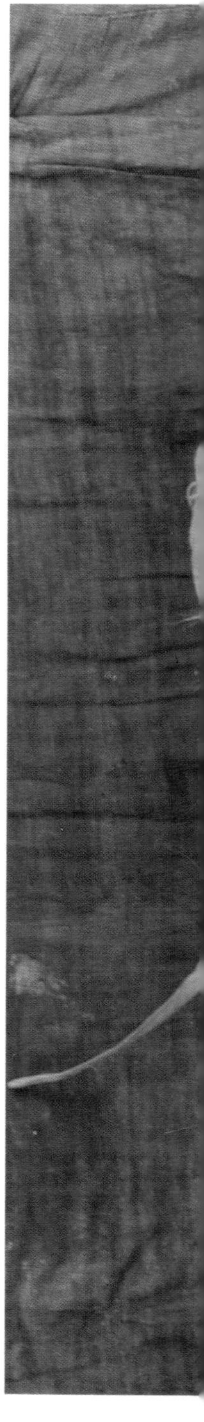

老婦面具

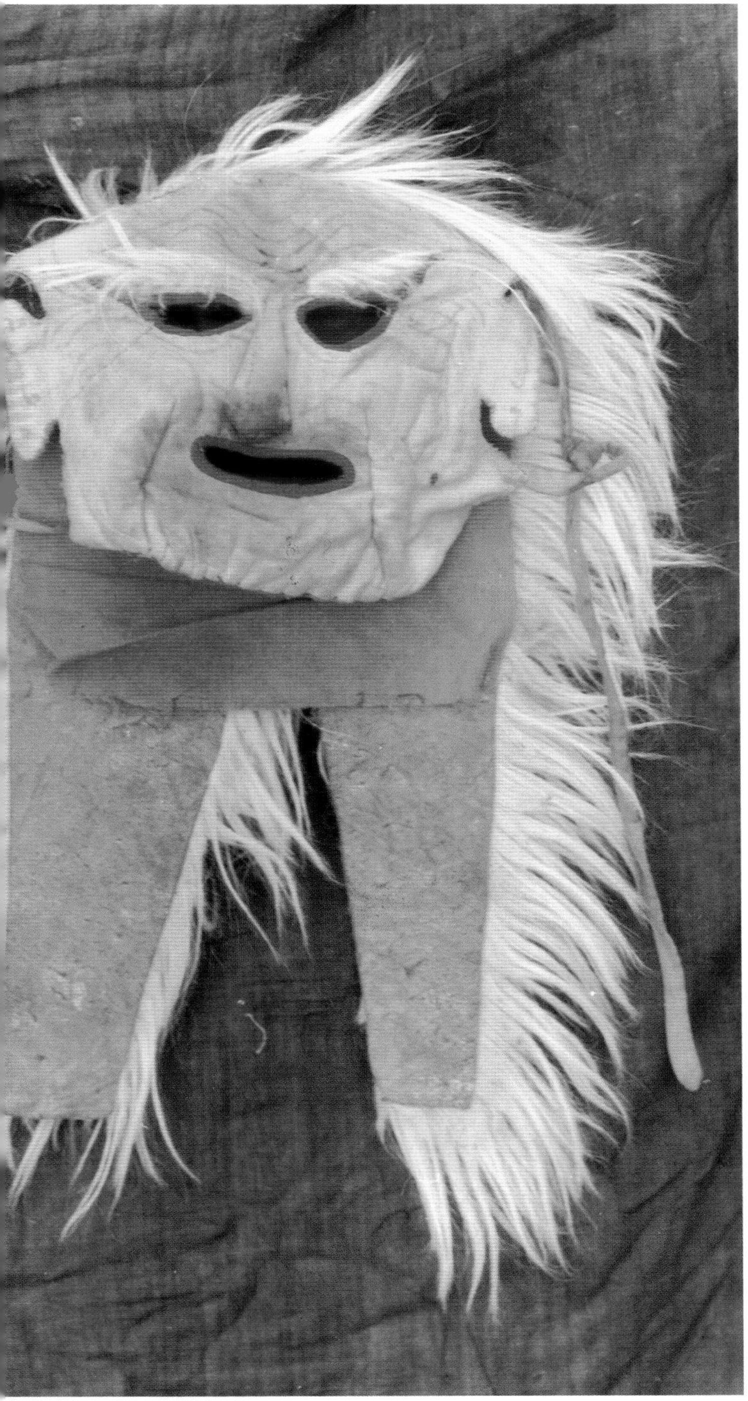

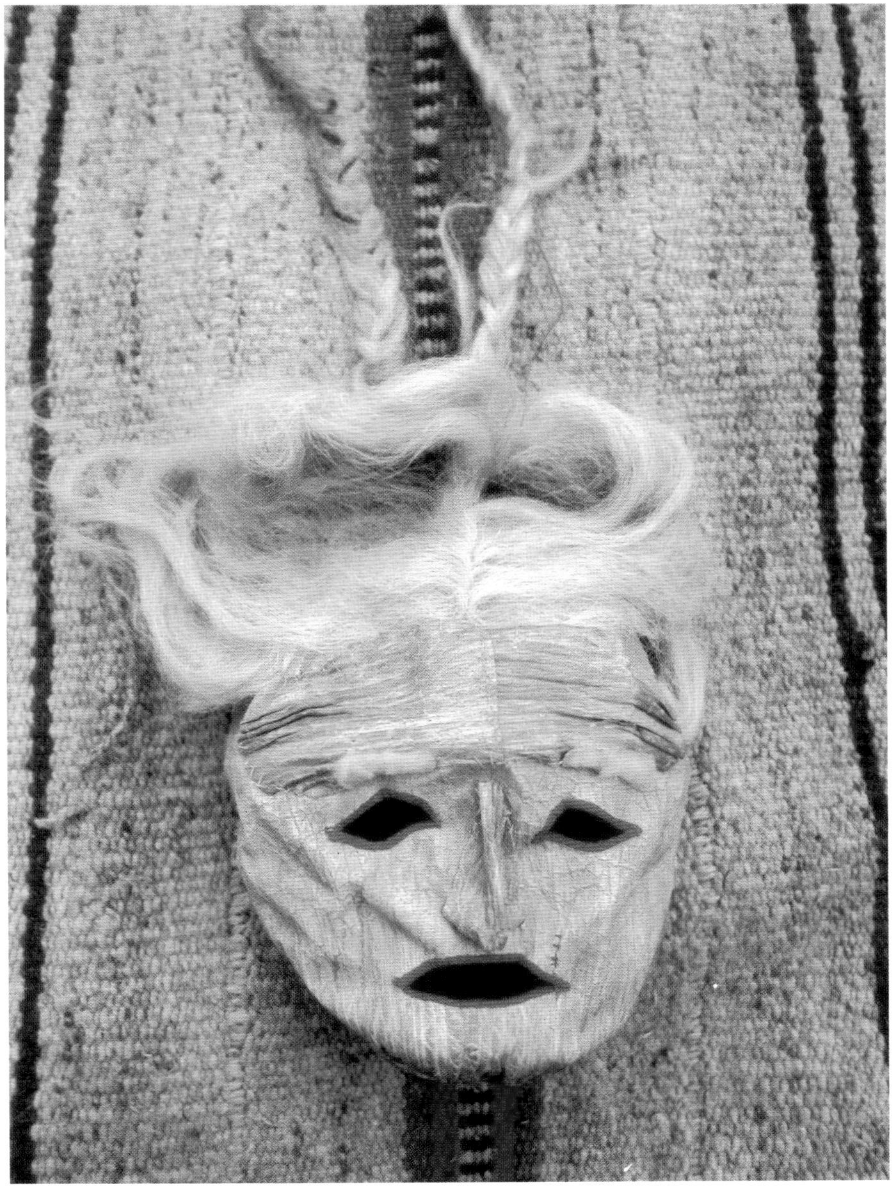

老婦面具

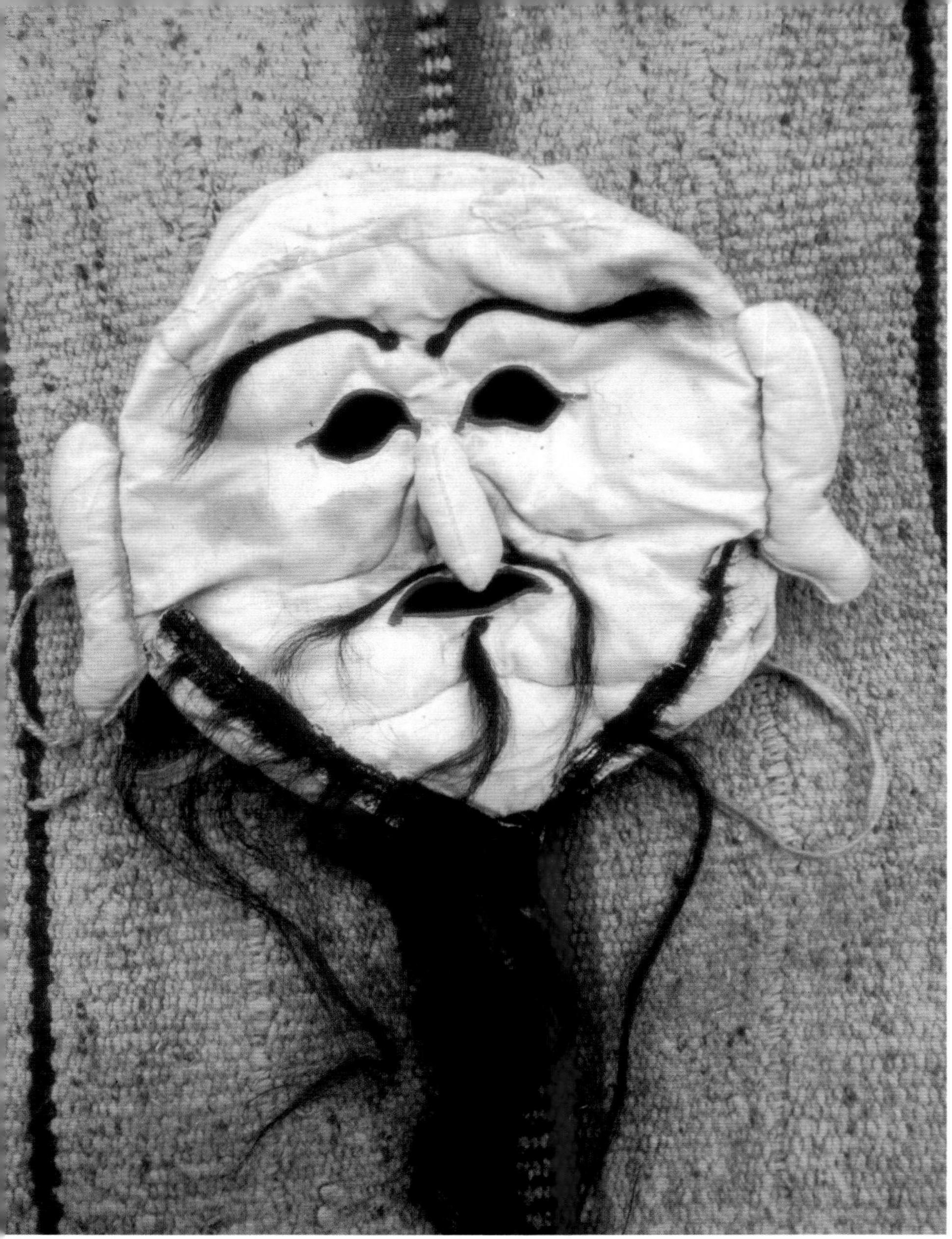

《白馬文巴》中國王面具

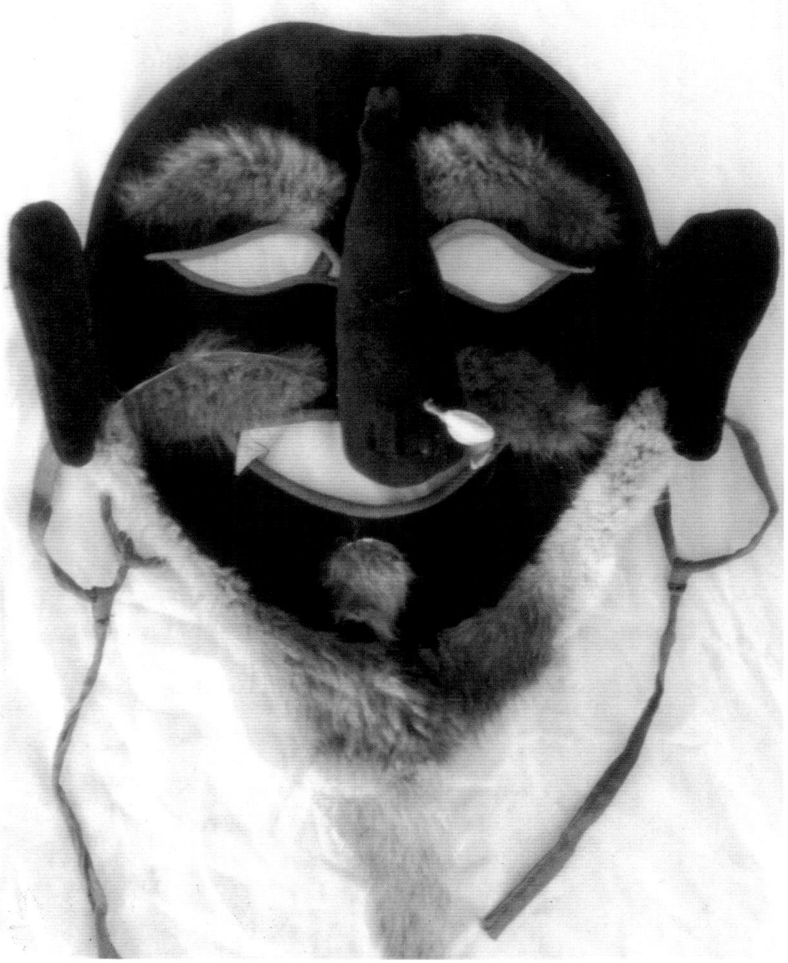

《白馬文巴》中大臣面具

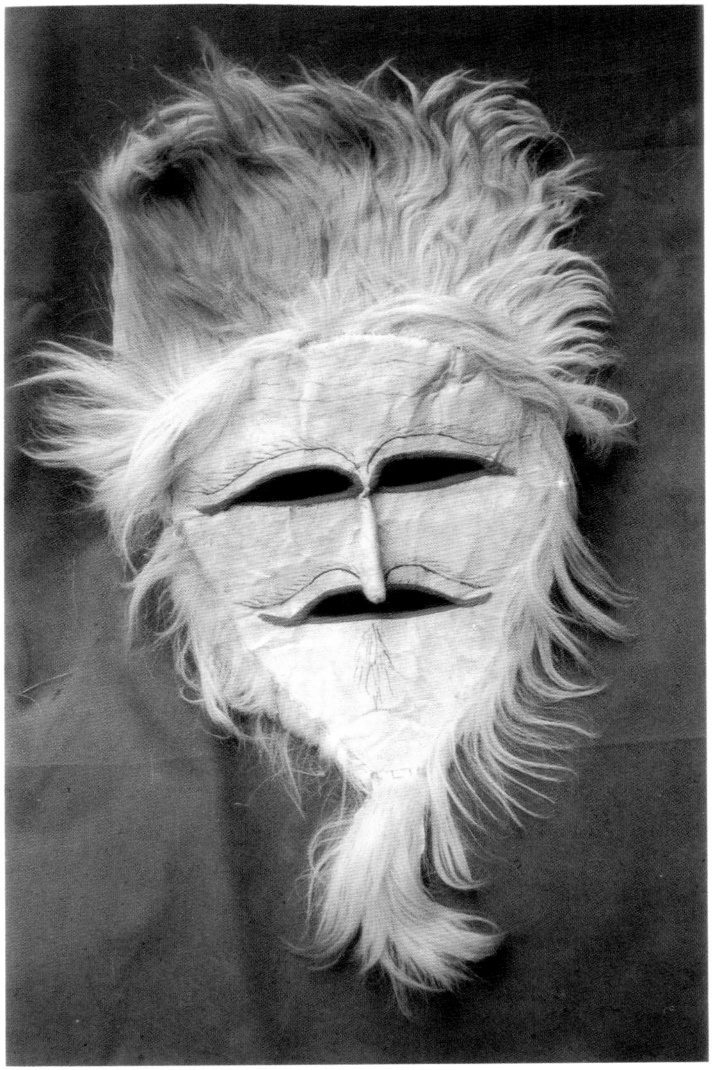

老頭面具

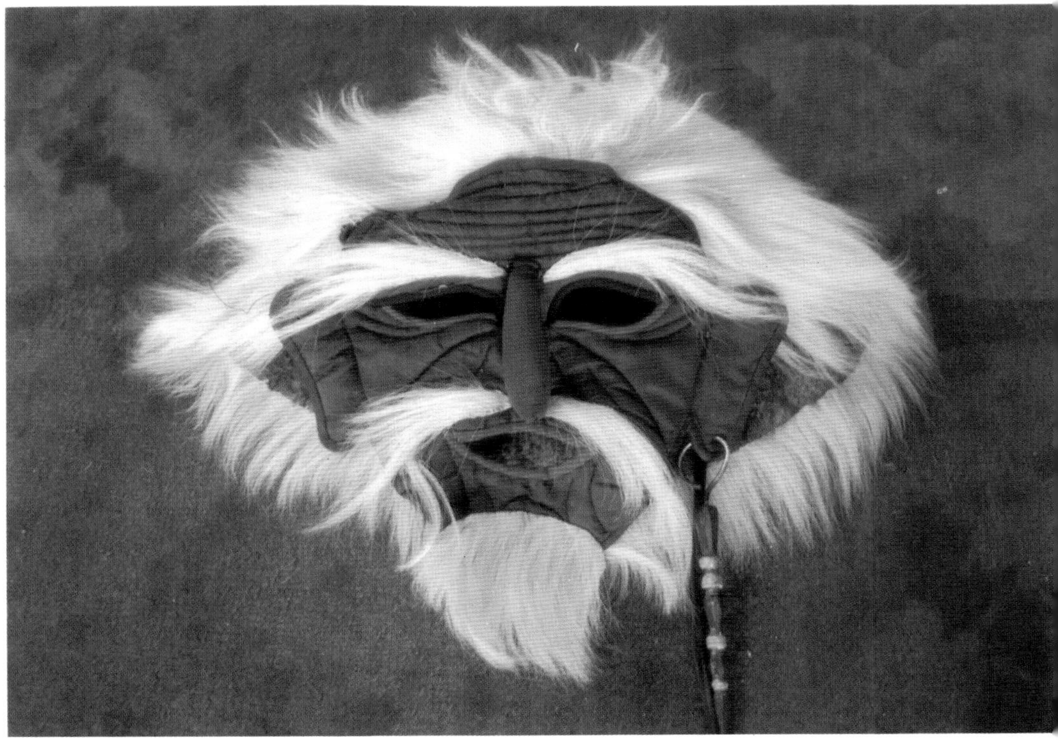

老頭面具

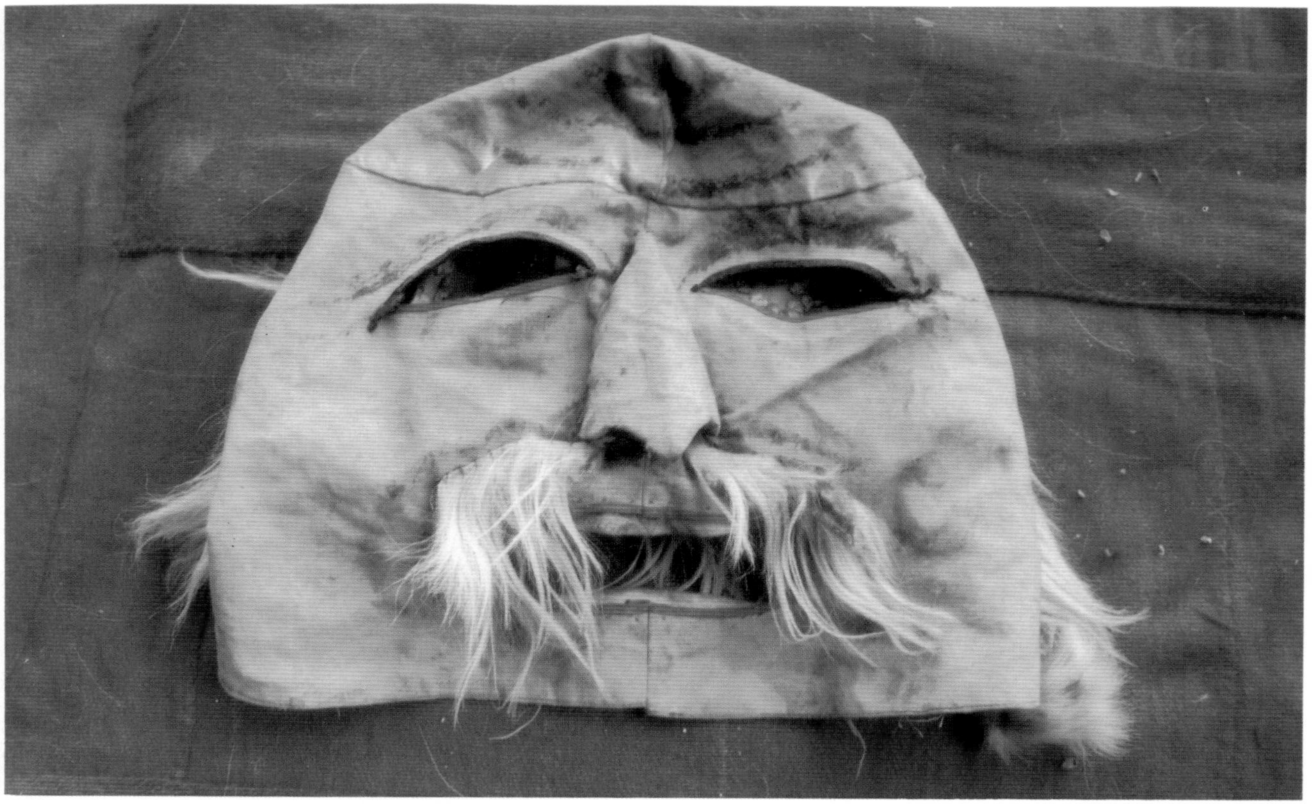

昌都神舞面具

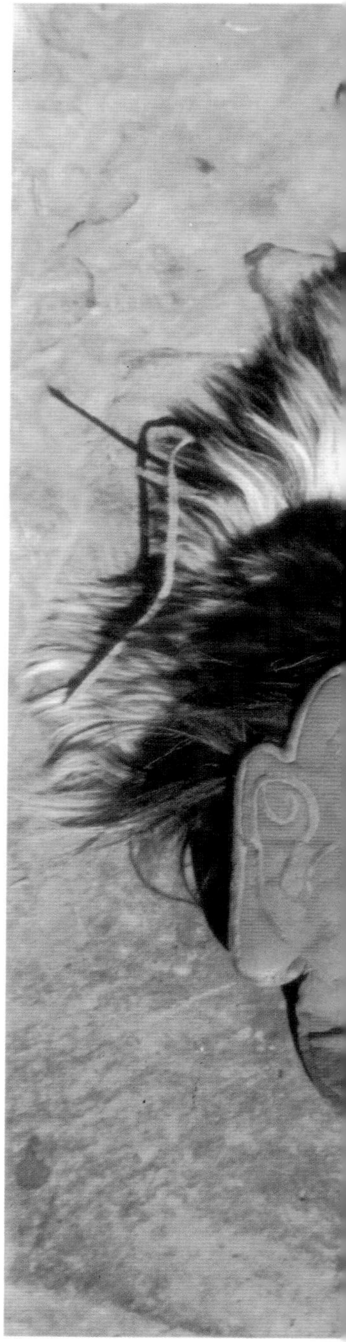

扎什倫布寺神舞面具

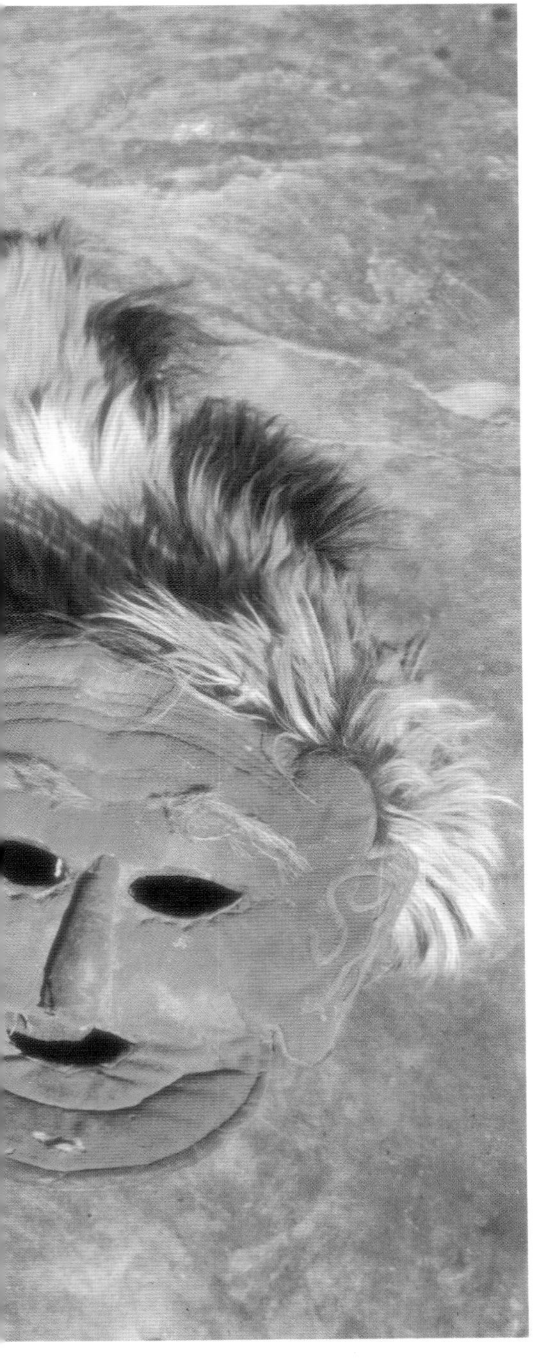

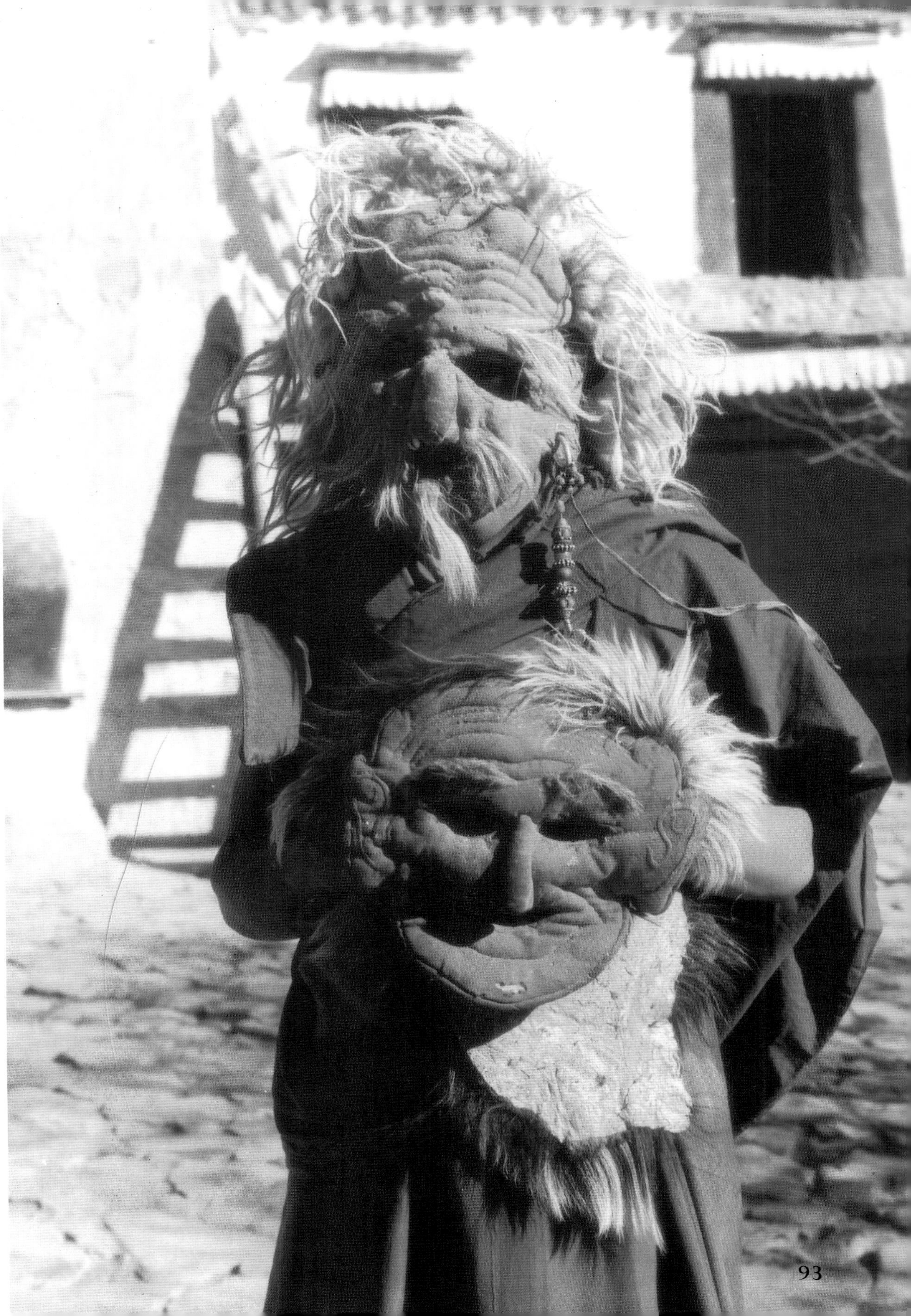

扎什倫布寺神舞中穿插的小喜劇《老夫老妻》中的面具。

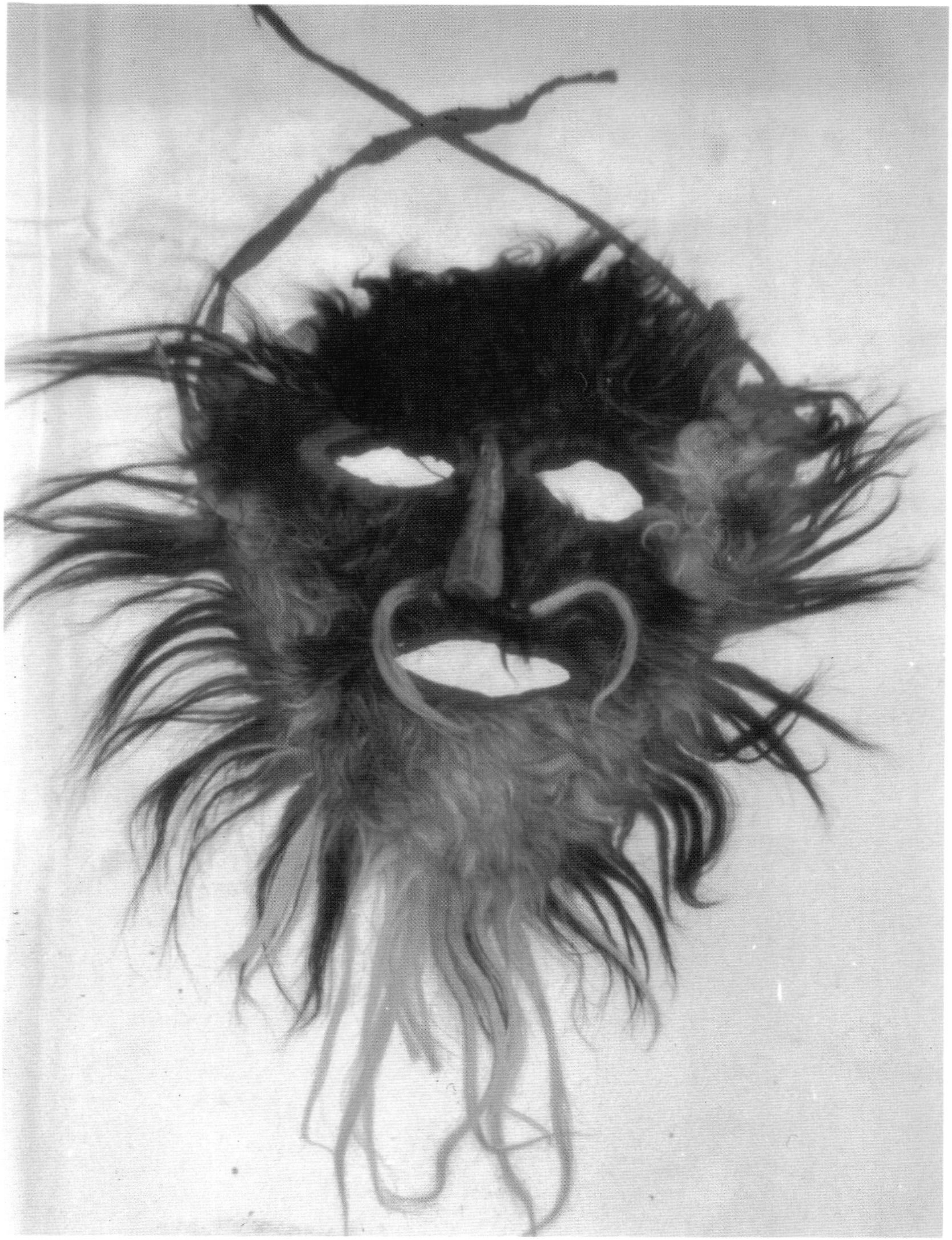

吉達歌舞面具

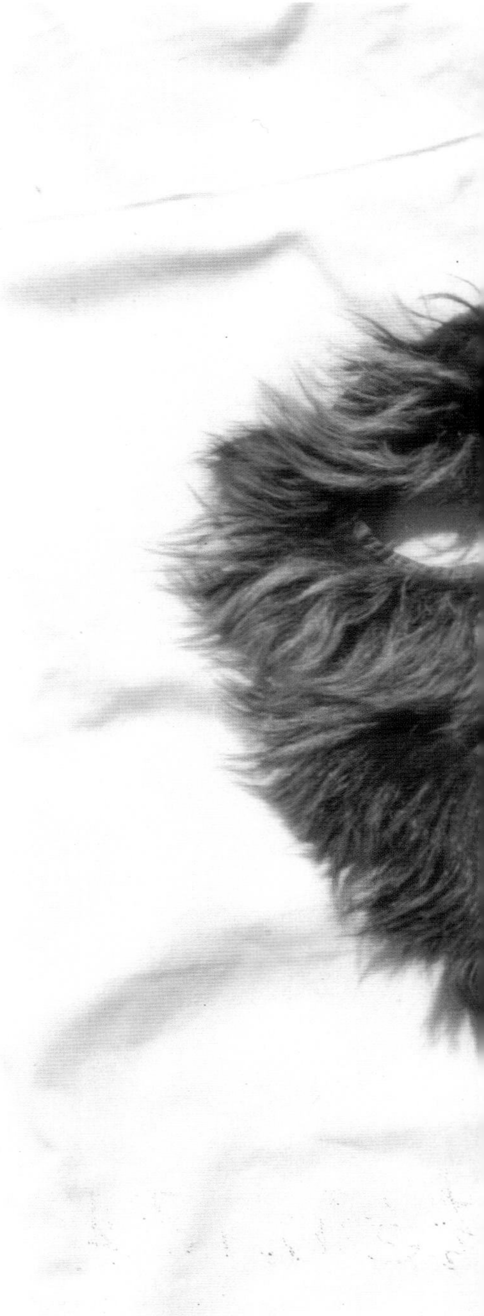

吉達歌舞面具

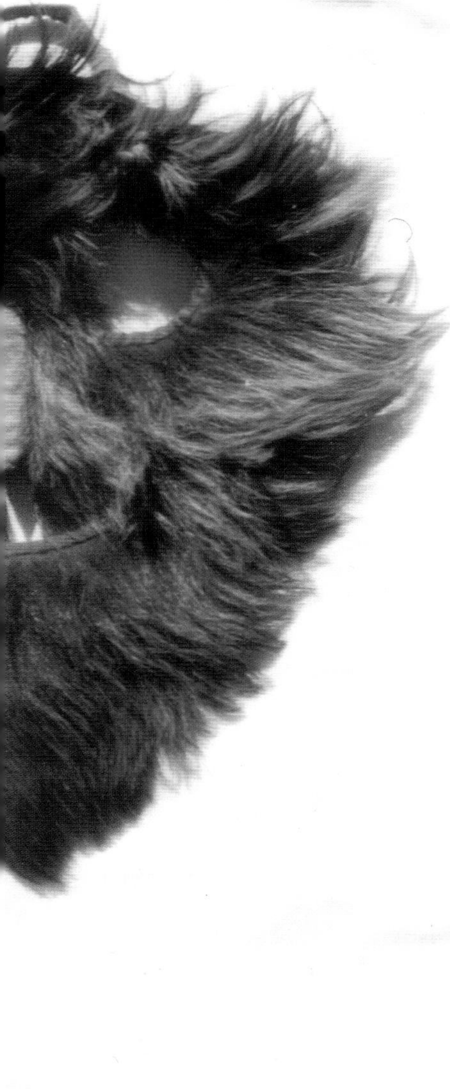

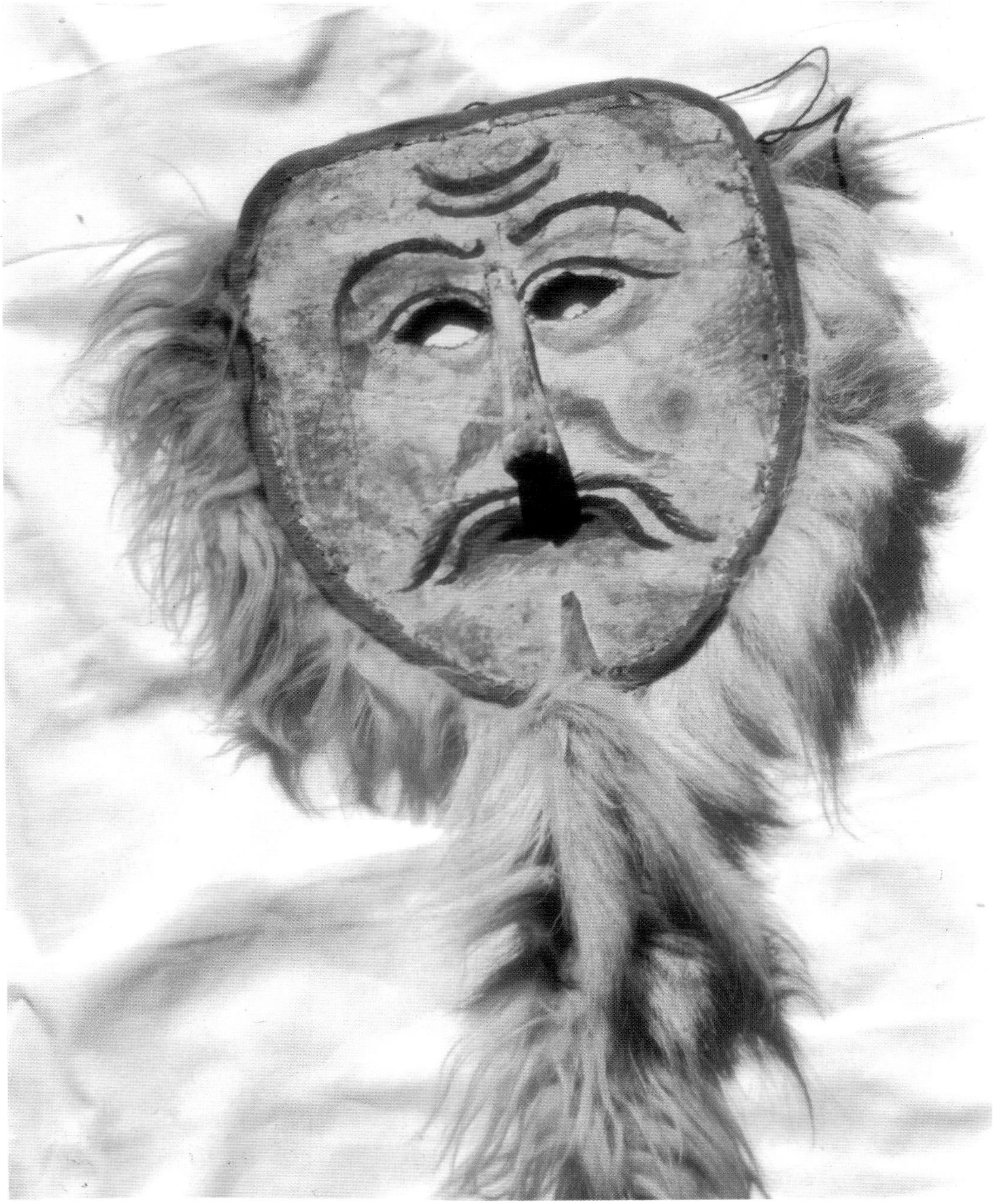

吉達歌舞面具

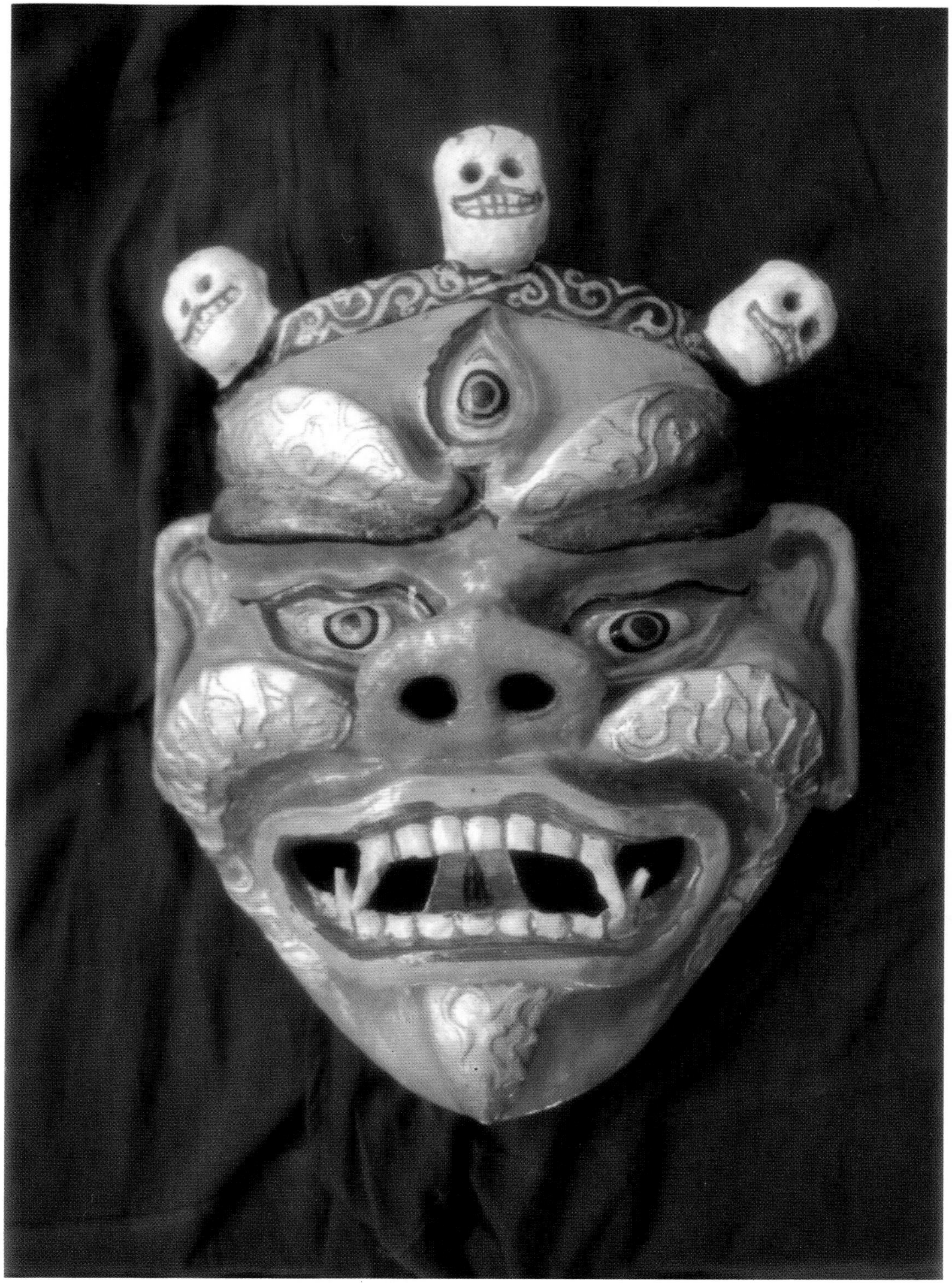

毛覺寺神舞金剛神面具

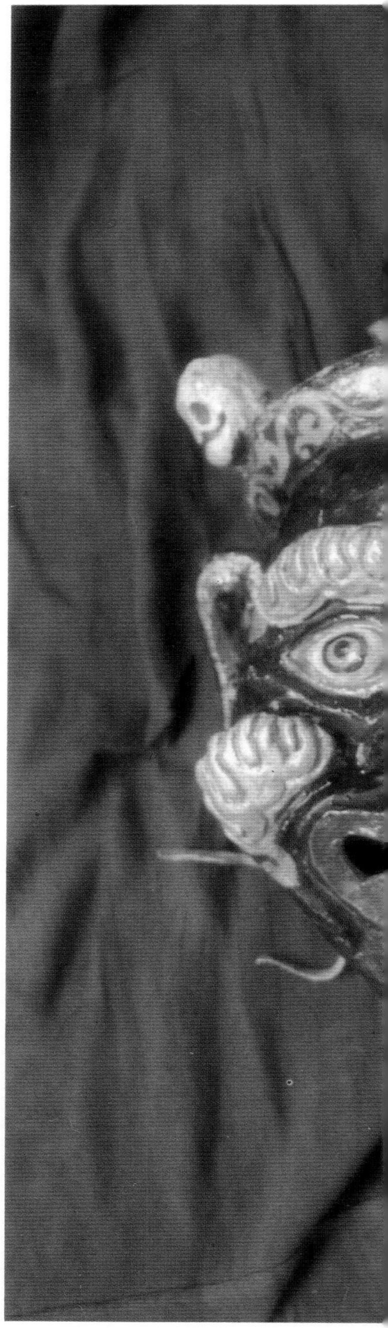

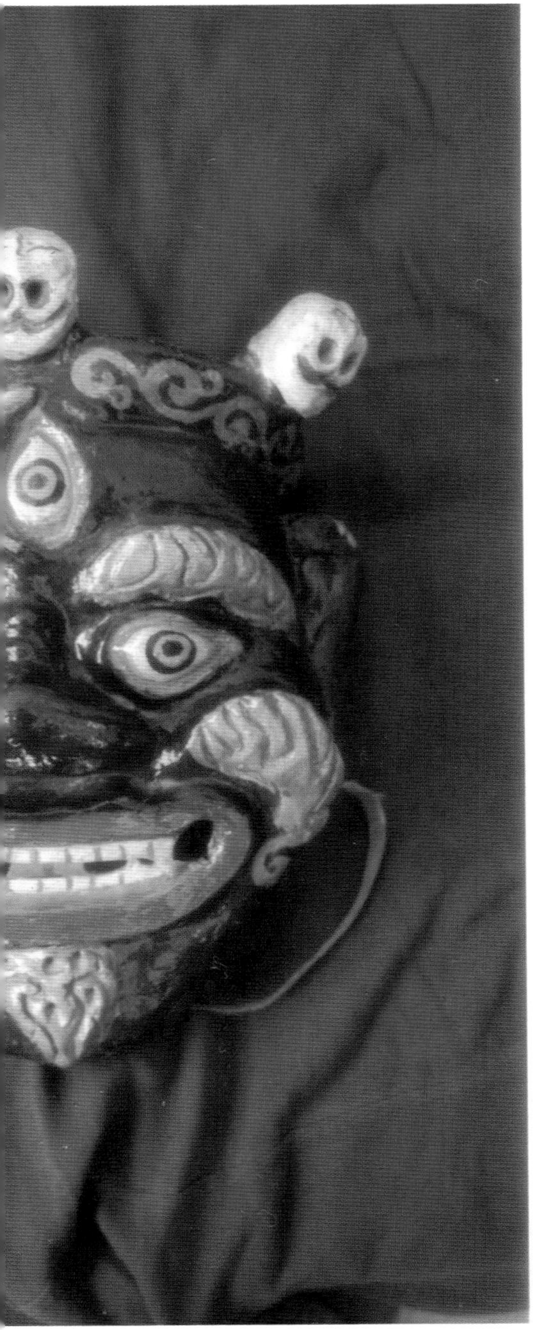

毛覺寺神舞金剛神面具

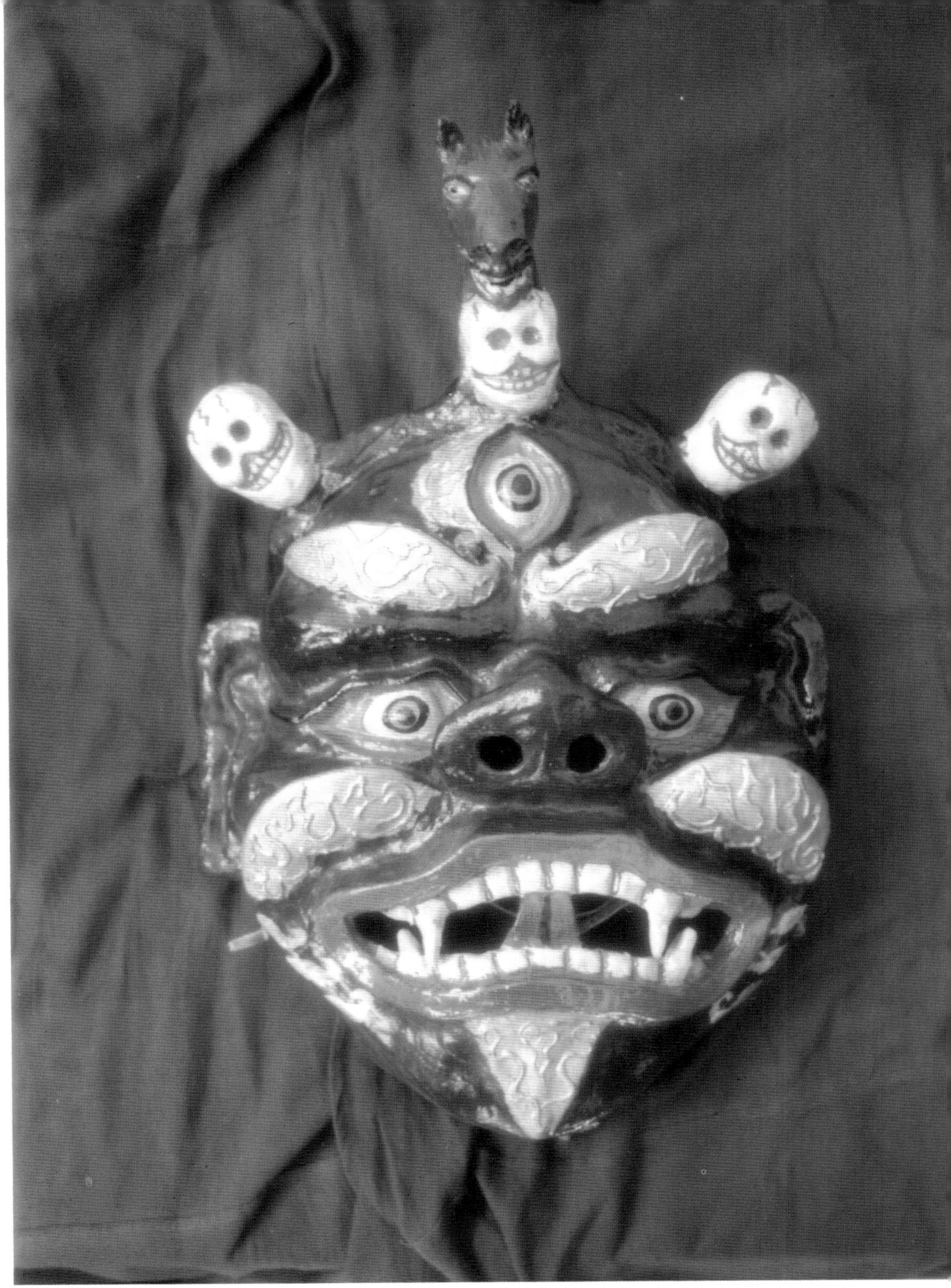

毛覺寺神舞金剛神面具

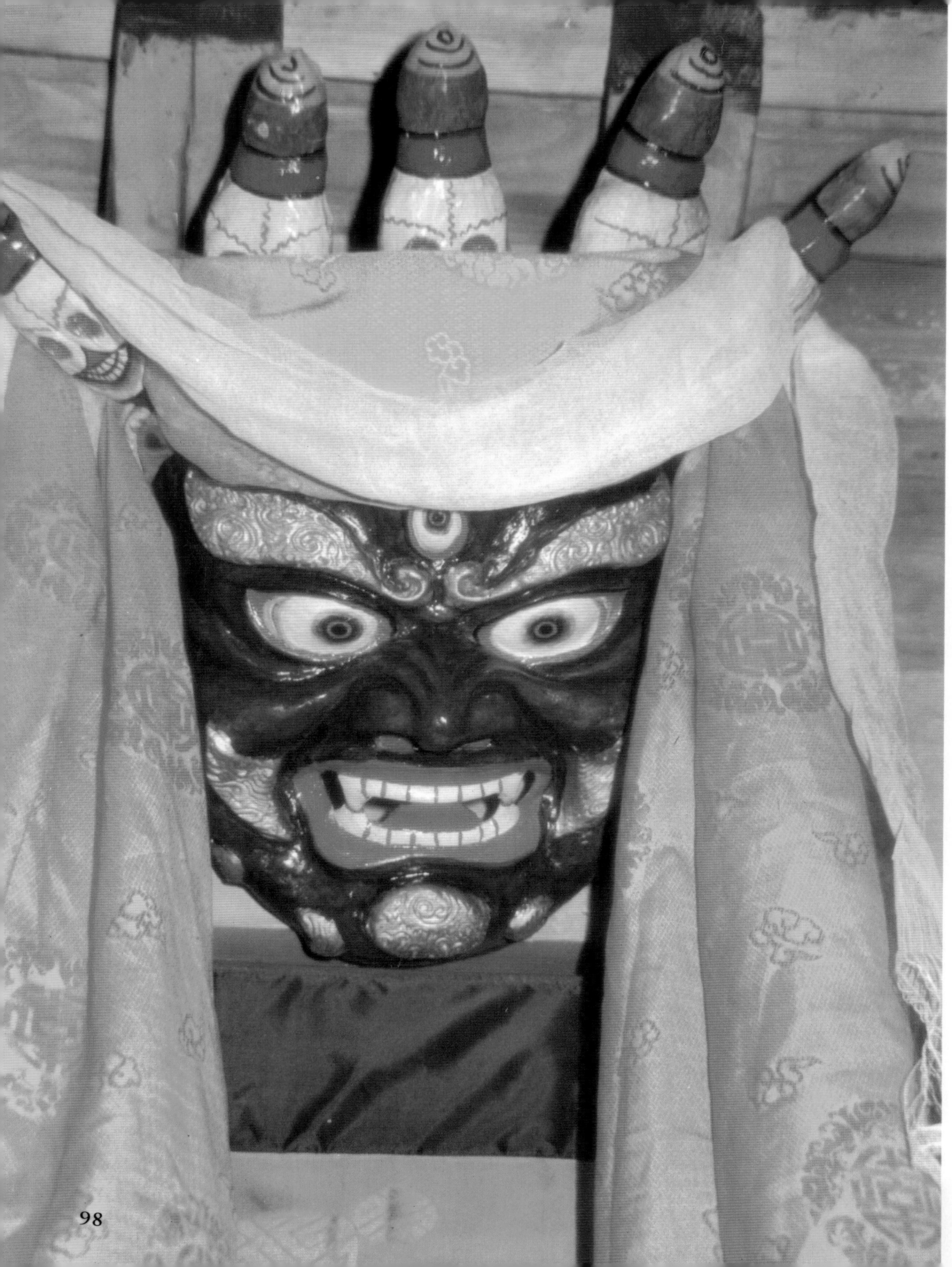

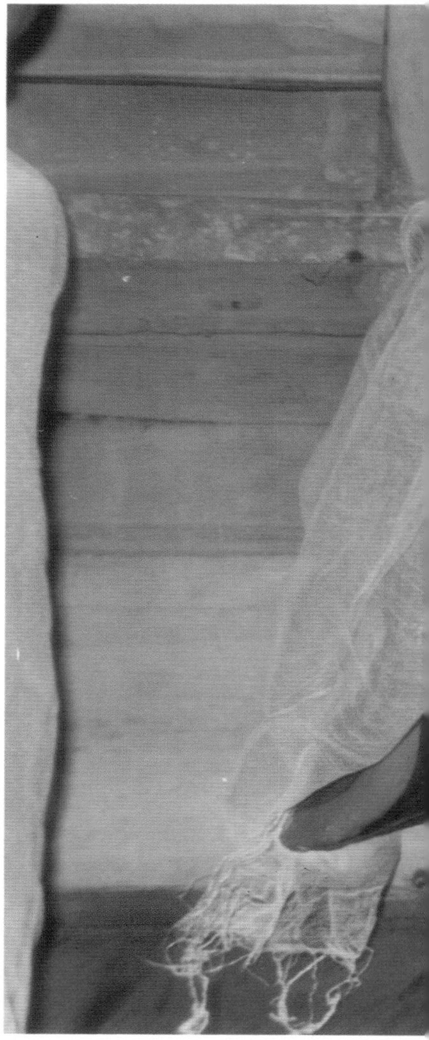

南木林寺神舞金剛神面具（茶敎寺）。

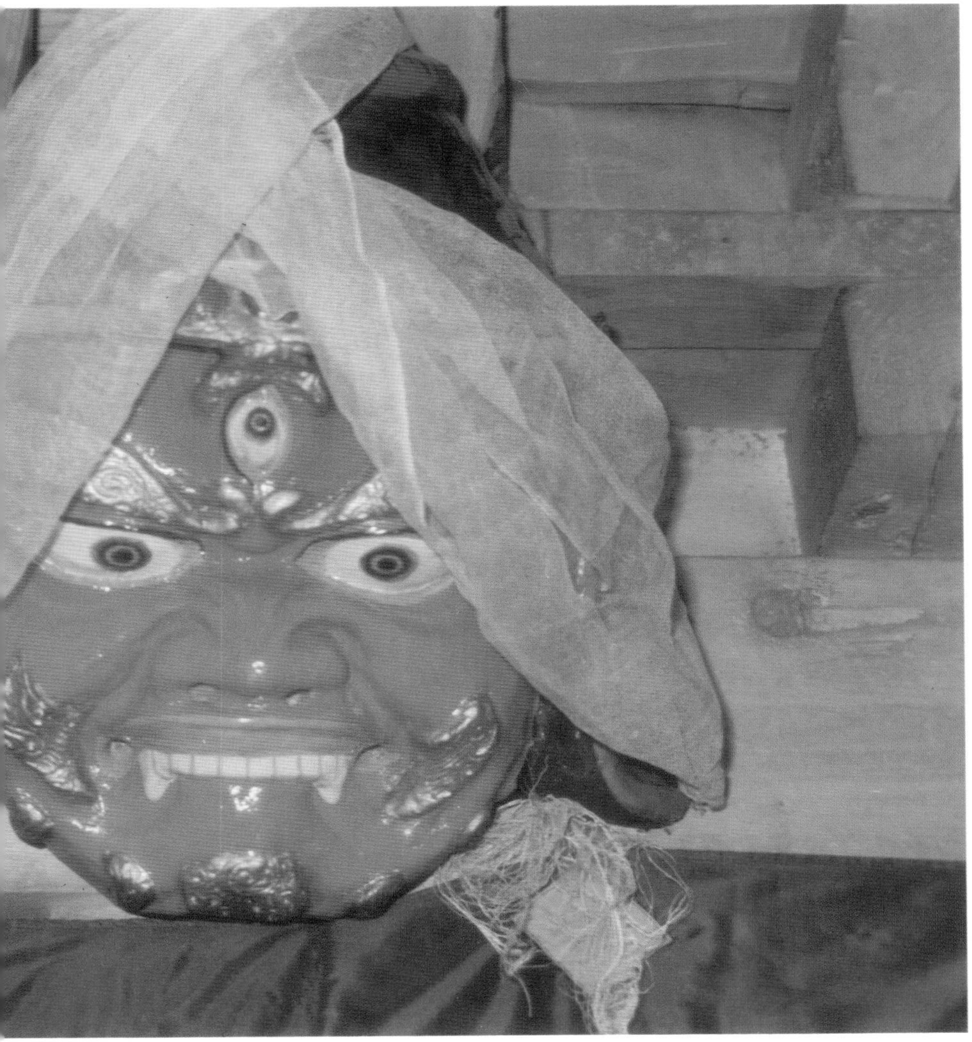

南木林寺神舞金剛神面具（苯敎寺）。

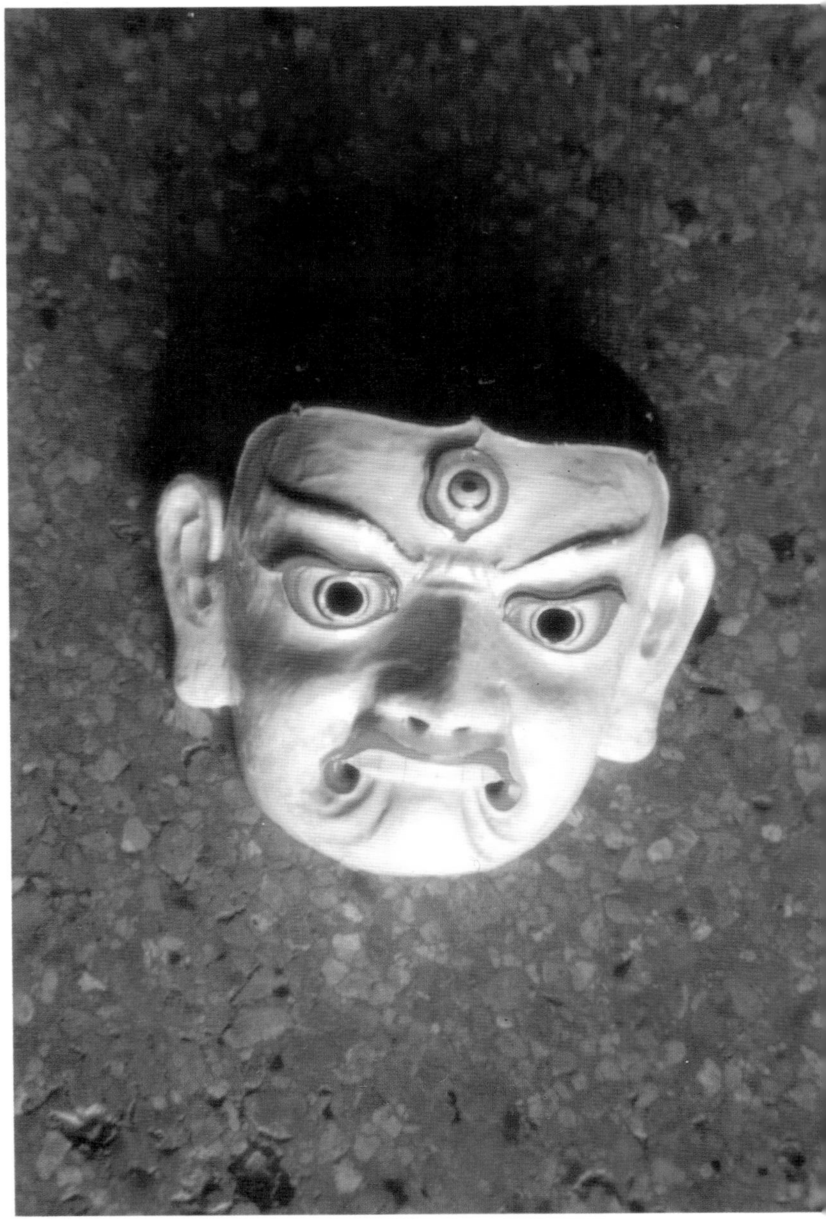

扎什倫布寺神舞金剛神面具

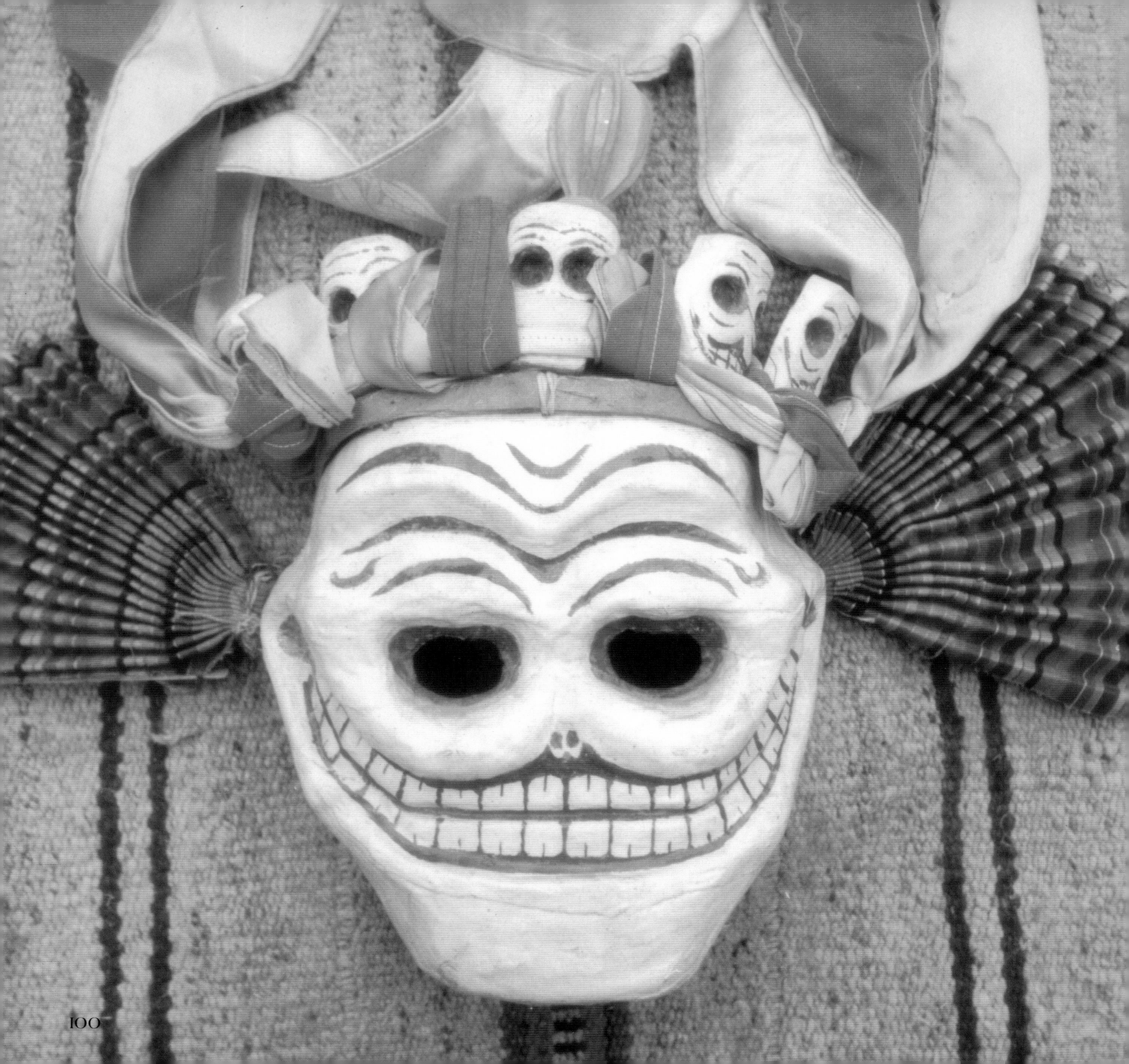

骷髏神面具。藏語叫“獨達”，即獨達面具。骷髏神是藏傳佛敎各派常見神，原爲厲鬼。據說經佛敎大師蓮花生化雪爲湖，以湖水沸煮成爲骷髏，作爲被降伏的苯敎神靈，編入“羌姆”（跳鬼，即神舞祭祀）行列。他是墓地即天葬臺保護神，是引導鬼魂的指路精靈，吉祥之神。一般由八歲的童僧扮演。《蘇吉尼瑪》中天葬台保護神形象即戴這種面具。

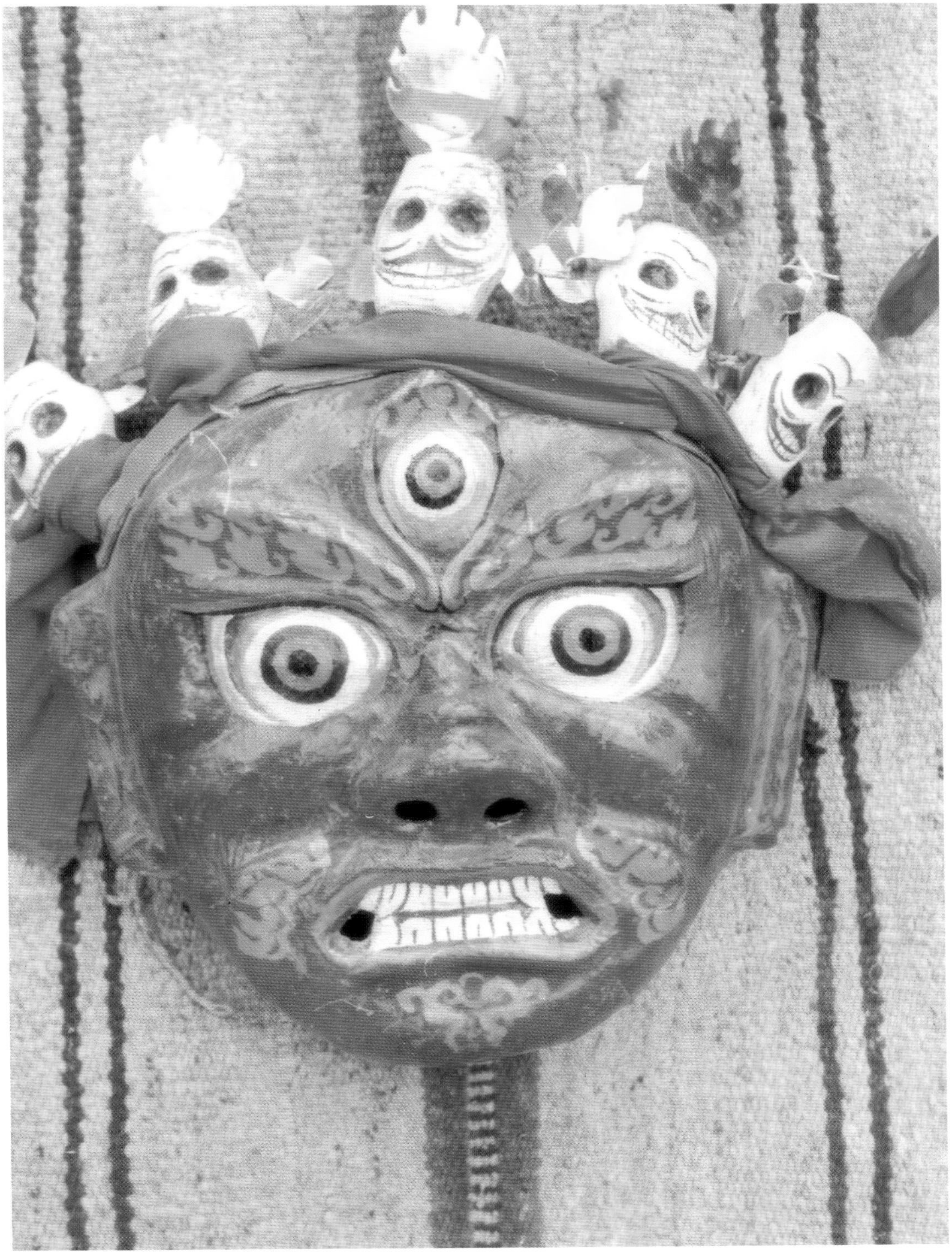

金剛神面具。面具上部襯有火焰的五個骷髏，是神威和吉祥的象徵。

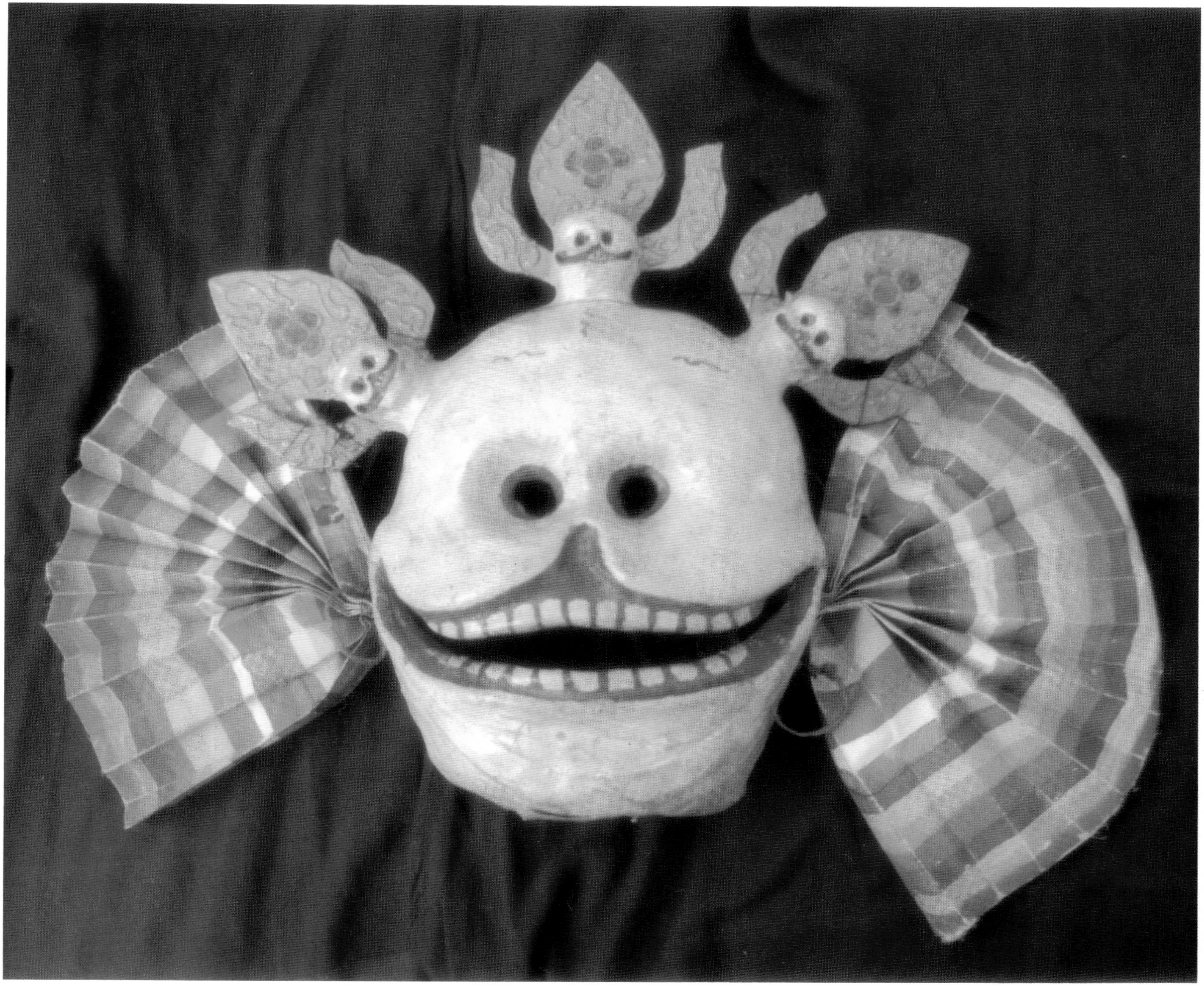

毛覺寺神舞骷髏神面具

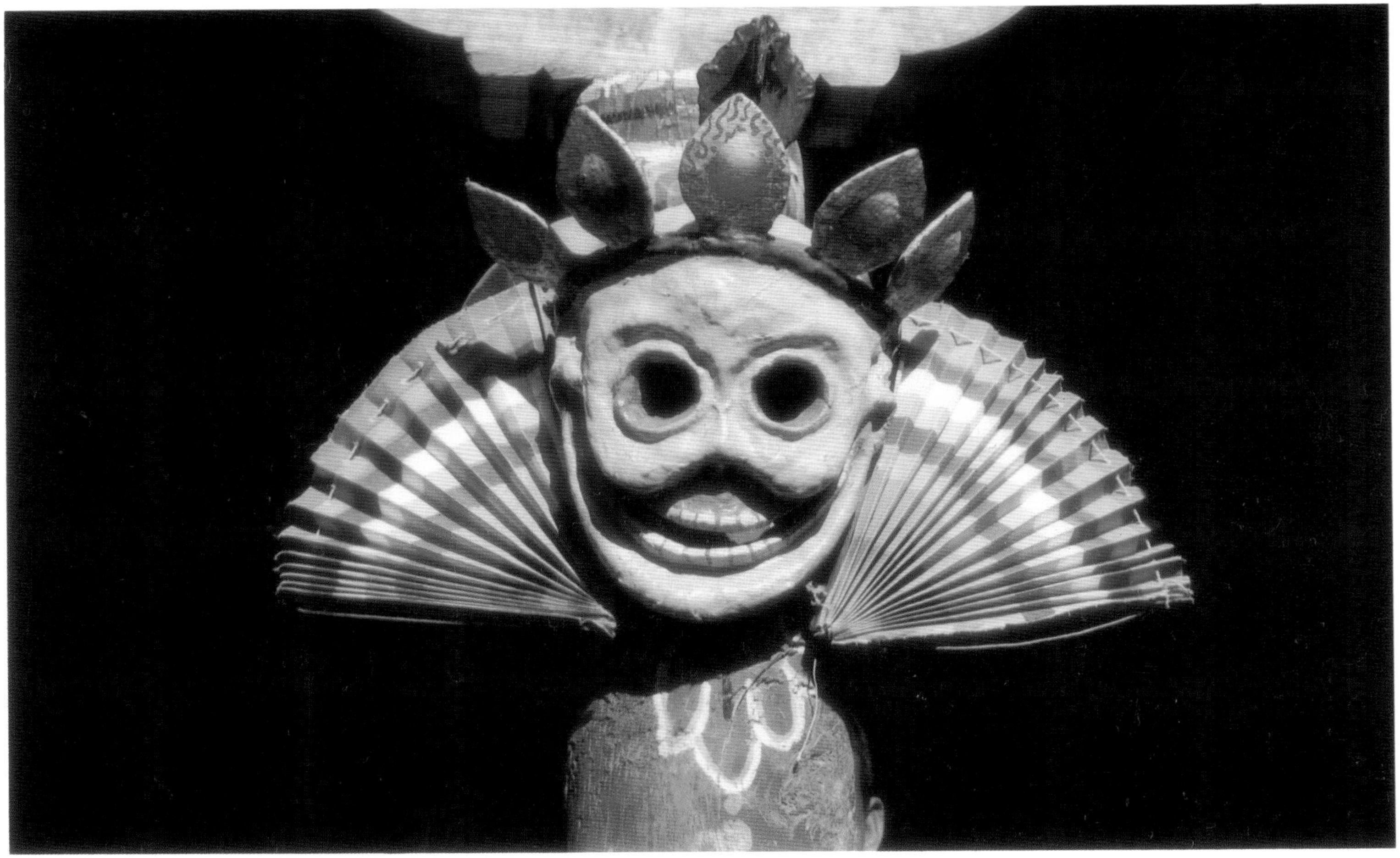

夏魯寺神舞骷髏面具

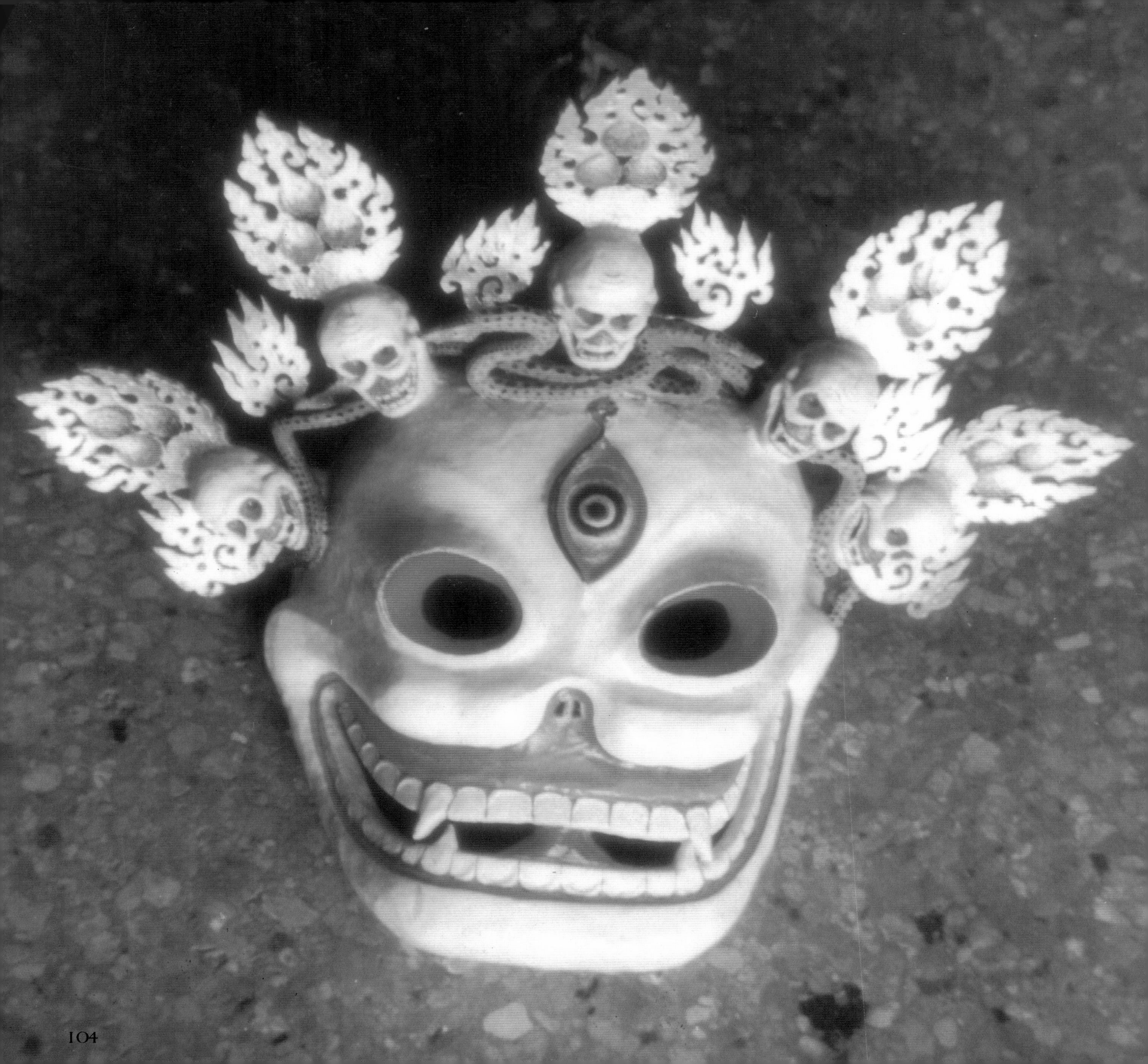

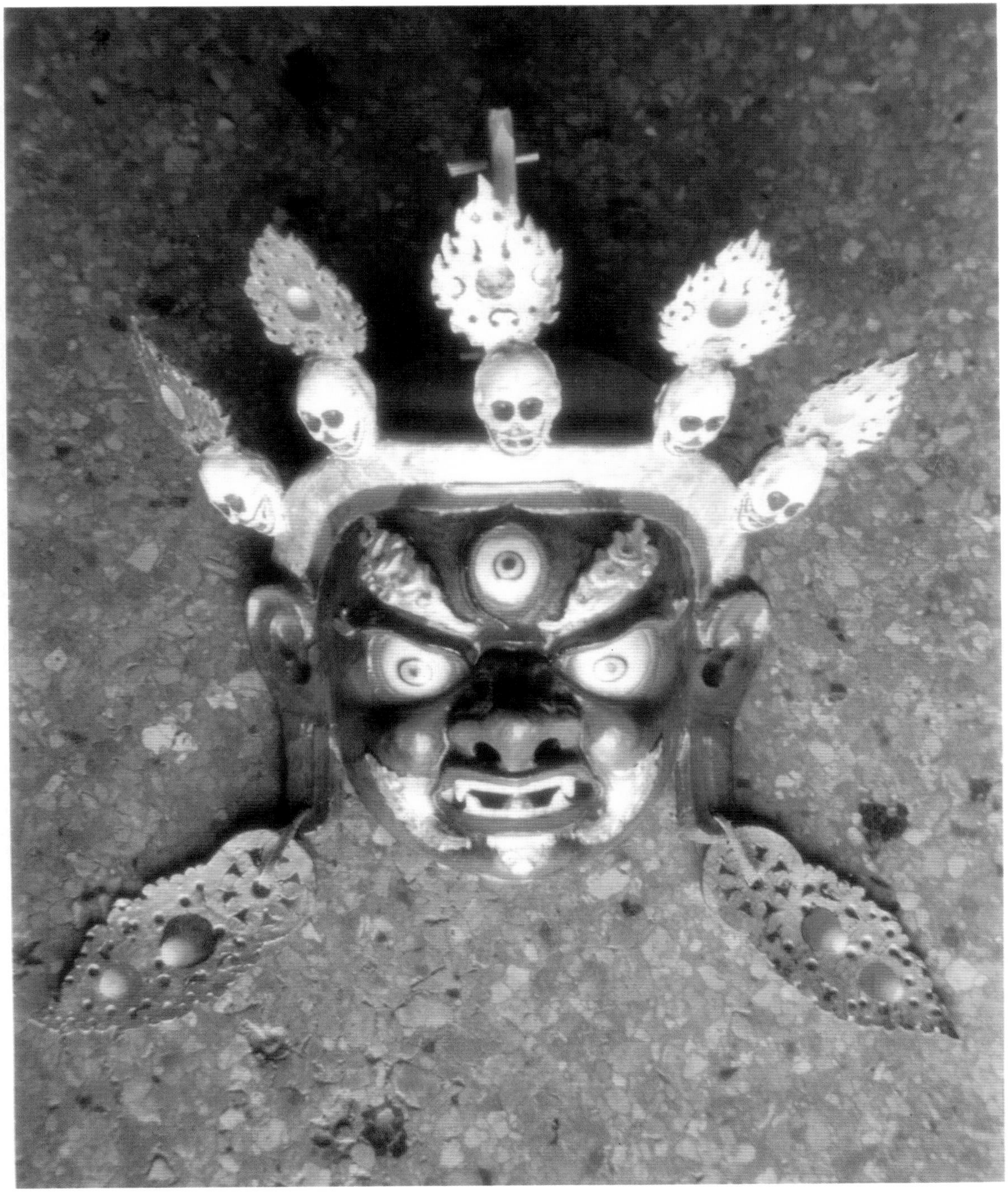

扎什倫布寺神舞金剛神面具

扎什倫布寺神舞面具。這個面具兼有金剛神和骷髏神的形象特徵。

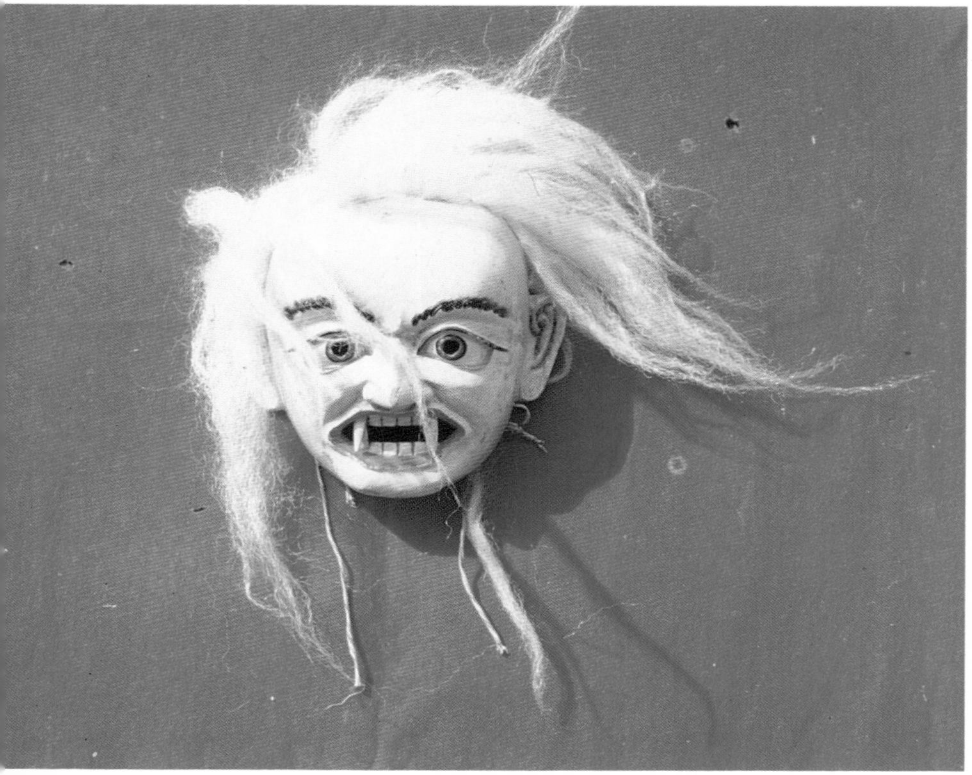

《白馬文巴》中白羅刹面具

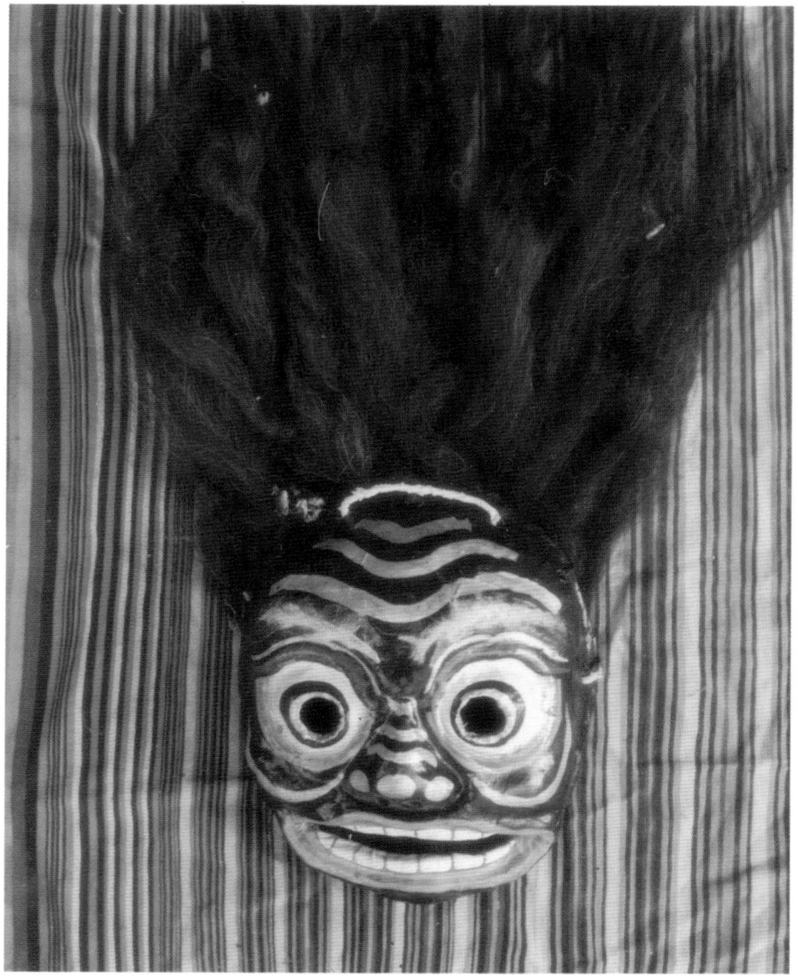

《白馬文巴》中黑羅刹面具

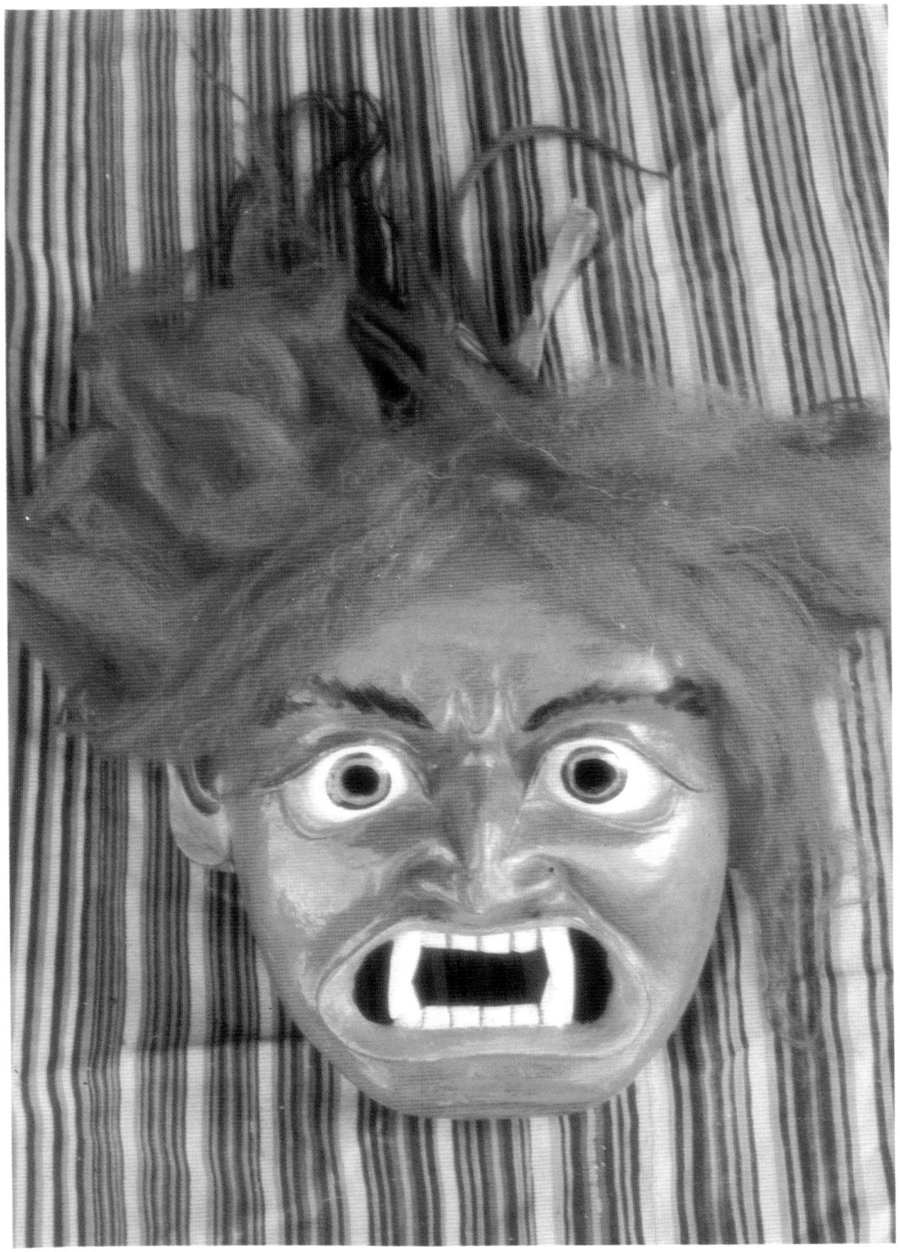

《白馬文巴》中紅羅刹面具

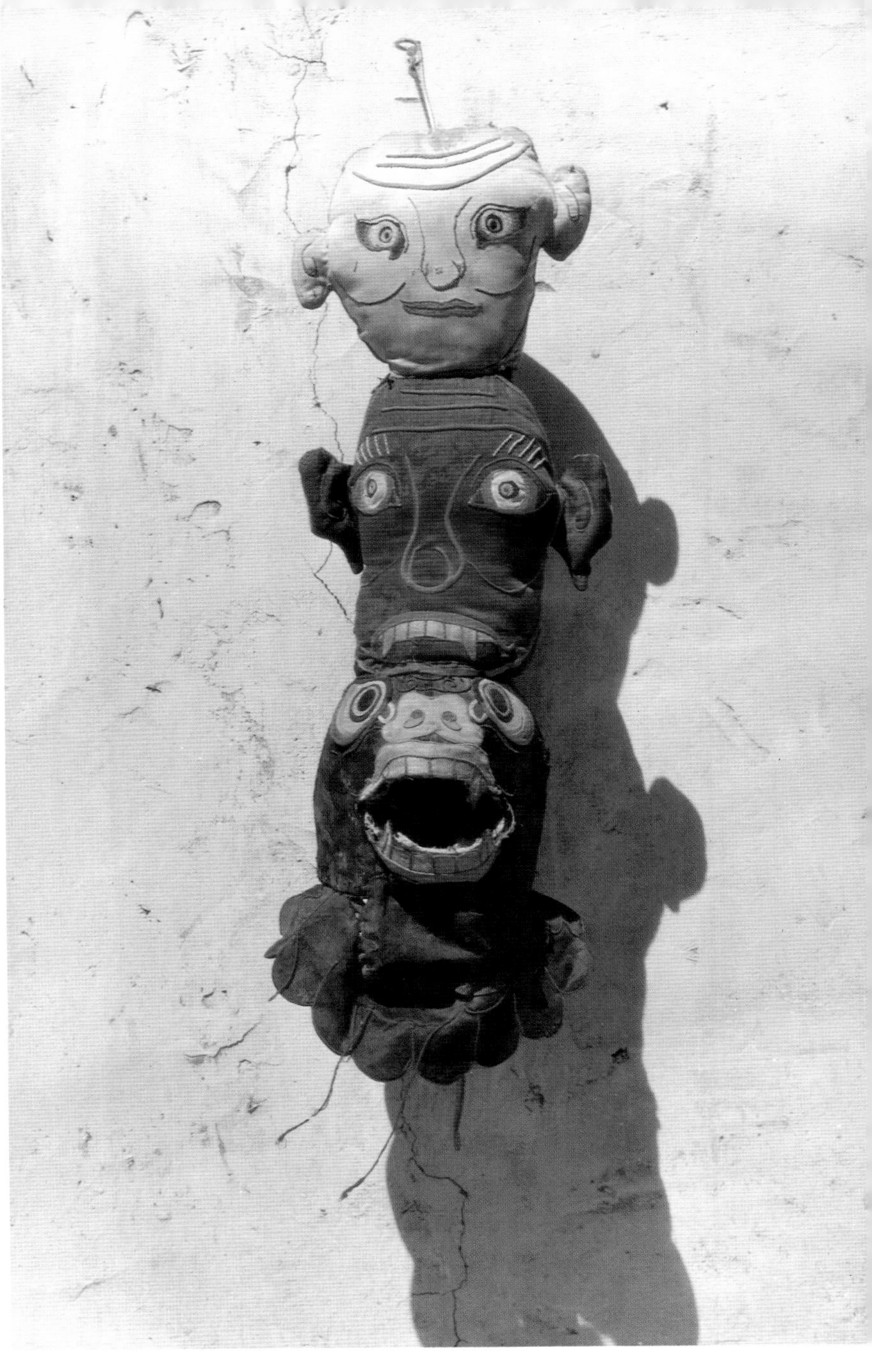

《白馬文巴》中九頭羅刹面具。
是雪巴藏戲隊早期使用的面具。

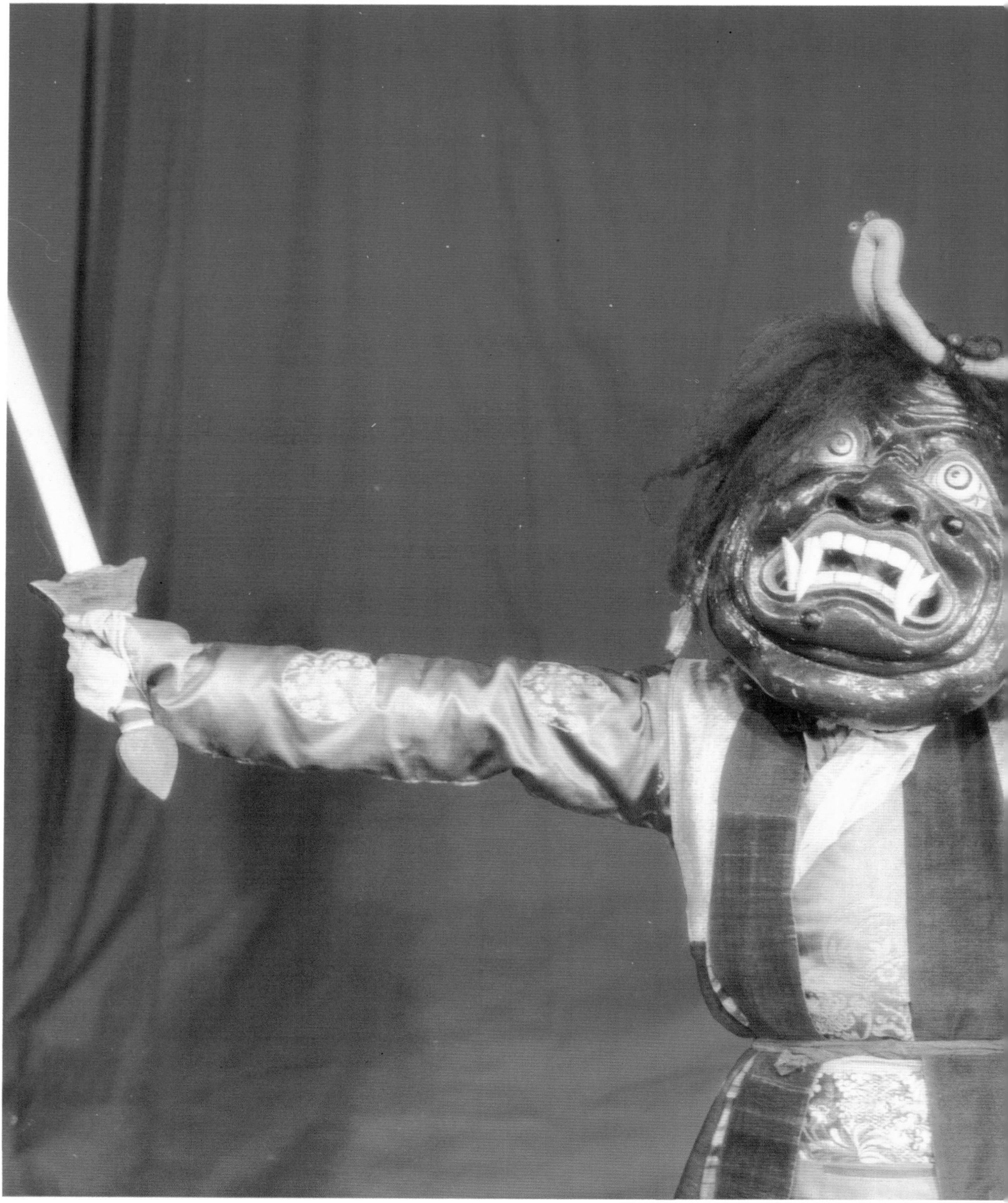

《卓娃桑姆》中魔妃哈江面具

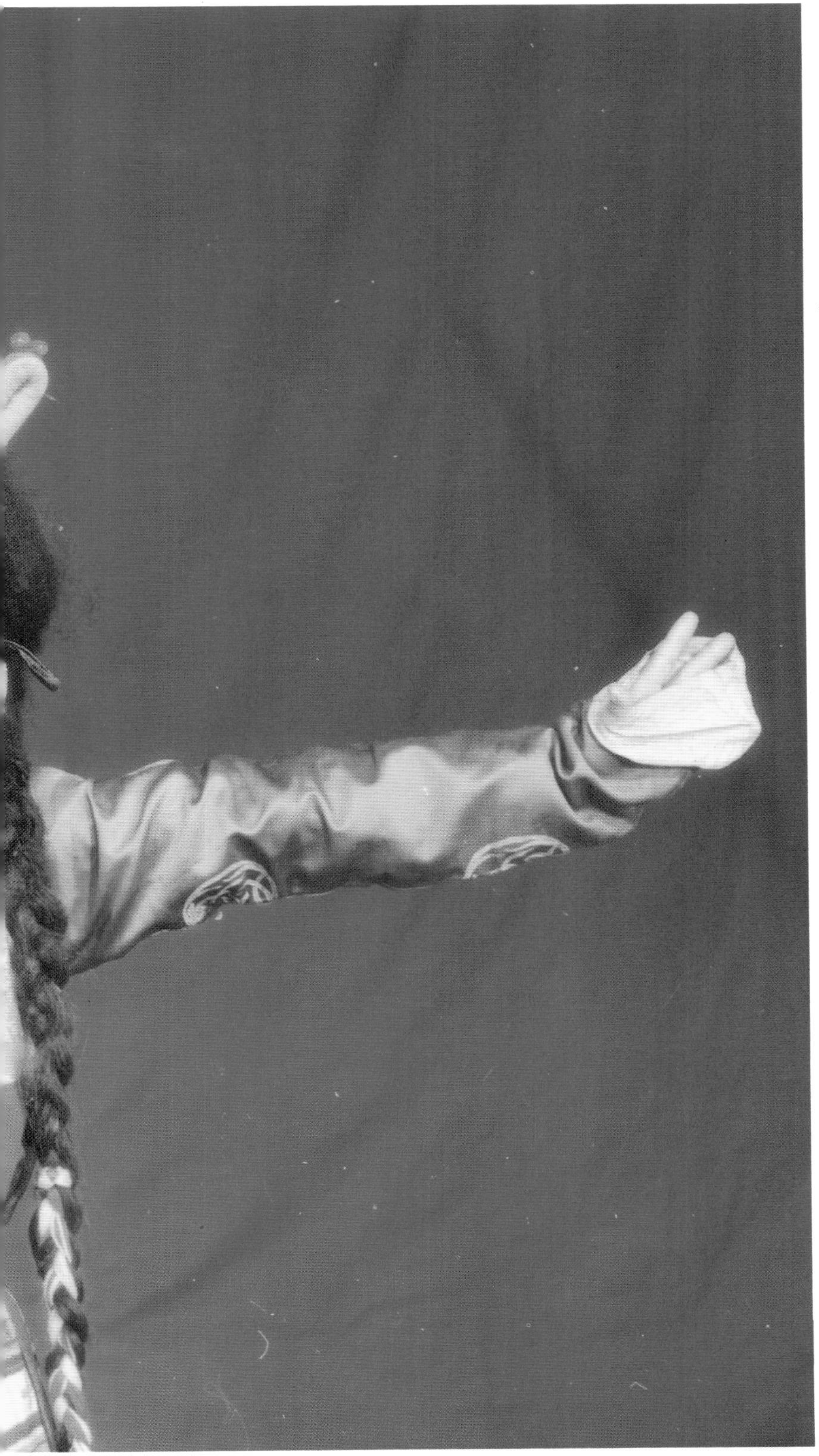

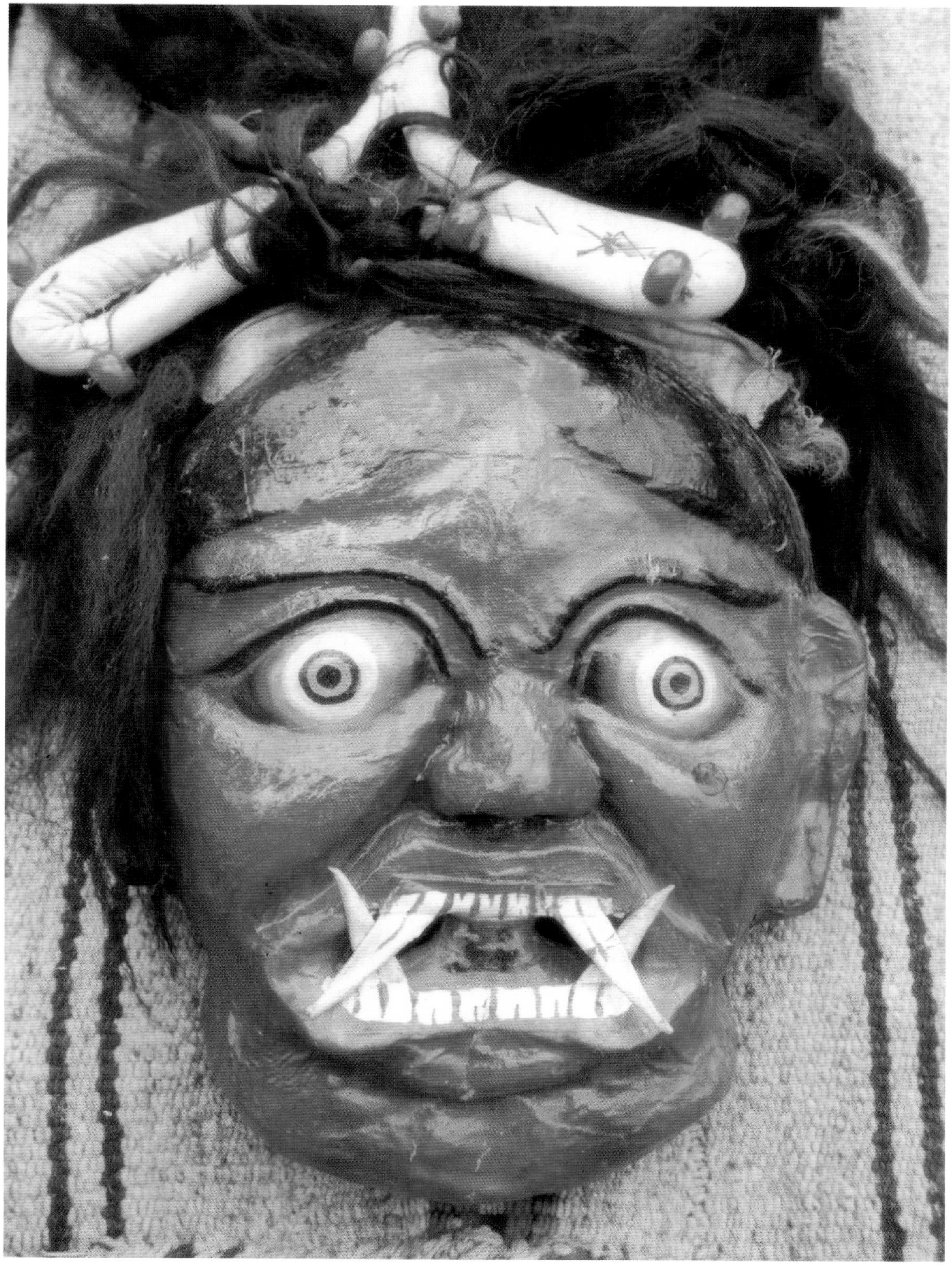

《卓娃桑姆》中魔妃哈江面具

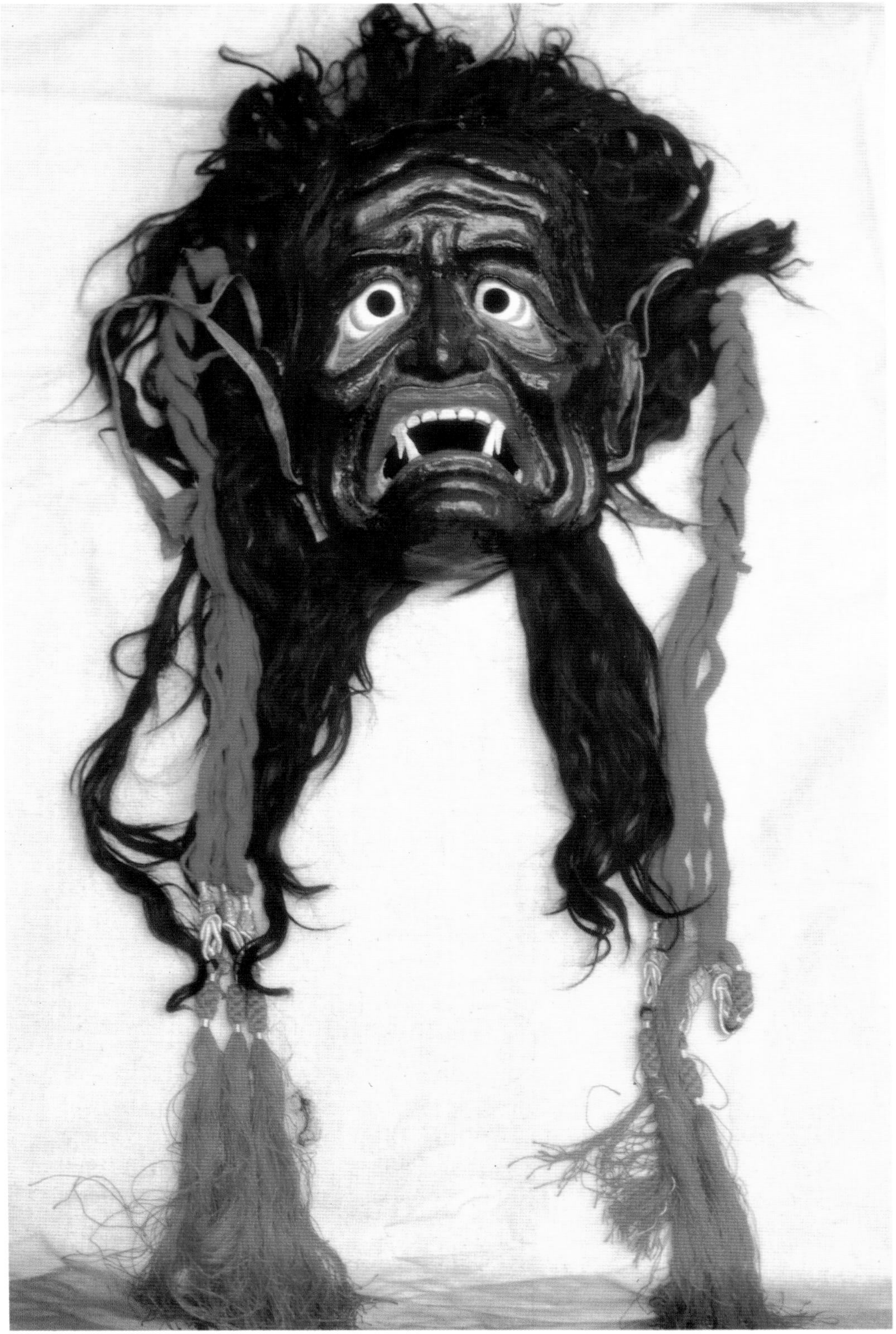

《卓娃桑姆》中魔妃哈江面具
是洛扎藏戲隊使用的面具

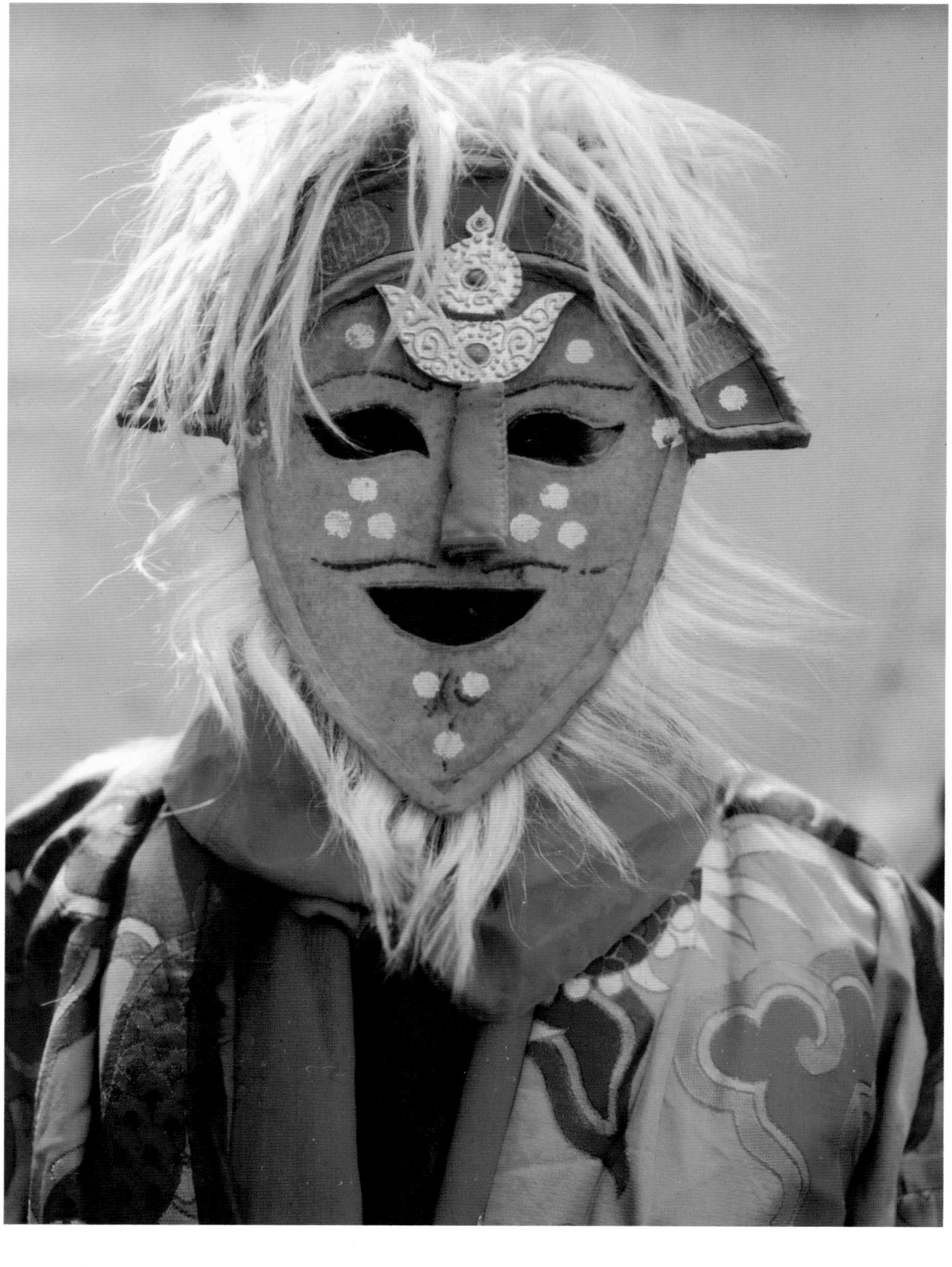

《蘇吉尼瑪》中儹翁

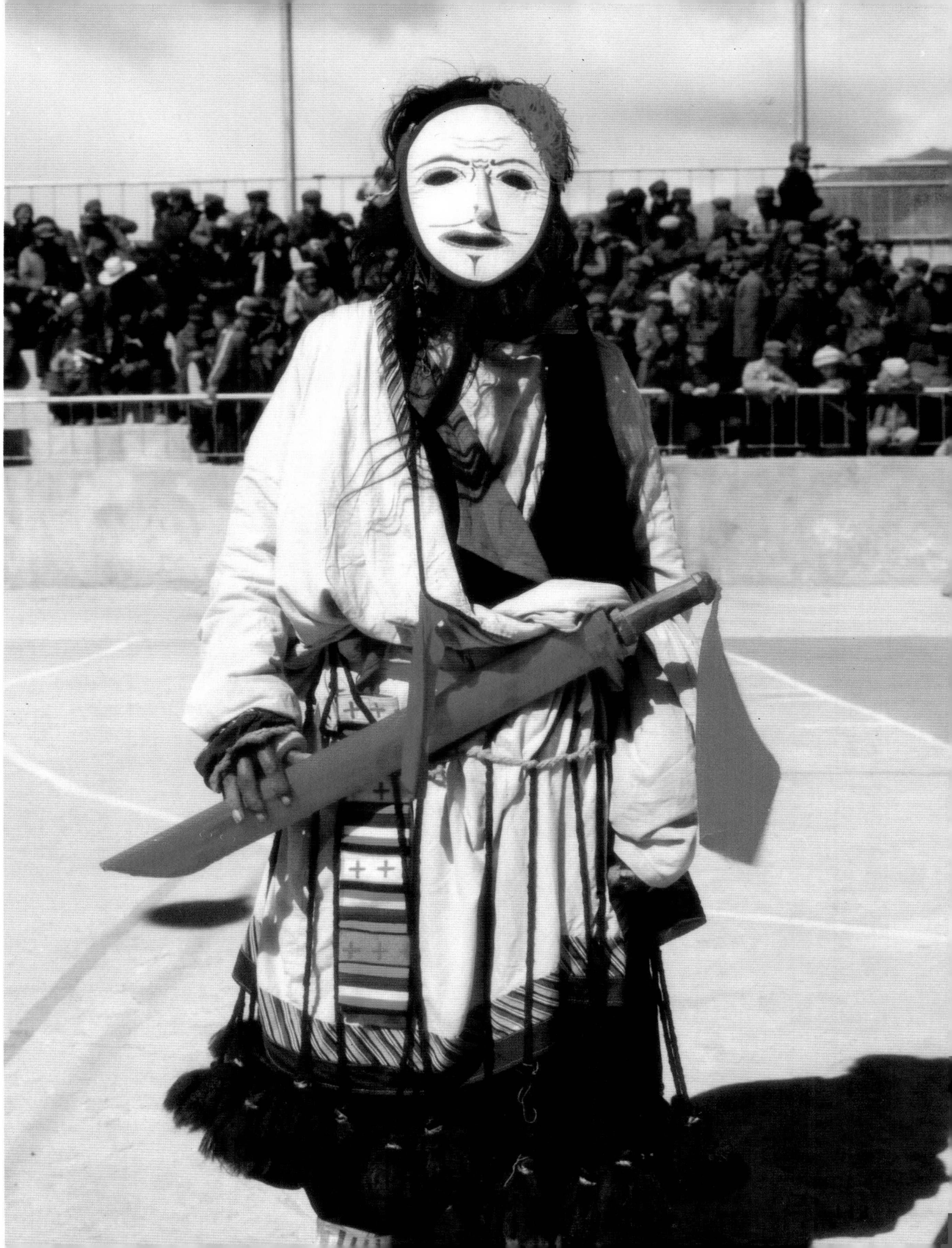

《諾桑法王》中漁伕面具

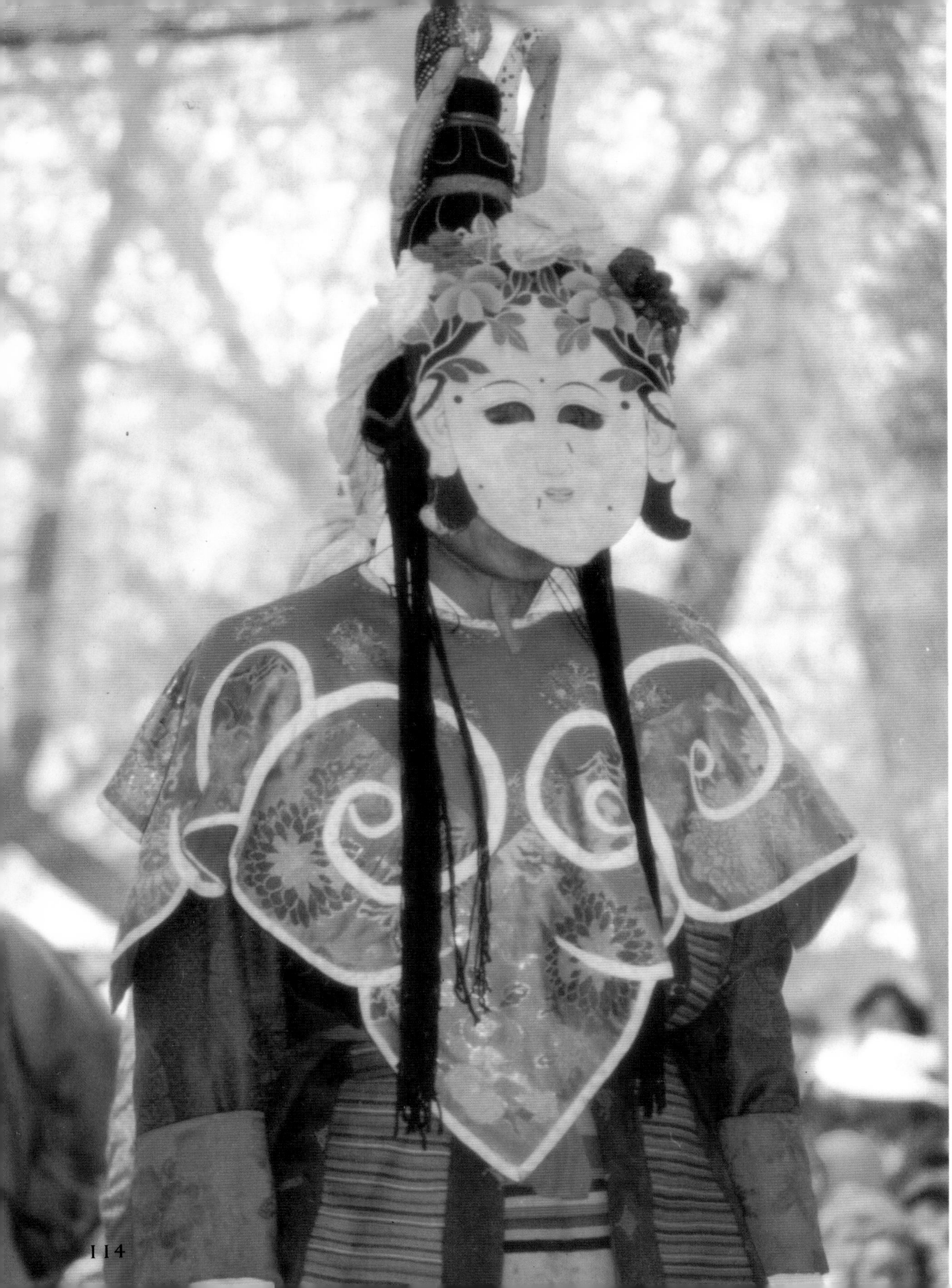

《白馬文巴》中龍女面具

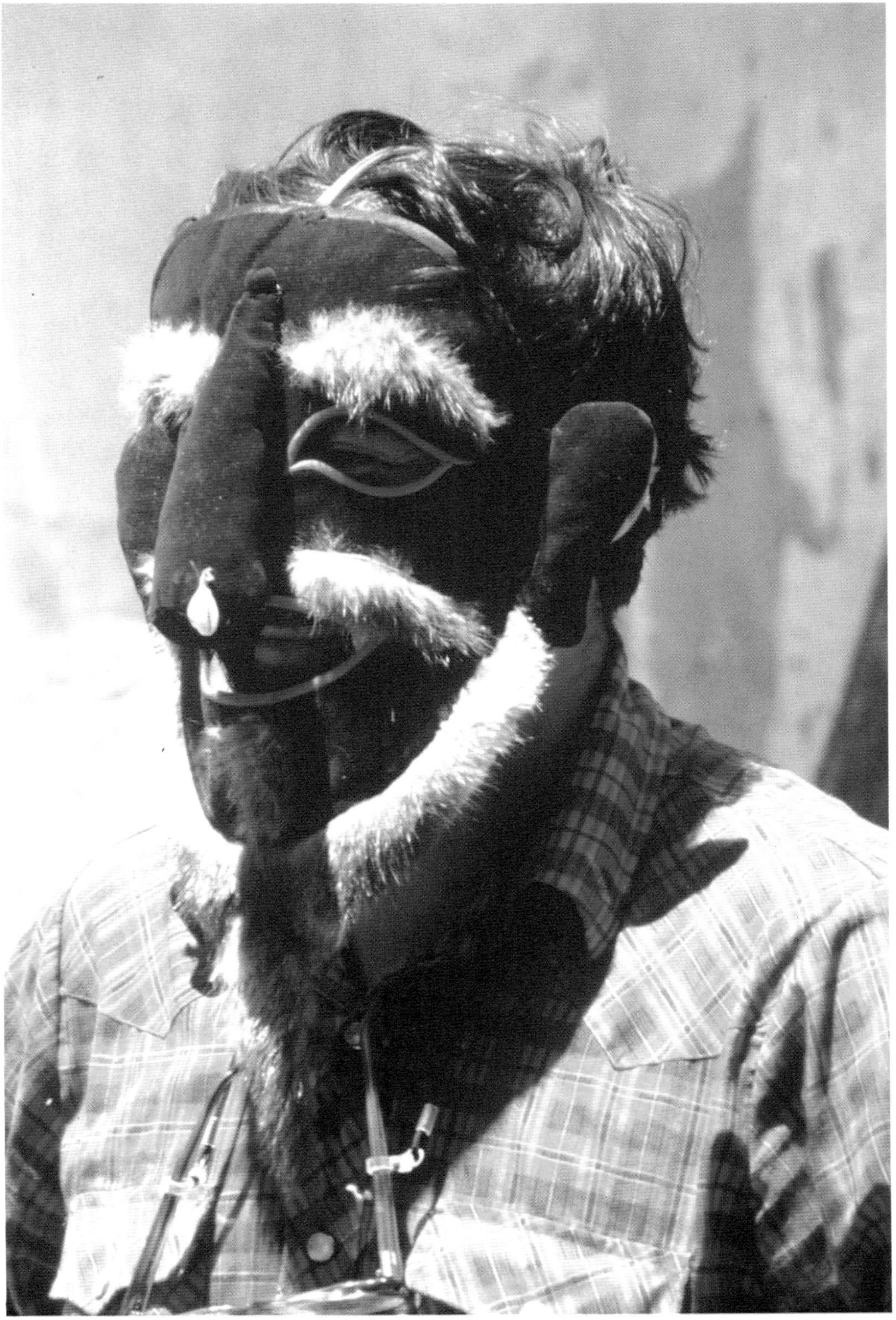

《諾桑法王》中丑角大臣面具

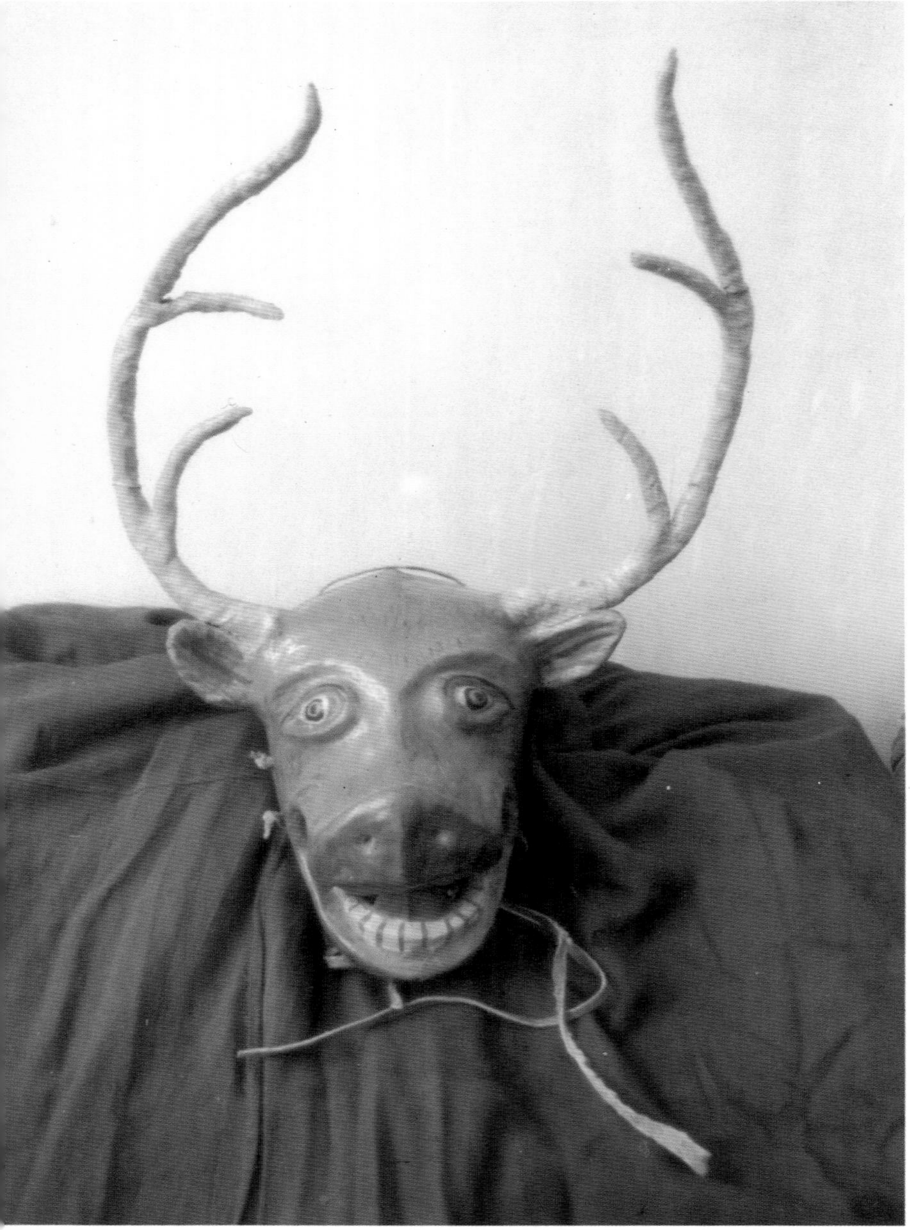

鹿面具

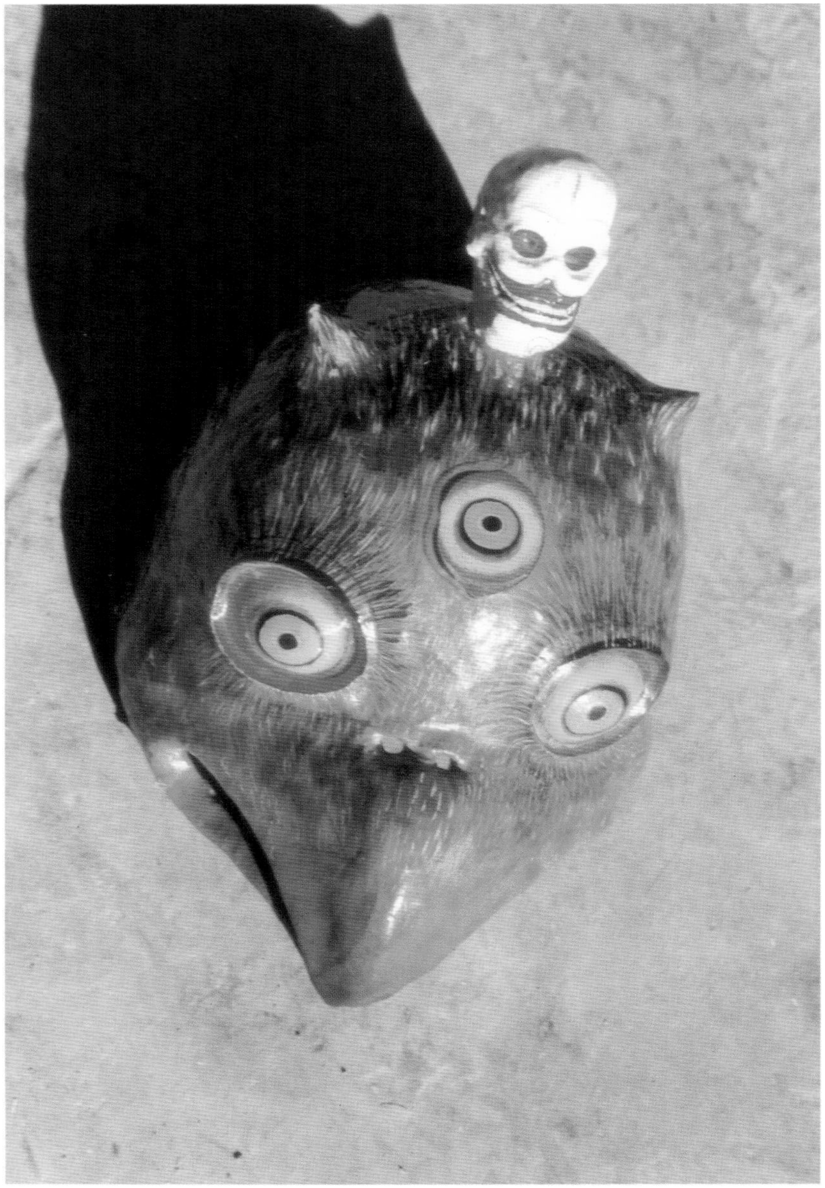

鳥面具

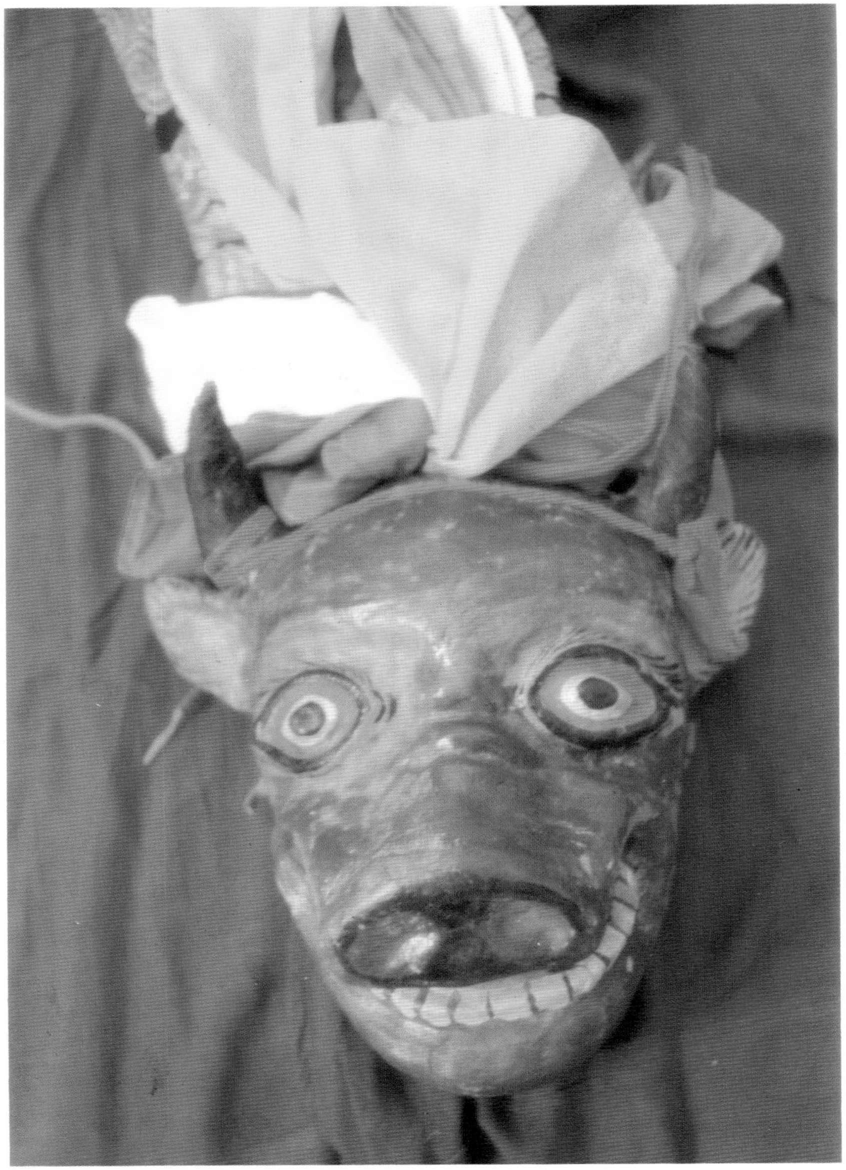

牛面具

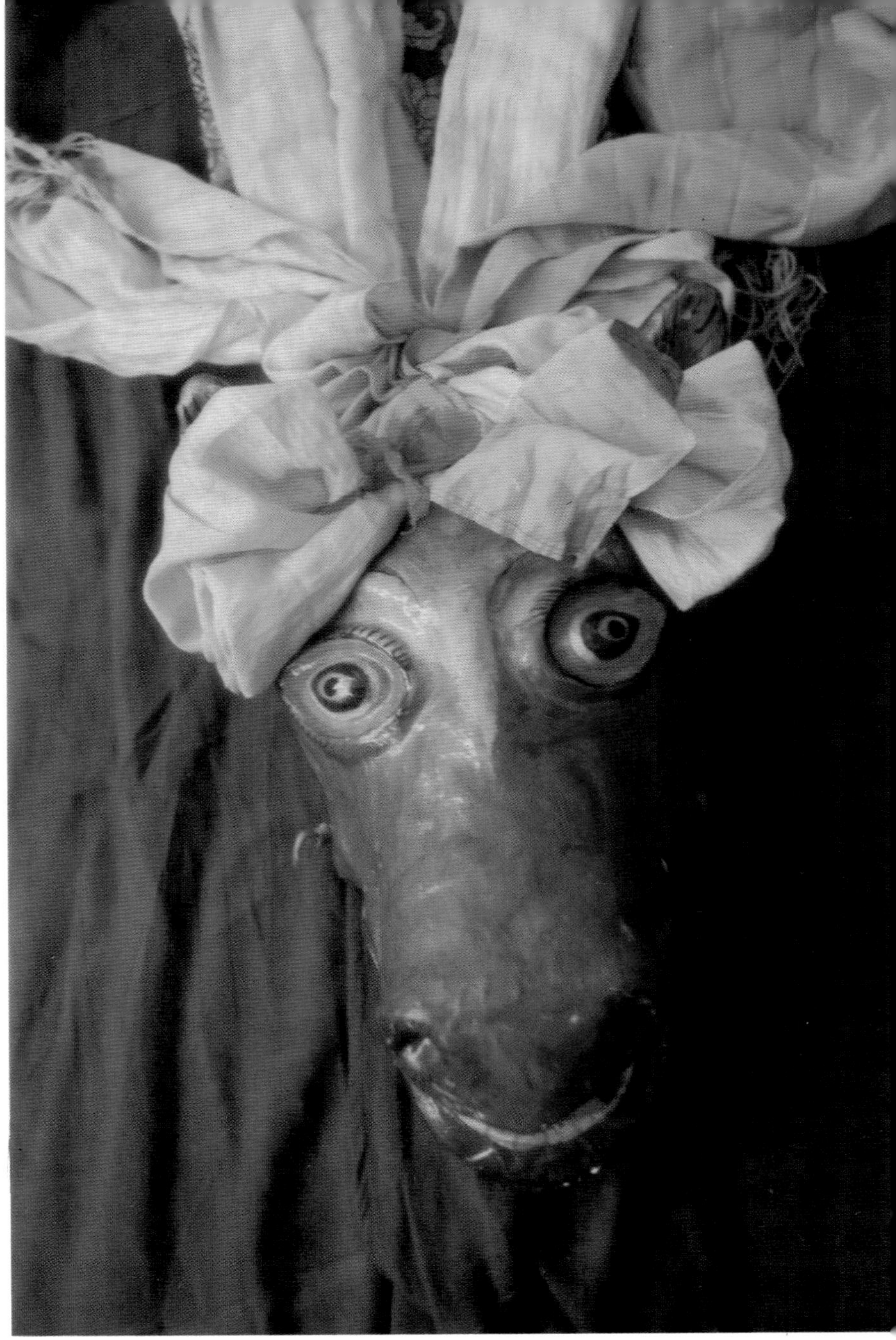

馬面具

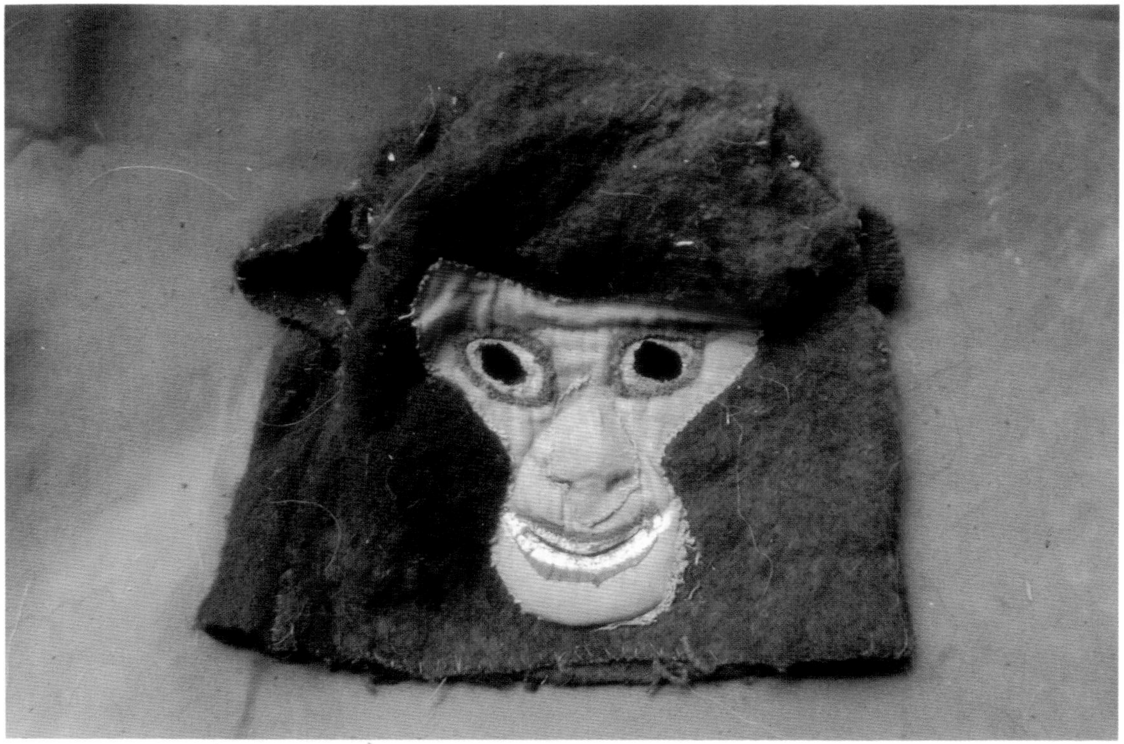

猴子面具

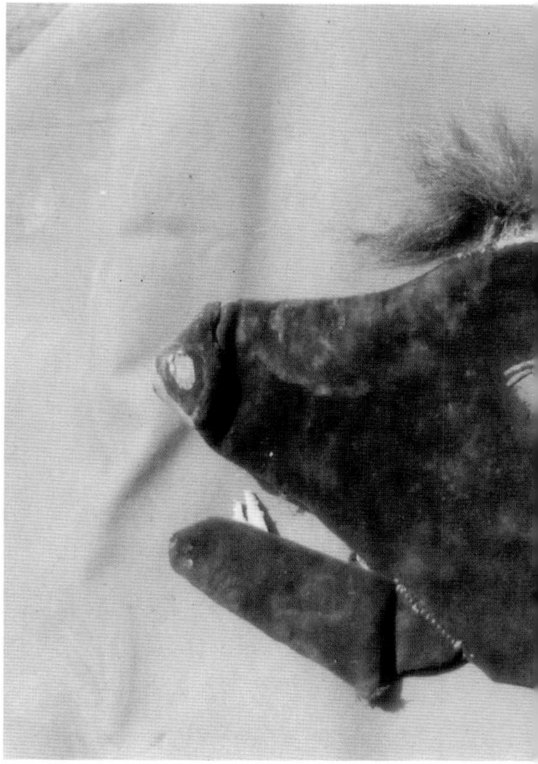

猪面具

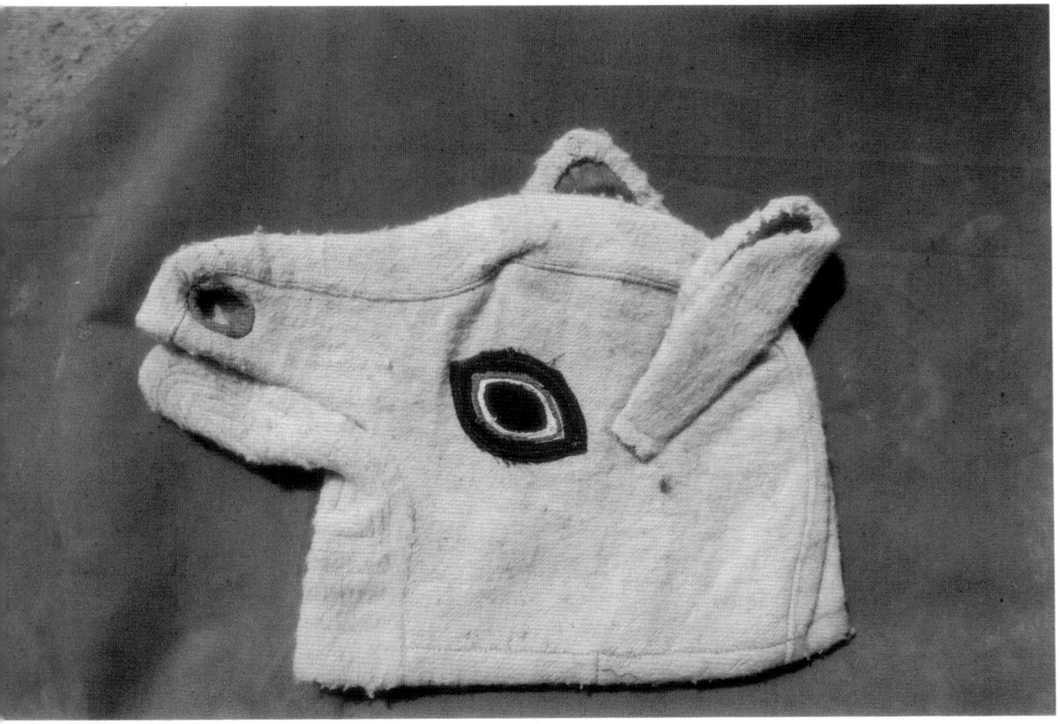

獐子面具

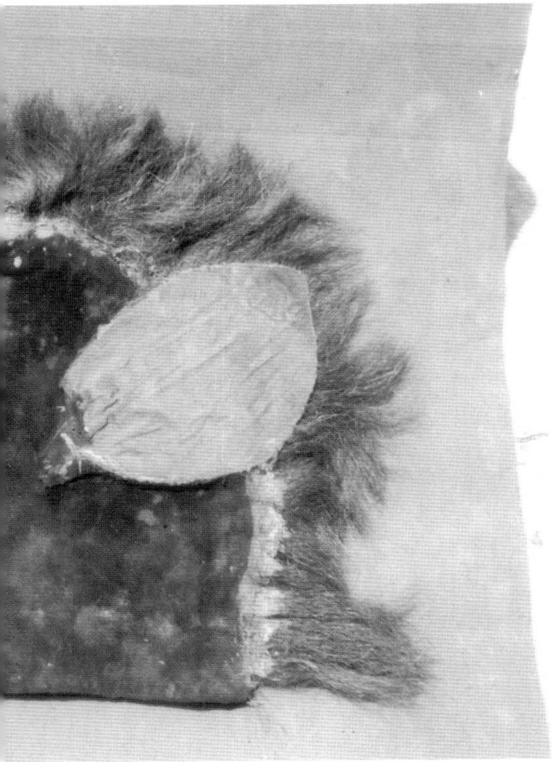

狗面具

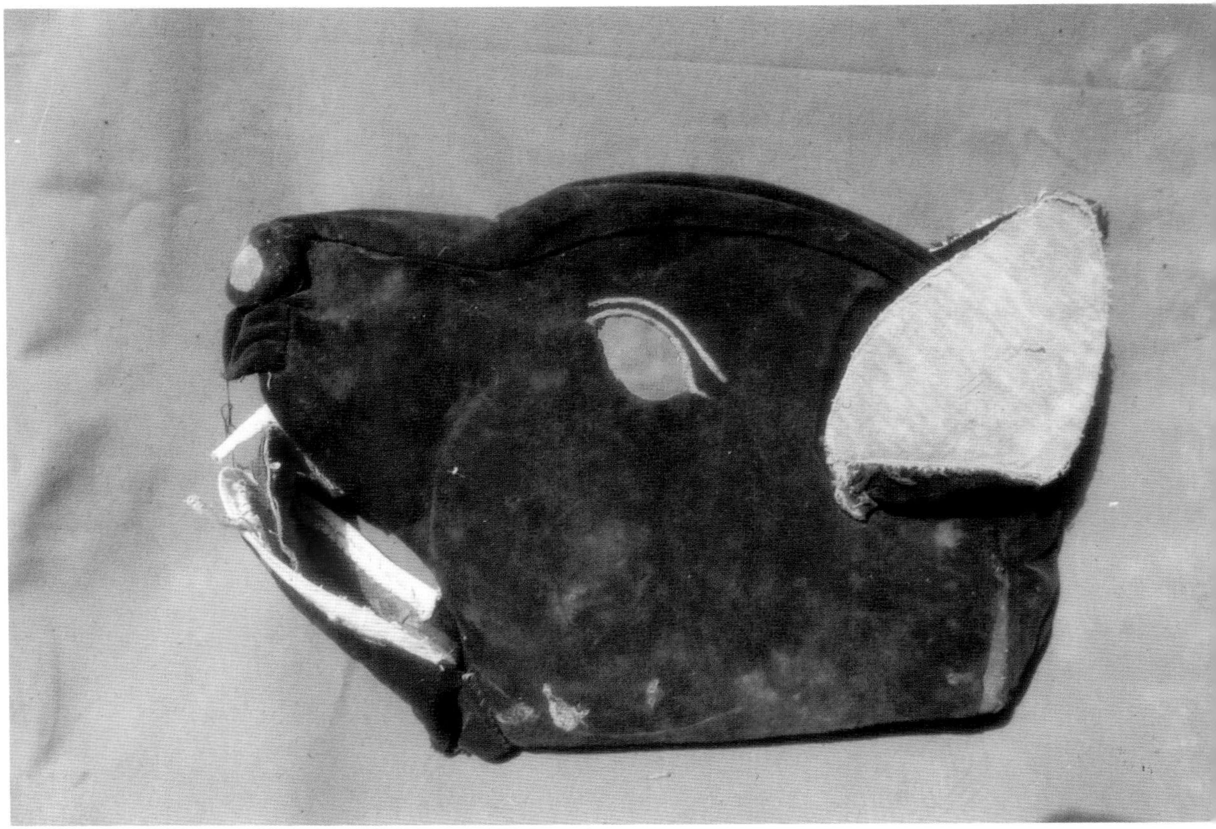

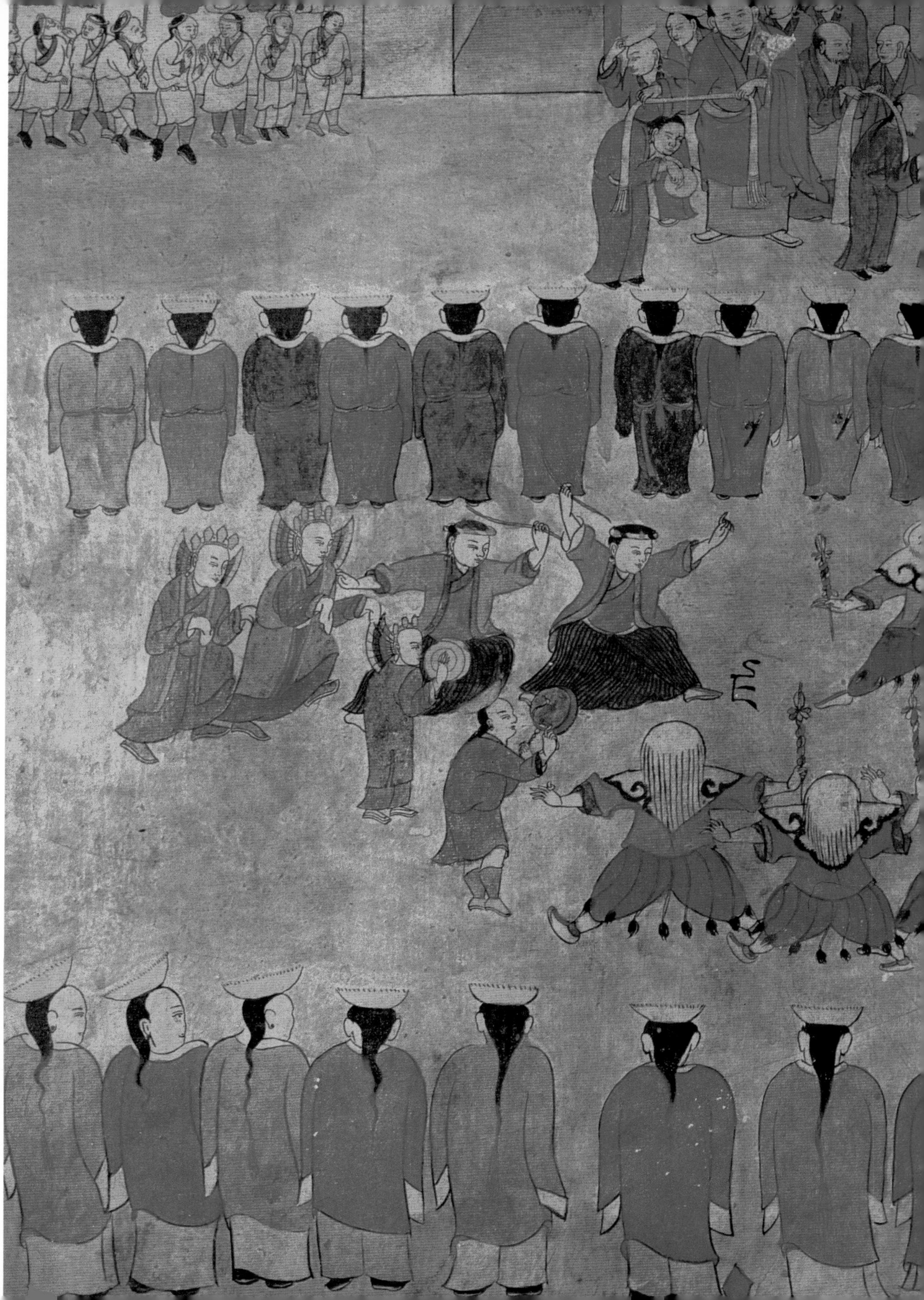

西藏山南地區桑耶寺康松桑崗林王妃殿壁畫。描寫西藏第一座聖殿桑耶寺落成典禮慶祝活動中演出卓舞（鼓舞）盛況。舞者戴有白面具。這是目前發現記載白面具最早的形象資料。

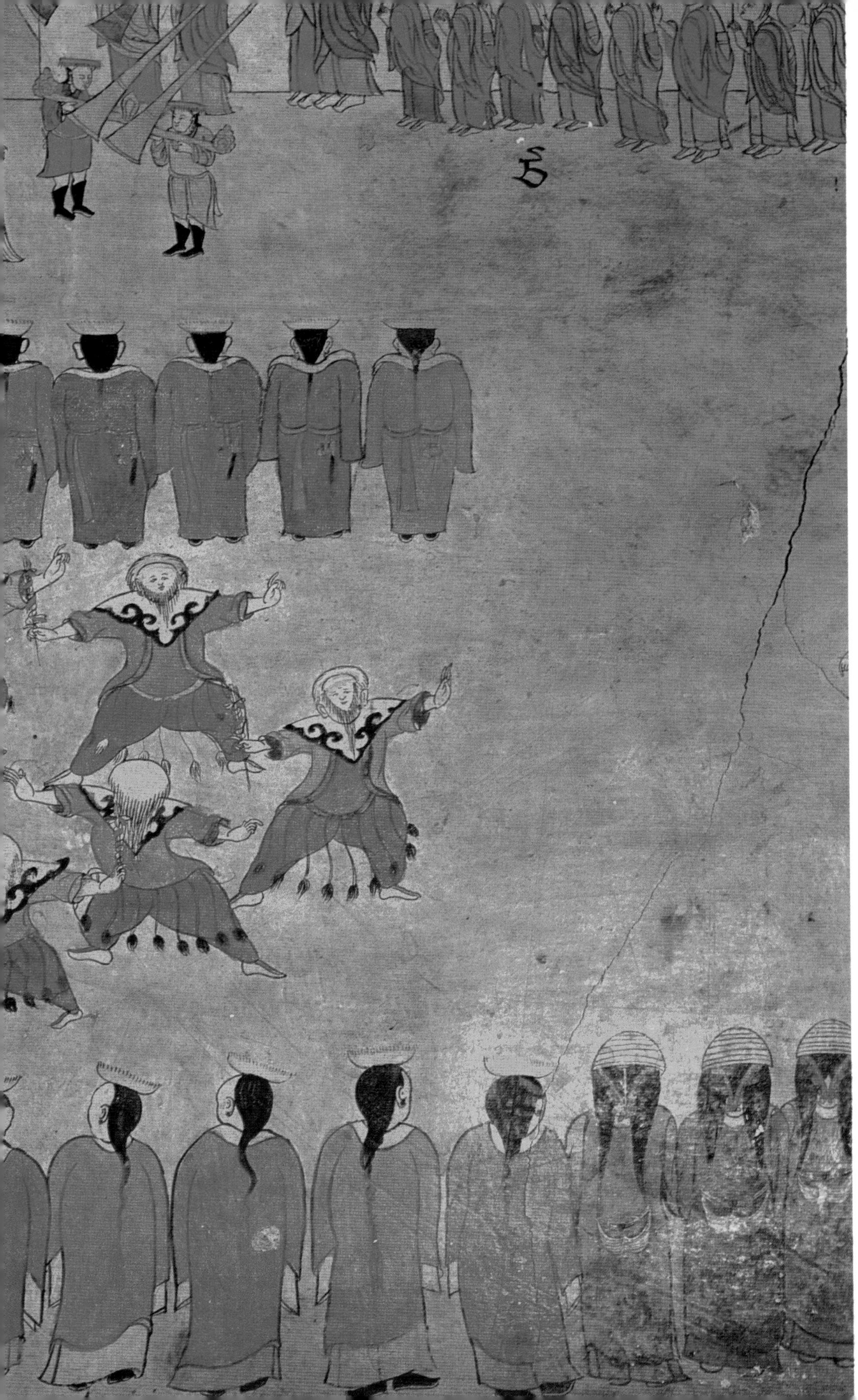

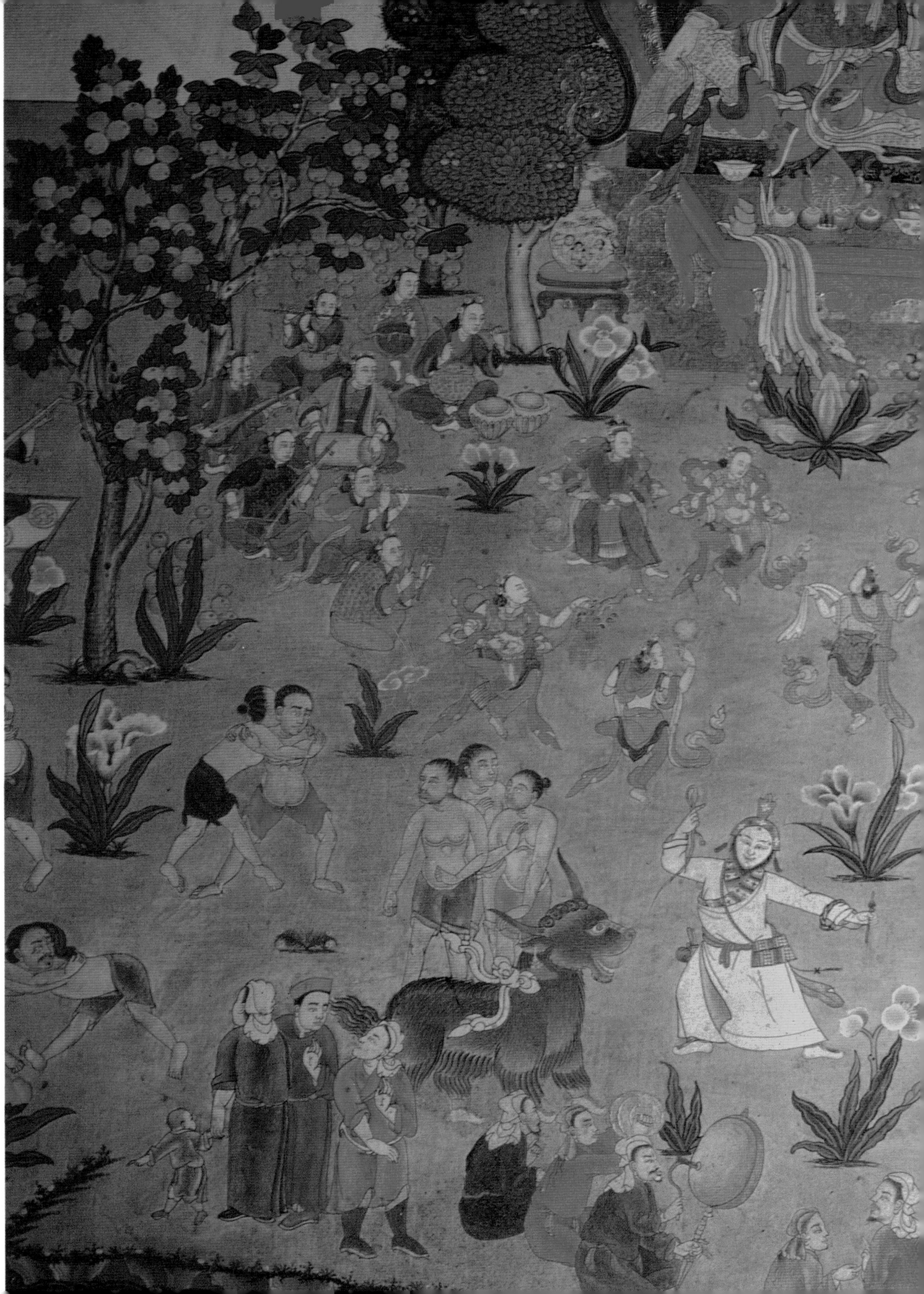

拉薩大昭寺壁畫《歡慶文成公主入藏》，場面盛大，氣氛熱烈。在各種表演節目中有戴白面具的牧人耍獅子等場面。

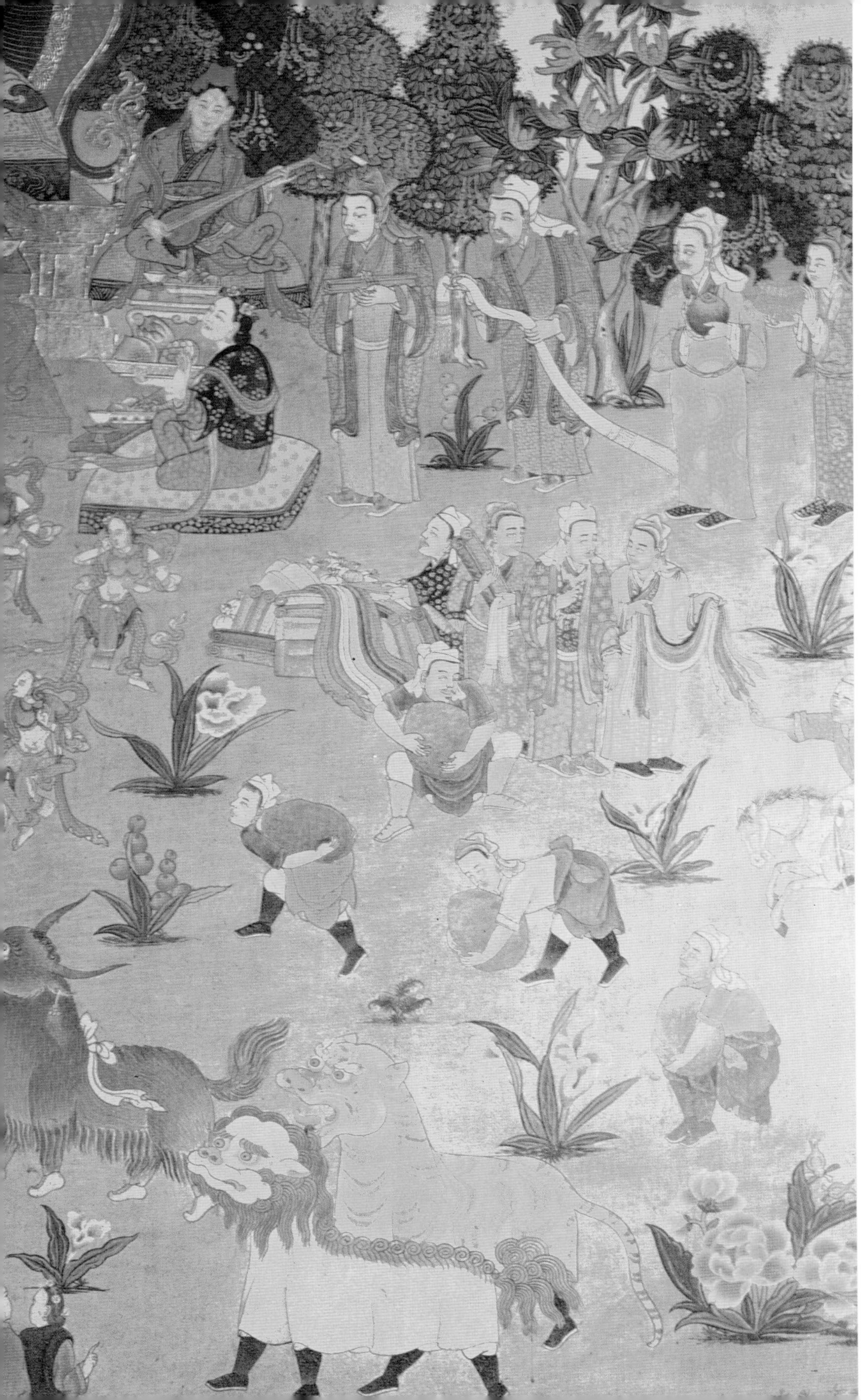

# 授　權　書

本書經作者授權出版繁體字版

本發售，若有翻印者，依法必究。

授權人：

曲六乙
1988.11.8

張子揚
1988.11.9.

张鹰
1988.11.10

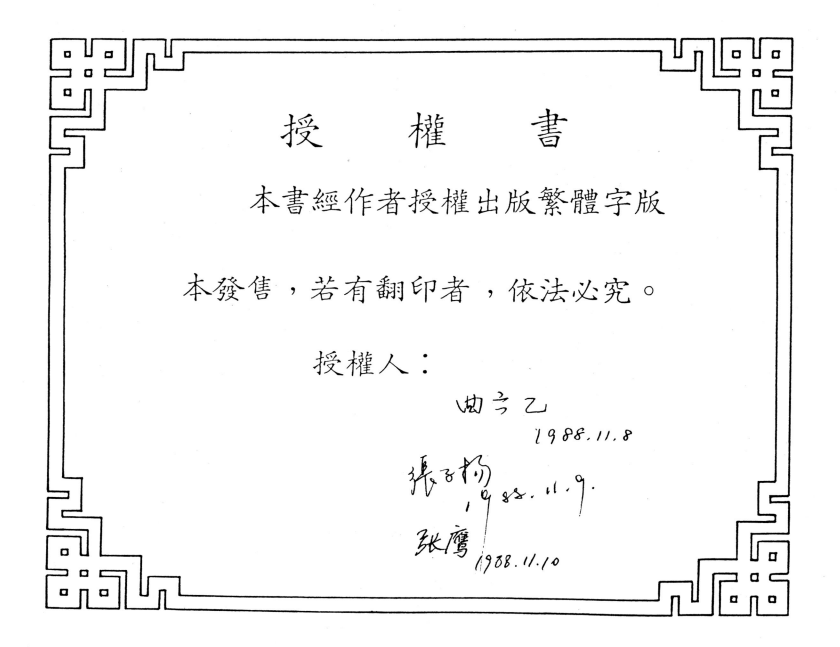

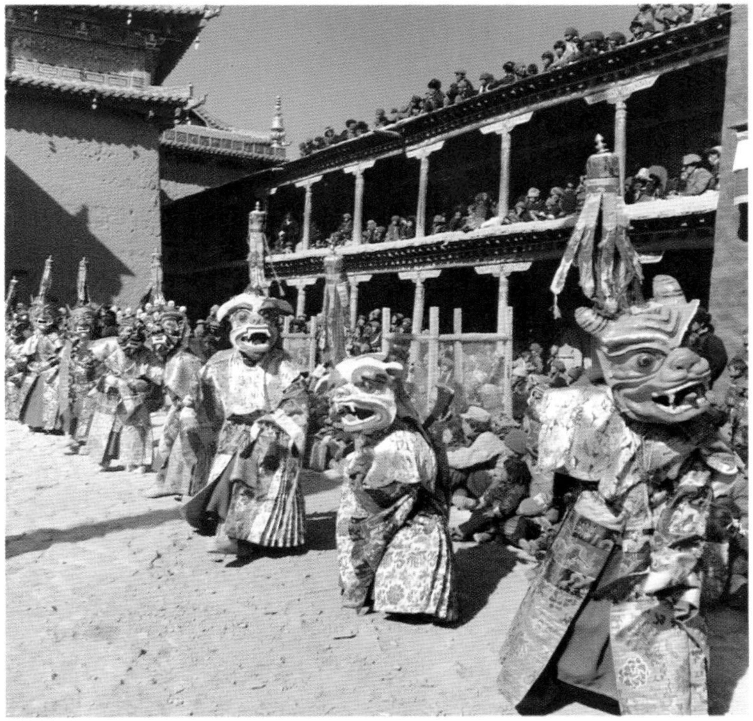

# 西藏神舞、戲劇及面具藝術

曲六乙／編　張鷹・張子揚／攝影
一九九〇年民國七十九年四月　初版
發行人　陸又雄
封面題字　吳俊秀
美術編輯　張秀貞
文字編輯　尤淑芬
出版者　淑馨出版社
台北市安和路151號2樓
電話：7039867・7080290
郵撥　0534577～5淑馨出版社
新聞局登記證台業字第2613號
本書如有缺頁、誤裝、請寄回更換
定價：精裝600元　平裝
ISBN 957-531-027-6(精
ISBN 957-531-028-4(平裝)

◉感謝 貴州民族出版社合作協助
◉本書由台灣淑馨出版社出版
◉簡體字版由大陸現代出版社出版